曲阜师范大学教材建设基金资助出版

运动营养学

朱　磊　编著

科　学　出　版　社
北　京

内 容 简 介

本教材以七大营养素为基本知识架构，结合运动项目特点，将运动与营养学紧密结合，阐述了营养对运动能力的促进作用和不同运动项目对营养的需求。本教材将营养学应用于提高运动员能力、促进非职业运动人群健康等方面，并将营养学拓展为非医疗性干预和治疗疾病的手段，尤其是慢性病的治疗方法。本教材共分十二章，主要阐述了运动营养学的概念和发展史、七大营养素与运动的关系、能量与运动、各类专项和不同群体运动员的营养需求，以及慢性病患者的运动营养等内容，重点介绍了糖、脂质、蛋白质、矿物质、维生素、水和膳食纤维与运动的关系。

本教材是为适应高等院校运动训练、体育教育、体育舞蹈和体育管理专业课程——运动营养学的需要而编写，同时也可以作为体育学相关专业本科生和硕士研究生的运动营养学教材。

图书在版编目（CIP）数据

运动营养学 / 朱磊编著. — 北京：科学出版社，2020.3
ISBN 978-7-03-063787-1

Ⅰ. ①运… Ⅱ. ①朱… Ⅲ. ①体育卫生－营养学－高等学校－教材 Ⅳ. ①G804.32

中国版本图书馆CIP数据核字(2019)第281187号

责任编辑：闵　捷 / 责任校对：谭宏宇
责任印制：黄晓鸣 / 封面设计：殷　靓

科学出版社 出版
北京东黄城根北街16号
邮政编码：100717
http://www.sciencep.com
上海锦佳印刷有限公司印刷
科学出版社发行　各地新华书店经销

*

2020年3月第　一　版　开本：787×1092　1/16
2020年3月第一次印刷　印张：11 1/4
字数：250 000

定价：60.00元

（如有印装质量问题，我社负责调换）

前 言

笔者自2005年从事运动营养学课程教学以来，分别为体育教育、运动训练、体育舞蹈和公共事业管理（体育）专业，以及非体育学专业本科生讲授本课程；每年还为体育学各专业硕士研究生讲授本课程。在十多年的授课过程中，笔者阅读了国内外运动营养学相关的书籍和学术期刊，受益匪浅，同时也察觉到国内缺乏一本针对体育学各专业学生系统的、应用性强的、难易程度适中的教材。因此，依据现有的《运动营养学》教材，以各版本《营养学》系统性、基础性知识为参考，结合笔者十多年的《运动营养学》教案和笔记编撰了本教材，本教材增加了国内外最新相关文献的研究成果，希望能对体育学各专业本科生、研究生学习和应用运动营养学知识提供一定帮助。

本教材编写过程中，得到多位硕士研究生的帮助，他们做了大量文献查阅、文字梳理工作。在此对于张海滨、孟昶、苑润滋、蒋涵、高中芳、王琦、鲁哲、董培海等学生付出的努力表示感谢。

本教材在编写过程中参阅了同行专家的著作、论文，在此表示衷心的感谢！由于编写时间有限，书中若存在不足之处，恳请使用本教材的同行专家、老师、学生及其他广大读者提出宝贵意见。

朱磊

2019年7月30日

目 录

第九章 能量与运动

第十章 各类专项运动员的营养

主要参考资料

第十一章 不同群体运动员的营养

第十二章 慢性病患者的运动营养

第一章

绪　论

人体健康，营养为本。健康的基石是合理营养。营养与人类的生命和健康息息相关，食物是维持人体生命和保证健康的物质基础。人体每日都需要从膳食中获取各种营养素，来维持其健康和社会生活。如果某种营养素长期不足或过多就可能发生相应的营养缺乏或过剩，从而对机体造成危害。在经济迅猛发展和人民物质生活水平日益增高的现代社会，人们对健康越来越重视，而增强体质、提高健康水平则离不开科学的锻炼与合理的营养。同样，科学的锻炼与合理的营养相结合，将有利于运动能力和竞技水平的发展。相反，营养不当不仅会使锻炼效果和运动能力降低，还会影响运动后机体功能的恢复，甚至损害健康。这些都给运动营养学这门新兴学科注入了新的活力，也推动了运动营养学的快速发展。

第一节　营养学和运动营养学概论

一、营养学

营养（nutrition）是指机体摄取、消化、吸收和利用食物中的营养物质以满足机体生理需要的生物学过程。营养学（nutriology）是研究合理利用食物以增进人体健康的学科，即研究膳食、营养与人体健康关系的学科。它与人的生长发育、生理功能、工作效率、生活质量和健康长寿密切相关。

营养学作为一个理论与实践性兼具的学科，主要有以下几个特点。

营养学是生物科学的一个分支，在预防医学、临床医学、康复医学中都占有重要的地位。同时，它又是一门综合性学科，与生物化学、生理学、病理学、食品科学、农业科学、中医学、烹饪学等学科都相互关联、相互渗透。

营养学有较强的社会性。营养学与一个国家的经济发展和人民生活水平有关，不仅会影响一个国家的综合国力和人民的生活质量，还将直接影响粮食及其他农副产品的生产和加工。而国家经济和社会的发展程度及人们受教育的程度又反过来深深地影响着每一个人、每一个家庭的营养状态和健康水平。

营养学的应用性、针对性较强。营养学的知识具体体现在人们的一日三餐和其他膳食过程中。合理安排、制订科学的膳食计划，是一个科学含量很高的操作过程。运用营养学的方法还可以了解、评价一个人或某一个人群能量的消耗、营养素的需求等，从而有针对性地编制食谱，对一个集体、家庭或个人的饮食安排进行指导，同时可运用生化指标分析、评价机体的营养状态，为进一步提高膳食营养的科学性、合理性提供依据。

二、营养的意义

营养是保证人体正常发育和生命活动的物质基础，它不仅关系着个人的体质、健康和寿命，还是衡量一个国家经济和科学发展水平的标志。

（一）营养与生长发育

人类生长发育受遗传、营养、运动、环境和疾病等许多因素的影响，而营养是重要因素之一，因为营养素是构成机体的物质保证。机体在生长发育过程中，必须不断靠摄取食物来建造组织。若营养不足，则生长发育必然受到影响。世界卫生组织（World Health Organization，WHO）的调查表明，一个国家或民族的体格发育水平与其营养状况有很大关系，以日本为例，其膳食营养的改善对提高儿童少年形态发育有明显的作用。我国人民的体格发育水平自改革开放以来有明显提高，这与生活水平提高、营养改善密切相关。

（二）营养与健康

营养与健康的关系十分密切，合理营养不仅能够增进健康，还可防治疾病。营养失调不仅使人衰弱，还可引起疾病。营养不足可引起营养缺乏病，如维生素 A 缺乏可引起夜盲症、缺钙可引起佝偻病等；营养过剩或失去平衡如热量及脂肪过多可引起肥胖症、高血压、冠心病和糖尿病等。此外，营养还与癌症有关，如脂肪摄入量与乳腺癌发病率呈正相关、食物纤维摄入量与直肠癌呈负相关。美国的统计资料表明，妇女的癌症 60% 与营养有关，男性的癌症 40% 与营养有关。而适量的某些营养素（如维生素 A、维生素 E、维生素 C 等）具有一定的抗癌作用。营养可影响机体的免疫能力，营养不良则机体抵抗力下降，从而容易感染疾病，营养还对机体的应激状态和伤病后的康复有重要影响，良好的营养可提高机体的应激能力，促进康复。

（三）营养与人体机能

营养可从神经和体液两个方面影响人体机能。人脑的决定性生长期是出生后到 2 周岁，此时营养缺乏会影响脑的发育，不仅影响到脑细胞的数量、大小和髓鞘的形成，还影响神经递质的形成，给神经传导造成障碍。研究表明，营养不良不仅对儿童智力发育有严重影响，还影响其行为活动能力。动物试验表明，营养缺乏对脑的不良影响需要两代才能恢复。

生理功能的调节是靠体液中的激素、酶、矿物质和维生素等完成的。其中，矿物质与维生素直接从食物中摄取；而激素与酶则需要蛋白质、脂肪、矿物质、维生素等营养素参与合成。这些营养素也需要从食物中摄取。所以，营养的好坏对体液的调节有直接影响。例如，蛋白质的质量可影响血液和肝脏中酶的活性，脂肪可影响雌激素，高蛋白质膳食和维生素 C 可提升肾上腺功能，缺铁则可降低血液携带氧的能力。

（四）营养与体育运动

营养与体育运动都是维持和促进人体健康的重要因素。营养是构成机体组织的物质基础，体育运动是增强人体机能的有效手段，两者科学配合，可更有效地促进身体发育、提高健康水平和提高运动成绩。只注意营养而缺乏体育运动，会使人体肌肉松弛、肥胖无力、机能减弱；反之，进行体育运动而缺乏必要的营养，体内消耗的物质能量得不到应有的补偿，也会使人体机能减弱，妨碍发育并可引发营养缺乏症，有碍身体健康。所以要想使体育运动获得良好效果，必须有适当的营养保证。

运动时机体内根据代谢特点对营养有特殊的需要，因此现代的营养对于运动员已不仅是一般地起维持健康的作用，还需根据不同运动项目的特点，科学地利用营养因素来提高运动成绩。体育科学研究表明，优异的运动成绩取决于三个因素：正确选材、科学训练、合理营养，三者缺一不可。由此可见，营养在体育运动中有重要作用。

三、运动营养学

运动营养学（nutriology of sports）是营养学的分支学科，它是研究运动人群营养需求规律的一门学科。运动营养学既是探索基本现象和规律的基础性学科，又是研究运用营养学手段改善机体生理功能、提高运动能力、防止运动损伤发生的应用性学科。基础性研究和应用性研究两者相辅相成，基础研究为营养学在运动人群中的应用提供了理论支撑和指导，而应用研究验证了运动营养学基础研究成果的正误，并为运动营养学知识体系构建和完善提供了启示。

（一）运动营养学的研究内容

运动营养学作为一门独立的学科，虽然出现得较晚，但是经过几十年的发展，已经成为运动科学中的研究热点，并在竞技体育和全民健身运动中发挥增强体能和保证健康的积极作用。其研究内容既包括普通人在健身锻炼中的营养问题，又包括运动员在不同训练或比赛情况下的营养需要与干预措施，在运动损伤的干预和运动能力的提升方面发挥着积极的作用。通俗地说，运动营养学就是一门研究人在运动前、运动中和运动后“吃”的学问。不仅要研究“吃什么，为什么吃”，还要研究“怎么吃”，即不同人群和个体运动时的能量消耗、各种营养素的平衡摄入、食物摄入体内后的代谢变化与作用及营养补充剂的合理补充与运动能力的关系。

运动营养学的第一个研究内容是“吃什么、为什么吃”。运动需要机体提供更多的能量，为了适应这一需求，运动过程中体内的代谢明显加强，对营养物质的消耗与需求也随之发生变化，这些变化随运动强度、持续时间、运动项目、个体训练水平的不同而存在差异。同时，营养问题还存在很大的个体差异，不同的人参加同一运动或同一个人参加不同的运动，其营养需求也不尽相同。只有深入研究这些规律和特点，探寻最适宜的营养干预措施，才能促进运动能力和锻炼效果的提高，达到增强健康水平和竞技能力的目的。

运动营养学的另一重要研究内容是“怎么吃”，即定期检测、调查、分析评价不同人群的营养状态，以及其营养状态与运动需求是否相适应，提出改善的方案与措施，以进一步体现运动营养工作的指导与服务功能。因此，运动营养学具有很强的应用性、针对性。

（二）运动营养学的研究意义

运动与营养是促进健康的两大基本要素，运动中合理的营养对增进人体健康、提高运动能力具有重要的意义。

1. **运动时，合理营养有助于提高身体健康水平** 在全民健身运动中，体育锻炼与合理营养的结合对增强人们体质和健康水平的作用日益突出，已成为当今国内外促进健康的重要措施。合理营养的关键作用在于以下几点：① 调节能量平衡，提高人体的代谢能力；② 改善身体成分，减少体脂，增加瘦体重；③ 促进锻炼后的身体恢复，有助于体育锻炼效果的提高。青少年正处于生长发育期，平衡的膳食是青少年生长发育的物质基础，是维护青少年身心健康和促进其全面发展的基本保证，而科学的体育锻炼又可促进青少年的生长发育，提高其健康水平。在加强体育锻炼的同时给予适宜的营养补充，更有利于青少年身体迅速生长和健康发育。当前造成现代“文明病”如高血压、糖尿病、高血脂、脂肪肝、肥胖等发病率高且发生时间提前的主要原因是运动不足与营养失衡。中老年人进行适量的体育锻炼并予以平衡膳食，改变高糖、高脂肪、高钠等不良饮食习惯，可有效防治这些疾病。另外，生长发育期的儿童、青少年及妇女、老年人参加体育锻炼时，均存在不同的医学问题，需要特殊营养监督，以保证科学的锻炼和良好的健康水平。

2. **合理营养有利于提高竞技运动能力**

（1）合理营养可保证运动中能源物质的良好利用，为运动员提供适宜的能量。任何形式的运动均以能量消耗为基础，但人体内可被快速动用的能源储备有限。运动前、运动中和运动后适时补充能量营养素可保证高强度运动中直接供能物质三磷酸腺苷（ATP）再合成的需要。

（2）合理营养是机体代谢平衡的保障。能源物质在人体内合成或分解需要一系列酶的催化，维生素和微量元素多数是辅酶的组成成分或激活剂。充足的维生素和微量元素可促进机体新陈代谢，提高机体抗氧化能力，改善运动能力。

（3）合理营养使运动员具备适宜的体重和体脂成分，有利于解决运动训练中的一些特殊医学问题。例如，在举重、摔跤、柔道、划船等项目中，运动员常因比赛时参加某一体重级别的需要而减轻体重；另一些运动如体操、跳水、跳高和长跑等，因技术动作的要求，运动员经常需要长期控制体重和脂肪水平。这就需要采取营养干预措施，防止营养缺乏、脱水或其他一些严重的医学问题。

（4）合理营养有利于预防运动损伤。肌纤维中糖原的水平与运动损伤的发生有直接关系。研究表明，当快肌纤维中糖原耗尽时，人体会发生疲劳，控制和纠正错误动作的能力下降，损伤的发生率也随之增加。若体内糖原储备充足，则有利于预防损伤。

3. *合理营养可延缓运动性疲劳的发生，加快人体机能恢复* 无论是日常健身锻炼，还是运动员的专项训练，都有一个疲劳与恢复的过程。运动性疲劳即运动能力下降。引起人体运动能力下降的常见原因有能源储备的消耗、脱水引起体温调节障碍所致的体温增高、酸性代谢产物堆积和电解质平衡失调造成的代谢紊乱等。只有长期给予运动员合理的营养，如训练期和比赛前、比赛中、比赛后的饮食营养安排及补液等，才能保持运动员良好的人体机能状态，延缓疲劳的发生或减轻疲劳的程度。同时，运动后合理营养还可大大加快机体代谢能力和机能的恢复。近年来，对基因和蛋白质表达的研究进一步表明，科学营养的策略可影响训练适应，使训练后心肌和骨骼肌出现最优化的适应。

第二节 运动营养学的发展史

一、现代营养学发展简史

（一）我国现代营养学的起源与发展

我国的现代营养学于20世纪初创立。那时营养学家们开始进行食品营养成分和人群营养状况的调查研究。1939年中华医学会提出了我国第一个营养供给量的建议。1952年中华医学会制定了我国第一版《食物成分表》。我国1955年开始制订膳食营养素推荐供给量（recommended daily dietary allowance，RDA），以作为设计和评价膳食的质量标准，并作为制订食物发展计划和指导食品加工的参考依据。

中国营养学会是由中国营养科技工作者和从事营养研究的科技、教学及设有营养研究机构的企事业单位自愿结成，并依法登记的全国性、学术性和非营利性的社会组织，是党和国家联系我国营养科技工作者的桥梁和纽带，是发展中国营养学科学技术事业的重要社会力量。中国营养学会始创于1945年，1950年并入中国生理学会，其于1955年首次制定了RDA，1981年复会成立中国生理科学会营养学会。1985年由中国科学技术协会正式批准成立中国营养学会（一级学会）。1984年加入国际营养科学联合会（International Union of Nutritional Science，IUNS），1985年加入亚洲营养学会联合会（The Federation of Asian Nutrition Societies，FANS）。1988年，中国营养学会制订了《每人每日膳食营养素供给量》。1989年，中国营养学会提出了《我国居民膳食指南》，1997年对此膳食指南进行了修订，发布了中国居民平衡膳食宝塔。中国营养学会于1959年、1982年、1992年和2002年先后进行了4次全国性的营养调查。

随着科学研究和社会实践的发展，特别是强化食品及营养补充剂的发展，国际上自20世纪90年代初期逐渐开展了关于RDA的性质和适用范围的讨论。欧美各国先后提出了一些新的概念或术语，逐步形成了比较系统的新概念——膳食营养素参考摄入量（dietary reference intake，DRI）。中国营养学会根据这一领域的新进展，认为制定中国居民膳食营养素参考摄入量的时机已经成熟。经过两年多的努力，中国营养学会于 2000 年 10 月制定了《中国居民膳食营养素参考摄入量》。《中国居民膳食营养素参考摄入量》分别对各种营养素的理化性质、生理功能、营养评价及主要食物来源等方面进行了系统论述，尤其为各营养素的参考值提供了丰富的科学研究依据。中国营养学会时任理事长葛可佑先生对此给予了高度的评价。2016 年 5 月 13 日，国家卫生计生委疾病预防控制局发布第二版的指南，即《中国居民膳食指南（2016）》，提出符合我国居民营养健康状况和基本需求的膳食指导建议。新指南由一般人群膳食指南、特定人群膳食指南和中国居民平衡膳食实践 3 个部分组成。同时推出了中国居民平衡膳食宝塔（2016）、中国居民平衡膳食餐盘（2016）和中国儿童平衡膳食算盘等 3 个可视化图形，用来指导大众在日常生活中进行具体实践。为方便百姓应用，新指南还特别推出了《中国居民膳食指南（2016）》科普版，帮助百姓做出有益健康的饮食选择和行为改变。

（二）国际现代营养学起源与发展

现代营养学的起源应追溯到 18 世纪中叶，它的发展与生物科技和方法学的发展紧密相连。19 世纪早期，由于有了碳、氢、氮的定量分析法，科学家创立了氮平衡学说。科学家于 1911 年正式命名了“维生素”，1929 年提出亚油酸为人体必需脂肪酸，1938 年正式将“蛋白质”列为科学术语，并提出 8 种必需氨基酸。20 世纪 40 年代以后，更多分析测试方法的建立推动营养学更迅速发展。

为了帮助人们合理地摄入各种营养素，从 20 世纪早期开始，营养学家们就对营养素的参考摄入量提出了建议。20 世纪 40 ～ 80 年代，各国都制订了各自的营养素推荐供给量。近年来，许多国家为了在全社会推行公共营养的保证、监督与管理，一方面深入进行科学研究，另一方面制订营养指导方针、创立营养法、建立国家管理监督机构等，加强了现代营养学的权威性、客观指导性和社会实践性。

二、运动营养学发展简史

（一）我国运动营养学发展概况

我国历史悠久，文化源远流长，在古代就有专门为贵族提供营养服务的食医，同时对营养、运动与健康也有研究。古代养生运动有五禽戏、八段锦、太极等。传统的养生学说，如《食经》《食医心鉴》《饮膳正要》等用“食医同源”“医膳功”的观点，论述了食物的功能与合理营养的保健作用。

我国对现代运动营养学的研究始于 20 世纪 50 年代后期。北京大学医学部运动医学研究所率先成立运动营养生化研究室，从而对我国运动营养学的创立、研究及发展做出了重要的贡献。国家体育运动委员会于 1987 年正式成立了运动营养研究中心，该中心成立后发展迅速。同年代的研究机构还有北京体育大学运动医学教研室，其在运动营养的教学和科研工作中做出大量的工作。早期运动营养的研究多为运动员膳食营养调查，个别运动项目的热能消耗和维生素 C、维生素 B_1 需要的研究。到了 20 世纪 70 ～ 80 年代，随着运动训练和比赛的需要及体育科学的发展，运动营养备受重视，不仅在体育界，还在医药卫生界也开展了对运动营养的研究。1989 年，由中国营养学会拟定的《中国居民膳食指南》中提出了 8 条原则：食物要多样，饥饱要适当，油脂要适量，粗细要搭配，食盐要限量，甜食要少吃，饮酒要节制，三餐要合理。2000 年，中国营养学会公布了《中国居民膳食营养素参考摄入量（2000 年版）》，其中包括推荐营养素摄入量（recommended nutrient intake，RNI），不再使用 RDA。2000 年 10 月 17 日，中国营养学会在第八次全国营养学术会议上又公布了我国第一部《中国居民膳食营养素参考摄入量》，这标志着我国营养学界在理论研究和实际运动的结合方面又迈出了新的一步。2008 年北京奥运会，在“科技奥运”理念的大背景下，国家队队员的食谱也有很大的讲究。据了解，每支“国字号”队伍都有运动营养学专家设计的食谱软件，曾参加国家体育总局相关运动营养学课题研究的专家、南京体育学院教授张蕴琨说：“要成为奥运冠军，不能只靠练，良好的营养结构有助于令训练和比赛事半功倍。”项目不同食谱结构不同。可以说，中国健儿在奥运会取得的成功，合理的营养是关键因素之一。

（二）国际运动营养学发展概况

瑞典人发现并运用肌肉组织活检，促进了肌糖原储存的研究。美国与欧洲一些国家密切合作，发展了生理与营养领域里的研究。运动营养学是近几年新兴的一门学科，应用性比较强，以个体为基础进行研究，具有很强的针对性，可以确定运动员达到营养目标所需要的膳食策略。1991 年，在洛桑国际奥运会的办公室召开的一次国际联席会上，就膳食对竞技能力影响的问题进行了探讨，说明膳食的重要性逐渐被认可。基础理论研究方面，日本东京女子体育大学的 Yukari Kawano 观察了女子体操运动员在 4 个月训练中的血常规指标及日常膳食营养摄入。日本东京大学的 Hideo Hatta 研究了运动中乳酸的代谢。日本和洋女子大学健康与营养系的 Shuhei Kobayashi 指出，运动食品与保健品的“功能作用”有独特性。竞技体育的发展和反兴奋剂的开展，对运动营养的发展也起着推动作用。合理营养不仅具有加速消除运动疲劳、提高运动能力、增强体力等兴奋剂的优点，又没有加速衰老、内分泌紊乱、机体节律性失常等危害，因此，目前合理营养干预越来越得到教练员、运动员和健身人群的认可，已成为反兴奋剂最有效的手段。

三、运动营养学目前研究概况

运动营养是人们改善生理功能、提高身体机能和运动能力的保障措施。在《全民健身计划纲要》的指导下，我国健身运动的人群日益增多，与此不相适应的是人们普遍缺乏运动营养知识和营养指导。近年来，我国运动营养学研究的主要方面有以下几种。

（一）营养素与运动能力的关系

在能量消耗研究方面，能量消耗的测试方法有了新的发展：蛋白质是生命的物质基础。尽管还没有关于运动员蛋白质需求量的结果，但在这方面的研究尤其深入，蛋白质不仅是构成身体的基本部分，还可构成具有调节机体生理功能的酶和某些激素等。血红蛋白有助于氧的转运，许多营养素以蛋白质为载体进入细胞内，免疫球蛋白的形成有助于免疫功能的提高。另外，蛋白质缺乏引起的营养不良可以使血红蛋白下降，从而发生运动性贫血，体蛋白分解，生理功能降低，免疫功能及运动能力受损；但过多地摄入动物蛋白也给机体带来不良影响。近年来，对 8 种必需氨基酸的研究较丰富，有大量的研究成果出现。脂肪作为体内能量的重要来源，运动可以提高人体氧化利用脂肪酸的能力，脂肪代谢加强可减少糖原的消耗，从而提高耐力。脂肪摄入过多会影响运动员体型及某些高难度动作的完成（如体操、花样滑冰等），同时还会降低肌糖原和肝糖原的储存及利用，在这方面侧重对脂肪酸的研究。糖是运动中主要的能源物质，它氧化供能时耗氧少、产热高，体内的糖原与耐力密切相关，运动员补糖的种类、数量、时间，以及机体糖原水平都会影响其有氧耐力项目的成绩。

（二）研究水、电解质、维生素与运动能力的关系

近年来，人们比较侧重于这些方面的研究。水占体重的 60%，是生命必不可少的物质，它的作用有：① 是维持生命的必须物质；② 作为各种物质的载体；③ 调节体温；④ 作为机体关节、肌肉及脏器的润滑剂；⑤ 还有其独特的机械作用。电解质是体液中带有正电荷和负电荷的离子，体液不同，电解质的组成不同。电解质的身体功能有：① 维持细胞内外液渗透压和水的平衡；② 维持体液的酸碱平衡；③ 维持神经、细胞的应激性。运动使机体代谢增强，并使维生素的需求量增加，维生素缺乏引起的营养不良可导致运动能力下降，容易出现运动疲劳、抗过氧化能力及免疫功能减退，还可使运动后恢复过程延长，但过多地摄入维生素，特别是脂溶性维生素可使其在体内蓄积中毒。因此，合理的维生素营养对健康及运动能力的提高十分重要。目前，已知维持人体机能的必需微量元素共有 14 种，与运动能力关系密切的主要有 5 种，即铁、锌、铜、硒、铬，这些微量元素中的每一种在体内的含量虽不到万分之一，但却发挥着重要的生理作用。为保持良好的运动状态及竞技水平，必须要注意微量元素营养的合理补充。

（三）以运动营养学为基础的运动强力手段的研究

由于运动训练是一项复杂而科学的系统工程，疲劳与恢复是决定训练成效的两个基本因素。因此，通过合理营养消除疲劳成为当前研究的热点。近年来，在这方面的研究归结起来有两个方面：一方面是对基本营养素的研究，另一方面是对营养补充品（如β－羟基－β－甲基丁酸盐复合物（HMB）、肌酸、乳清蛋白、果糖等）的研究。现在已经研究出的许多运动营养补充品，这些营养补充品与兴奋剂不同，它们不会被国际奥委会所禁止。合理使用这些运动营养品不仅不会对运动员的身心造成危害，反而会对运动员的身体健康和运动能力提高有很大的好处。随着研究的深入，运动营养将会成为训练以外提高成绩的强有力的手段。

（四）运动员的合理膳食

膳食营养是保证运动员营养素需要和维持体能最重要的物质基础。营养膳食作为训练外的强力手段之一，对运动员竞技能力的提高和运动后恢复起到至关重要的作用。国

内外膳食营养调查发现，运动员的膳食失衡主要涉及6个方面，即糖类摄入量不足、脂肪或蛋白质摄入量过多、部分维生素摄入量不足、三餐摄食量分配不合理、钙摄入量不足、运动中忽视了水和无机盐的及时补充。

（五）运动营养补充品

运动营养补充品是运动营养学研究的热点，好的补充品对抗疲劳和疲劳后的恢复都有显著的效果。现在，随着研究的不断深入，研究者发现能提高运动能力的补充品越来越多。如何进行营养补充成为一个突出的问题，就一种补充品来说，除考虑其基本的理化性质，如分子量、溶解性等外，还要考虑其在人体内的代谢途径、影响代谢的因素及进食速率的影响，与内分泌相关的影响也都要考虑。因此，我们在研究过程中不能只注意它的性能如何，同时还要给出服用的方法说明。这样，它才具有实际的操作意义。

四、运动营养学研究的发展趋势

目前，运动营养学的重要性逐渐被人们认可，人们也逐渐认识到运动与营养相结合对延缓运动性疲劳的发生、促进疲劳的恢复和增进机体健康有重要作用。适量运动是增强人体机能的有效途径，直接影响机体的物质代谢和能量代谢，科学合理的膳食能有效地增进人们的健康和运动水平。运动营养学的发展趋势归纳为对不同训练级别、训练时期、年龄阶段和性别的运动员制订不同的膳食标准。与运动训练相结合制订膳食计划，并进行营养干预的措施还需要进一步研究，在膳食摄入不足的运动人群骨骼肌的代谢方面做更深入的研究；运动营养的研究应面向大众水平。平衡膳食标准的制订、合理补充微量元素的研究有待发展；针对不同的运动人群制订详细、具体的营养素每日推荐标准迫在眉睫。另外，生物工程技术、基因工程技术、先进的食品加工技术、纳米技术、转基因技术和计算机科学等在运动营养学中应得到广泛应用。

【复习题】

1. 名词解释

营养、营养学、运动营养学。

2. 简答题

（1）营养学有哪些特点？

（2）运动营养学的研究内容包括哪些？

（3）营养的意义有哪些？

（4）运动营养学的研究现状是什么？

（5）运动营养学的发展趋势是什么？

3. 论述题

（1）论述运动中合理营养的意义。

（2）论述我国运动营养学发展史。

第二章

糖与运动

第一节　糖概论

糖类是地球上含量最为丰富的生物大分子。糖类将太阳的辐射能转化为一种生命能利用的形式，驱动生命过程。它们形成了食物链的第一环，支撑着地球上的所有生命。糖类广泛分布于动植物体内。所有生物的细胞质和细胞核皆含有核糖，动物血液中含有葡萄糖，肝、肌肉中含有糖原，乳汁中含有乳糖。植物的细胞壁、木质部等除水分以外，几乎全是由纤维素组成。谷类含丰富的淀粉，甘蔗和甜菜含大量蔗糖，鲜果含果糖和果胶。所有这些核糖、葡萄糖、乳糖、蔗糖、糖原、果糖、纤维素、淀粉及麦芽糖都属于糖类。微生物体内也含有糖类，占微生物体干重的 10% ～ 30%。

一、糖的化学组成及分类

（一）糖的化学组成

糖是自然界存在的一类有机化合物，是自然界最丰富的物质之一。糖类是多羟基的醛或酮的化合物及它们的衍生物。绝大多数糖由碳（C）、氢（H）、氧（O）组成，其分子式通常以 $C_n(H_2O)_n$ 表示。一些糖分子中氢和氧之比往往是 2 ∶ 1，故习惯上将糖称为碳水化合物。但有的糖中氢和氧的比例不是 2 ∶ 1，如脱氧核糖（$C_5H_{10}O_4$），而有些物质氢和氧的比例是 2 ∶ 1，但不是糖，如甲醛（CH_2O）。

（二）糖的分类

自然界存在的糖种类繁多，结构也复杂多样。其根据水解程度，可分成单糖、寡糖和多糖等 3 类。糖的结合物有糖脂、糖蛋白和蛋白多糖 3 类。

1. **单糖**（monosaccharide）　是指不能再被水解的糖。它是构成各种糖分子的基本单位，通常单糖分子含有 3 ～ 7 个碳原子，常被称为丙糖、丁糖、戊糖、己糖和庚糖。每种单糖都含有醛糖（含醛基）和酮糖（含酮基）。下面是最常见的几种糖。

（1）丙糖：甘油醛和二羟丙酮是最小的单糖。这两种化合物互为同分异构体，分子式均为 $C_3H_6O_3$。它们之间的不同在于羟基的位置不同。

（2）戊糖：戊糖中最重要的有核糖（$C_5H_{10}O_5$）、脱氧核糖（$C_5H_{10}O_4$）。核糖和脱氧核糖是遗传物质的重要成分。

（3）己糖：葡萄糖、果糖和半乳糖是常见的己糖。葡萄糖是构成食物中各种糖类的基本单位。有些糖类完全由葡萄糖构成，如淀粉；有些则是由葡萄糖和其他糖化合而成，如蔗糖。葡萄糖可以单糖形式存在，但绝大多数以多糖形式存在。葡萄糖有 *D* 型葡萄糖和 *L* 型葡萄糖，人体只能代谢 *D* 型葡萄糖而不能利用 *L* 型葡萄糖。所以在食品中经常用 *L* 型葡萄糖作为甜味剂，以达到增加食物甜味同时又不增加能量摄入的效果。果糖在水果和蜂蜜中的含量非常丰富，是糖类中最甜的糖，由葡萄糖异化而形成的。纯净果糖为白色晶体，易溶于水。果糖可经肝脏转变成葡萄糖而被人体利用，也有一部分转变为糖原、脂肪等。半乳糖与葡萄糖、果糖分子组成相同，但结构却不相同。半乳糖是形成牛奶中乳糖的两种单糖中的一种。在自然界，半乳糖不以游离形式存在，母乳中的半乳糖是在体内合成的，而非从食物中直接获得。

2. **寡糖**（oligosaccharide） 也称低聚糖，是由 2 ～ 9 个单糖分子构成的小分子糖。比较重要的寡糖是存在于豆类食品中的棉子糖和水苏糖。这两种糖都不能被肠道消化酶分解而消化吸收，但在大肠中可被肠道细菌分解，产生气体和其他产物，从而造成胀气，因此必须进行适当加工以减小其不良影响。但也有些不被人体利用的寡糖可被肠道有益细菌如双歧杆菌利用，促进这类菌群的增加可起到保健作用。人体内含量最多的寡糖是二糖（也称双糖），它是由两分子单糖脱去一分子水缩合而成的糖，易溶于水，需要分解成单糖才能被身体吸收。在食品中，常见的二糖有蔗糖、乳糖和麦芽糖等，其分解公式为见下文。

蔗　糖 ⟶ 葡萄糖 + 果糖

乳　糖 ⟶ 葡萄糖 + 半乳糖

麦芽糖 ⟶ 两分子葡萄糖

（1）蔗糖：人们最熟悉、日常生活中最常食用的糖。日常食用的白糖即蔗糖。作为食用糖，一提到糖人们就会想到它。蔗糖是由葡萄糖和果糖组成的，甘蔗、甜菜和蜂蜜中含量较多。食用糖是通过精炼甜菜或甘蔗的汁液而得到的，但蔗糖也在很多水果和蔬菜里自然存在。

（2）乳糖：由葡萄糖和半乳糖以 β－链形式连接而成，主要存在于奶及奶制品中。乳糖约占鲜奶的 5%，占奶总能量的 30% ～ 50%。乳糖易溶于水，因而在肠道中吸收较慢，有助于乳酸菌的生长繁殖，对预防婴幼儿肠道疾病有益。

（3）麦芽糖：含有两个葡萄糖基，淀粉分解生成麦芽糖。种子发芽或人消化淀粉时就会生成麦芽糖，用酸水解淀粉的过程也可产生麦芽糖。

3. **多糖**（polysaccharide） 由 10 个及以上单糖分子组成的大分子糖。多糖分子量较大，不溶于水，无甜味。多糖的结构极其复杂而且数量和种类都很庞大。营养学上具有重要作用的多糖有 3 种，即淀粉、糖原和纤维素。多糖具有复杂的生理功能，其中糖原是最重要的能量储存物质。

（1）淀粉：由成百上千个葡萄糖单位组成，是能被人体消化吸收的植物多糖，是植物存储葡萄糖的形式。当植物成熟时，它不仅要为自己提供能量，还要在它的种子里为下一代提供能量。例如，玉米长大后，它有许多叶片可以产生葡萄糖。它将淀粉分子团组成颗粒，并存储到种子里，为下一季植物的生长提供能量。淀粉存在于植物细胞中，尤其是根、茎和种子细胞中。谷类、薯类和豆类食物中均含有丰富的淀粉。淀粉是人类的养分，它能在体内被消化成葡萄糖并释放出储存在化学键中的能量。

在植物细胞中，淀粉以直链淀粉和支链淀粉的混合形式储存于直径 3 ～ 100 μm 的颗粒中。直链淀粉是没有分支的螺旋结构。支链淀粉是以 24 ～ 30 个葡萄糖残基以 α－1, 4－糖苷键首尾相连而成，在支链处为 α－1, 6－糖苷键相连。自然界中的淀粉是直链淀粉和支链淀粉的混合物。

（2）糖原：植物通过淀粉的长链储存葡萄糖，动物体内则通过糖原的长链储存葡萄糖。故糖原又被称为动物淀粉。糖原的结构和支链淀粉相似，都是由连成链的葡萄糖分子组成，不同之处在于糖原的链较长且分支较多，分支多有利于糖原快速降解，提供能量。

在哺乳动物中，糖原以糖原颗粒形式出现在细胞质中，由肝脏和肌肉合成并储存，有时糖原含量可以达到肝脏质量的 10% 和肌肉质量的 1%。肌肉糖原可以提供机体运动所需要的能量，尤其是维持高强度和持续运动时的能量；肝糖原可以分解成葡萄糖并释放到血液中以供给肌肉及器官，是身体的能量来源，负责补充血糖使之维持稳定浓度。肝糖原还有助于修复肝脏细胞。因此，平时多补充糖类可帮助人体补充能量，有助于保持肝脏健康。

（3）纤维素：纤维被统称为膳食纤维。纤维素同直链淀粉一样，是葡萄糖残基的线性多糖，但纤维素中的葡萄糖残基由 β－1, 4－糖苷键连接，人体内的淀粉酶不能破坏这种化学键，因此，人体不能消化吸收纤维素。按照其在水中的溶解度不同，纤维素可分为不可溶性纤维和可溶性纤维。人体对各种糖的消化吸收速度不同，单糖较快、多糖较慢，各种单糖的吸收速度不同，如葡萄糖的吸收速度是 100、半乳糖是 110、果糖是 43。各种糖的甜度也各异，如蔗糖的甜度是 1，则果糖是 1.75，葡萄糖是 0.75，半乳糖和麦芽糖是 0.33、乳糖是 0.16、淀粉的甜度最低。

（三）人体的糖储备和分布

人体储备的糖类物质主要是指在食物中获得的糖原及葡萄糖。按照中国人的膳食结构，人体所需能量的 70% 左右是由食物中的糖类物质提供。食物中的糖大多是多糖或双糖，其经消化道分解成单糖并被吸收入血液后，一部分合成肝糖原被直接氧化利用，另一部分维持血液中葡萄糖的浓度。因而，人体的糖以血糖、肝糖原和肌糖原的形式存在，并以血糖为中心，使之处于一种动态平衡。葡萄糖是人体内糖类的运输形式，而糖原是糖类的储存形式。

1. *糖原*　人体各种组织中大多含有糖原，但其含量的差异很大。例如，脑组织中糖原含量甚少，而肝脏和肌肉中以糖原方式储存的糖类较高。人体肝糖原含量为 70 ～ 100 g，浓度约 250 mmol/kg；肌糖原含量为 300 ～ 400 g，浓度为 80 ～ 100 mmol/kg。一名体重 70 kg 的运动员，肌糖原储量约为 420 g，肝糖原储量约为 100 g。肌糖原既是高强度无氧运动时机体的重要能源，又是中、大强度有氧运动时的主要能源。许多研究表明，糖原储量（特别是肌糖原）的增多有助于大强度耐力项目运动成绩的提高。

2. *血糖*　血液中的葡萄糖又称血糖，总量为 5 ～ 6 g，正常人空腹浓度为 3.9 ～ 6.1 mmol/L。血糖是包括大脑在内的中枢神经系统的主要能源。运动员安静状态下的血糖浓度与常人无异。血糖浓度是人体糖的分解及合成代谢保持动态平衡的标志。饥饿及长时间运动时，血糖水平下降，运动员会出现工作能力下降及疲劳的征象。肝糖原可以迅速分解入血以补充血糖，维持血糖的动态平衡。

（四）糖类的消化与吸收

糖类的消化从口腔开始主要完成于小肠。无论是寡糖还是多糖都必须转化成单糖，然后才能由小肠壁细胞吸收。淀粉是最大的可消化糖类，需要经过最复杂的降解过程；而双糖只需经过一次分解即可被吸收。与此同时，不同糖分子的吸收率是不一样的，这与糖分子的分子量、分子体积大小无关。因此，糖类的吸收过程是一个借助化学作用的吸收过程。

糖类被吸收后随血液循环进入肝脏、肌肉或其他组织，或是参与供能，或是转变成糖原储存在肝脏和肌肉内，或是转换成其他非糖物质，如转换为甘油脂肪酸、部分氨基酸和其他的单糖分子。正常的情况下，从肝脏出来的血液中只含有葡萄糖。因此，通常所说的血糖指的是血液中含有的葡萄糖。

（五）糖的生物学功能

糖类不仅广泛分布于自然界，还和我们人类的关系也很密切。我们所用的竹、木、麻、棉制品，吃的米、麦、杂粮，食用糖（蔗糖），医疗用糖（葡萄糖及其衍生物如葡萄糖的钠、钾、钙、锌盐等），都属于糖类的物品。糖类的生物学作用主要有如下 4 个方面。

（1）提供大量的能量，如淀粉在体内氧化时，可放出大量能量；

（2）可转变为生命所必需的其他物质，如脂质、蛋白质等；

（3）可作为生物体的结构物质，如纤维素是植物中起支持作用的结构物质；

（4）可作为细胞识别的信息分子，如细胞的黏附、细胞的接触抑制等细胞识别的功能都与糖蛋白的糖链有关。

（六）糖的供能特点

1. *无氧代谢与有氧代谢均可参与供能*　作为人体的供能物质，糖既可以在无氧条件下（如 100 m 跑），又可以在氧气供应充足的条件下（如铁人三项）产生能量。

2. *糖供能时的输出功率高于脂肪供能*　糖无论是以无氧代谢还是以有氧代谢形式合成 ATP，其速率均显著高于脂肪产生 ATP 的速率。其中，糖酵解生成 ATP 的速率为 1.0 mmol/（s · kg）；而糖的有氧氧化生成 ATP 的速率仅为 0.5 mmol/（s · kg）；脂肪产生 ATP 的速率更低，为 0.25 mmol/（s · kg）。

3. **糖供能时对氧气的利用率要高于脂肪供能** 供能物质氧化产生 ATP 的过程中，1 分子糖消耗 6 分子的氧气，而 1 分子脂肪酸可以消耗 26 分子的氧气。糖氧化供能所消耗的氧气远远低于脂肪供能所消耗的氧气。

4. **糖氧化的最终产物对人体内环境的影响较小** 糖进行有氧氧化产生的代谢产物为二氧化碳和水，相比较脂肪氧化供能消耗氧较多、蛋白质氧化供能时产生的氨对人体内环境造成的影响较小。

5. **糖的储量远低于脂肪** 人体内糖的含量远远低于脂肪。运动中引起的糖耗竭是导致运动疲劳的重要原因。人体运动时肌肉收缩的能量主要由肌糖原提供，而肝糖原则通过释放葡萄糖入血满足运动对糖的利用。血糖作为运动时糖的运输形式既保证了运动时糖的运输，也保证了运动时中枢神经系统对能量的需求。

（七）糖的供给量

为了保证糖的营养平衡，人们在进食时应注意：① 糖的摄入不能过多，由于肝脏可利用糖合成脂肪和胆固醇等，糖的过多摄入可引起肥胖和血脂升高。② 防止糖占总能量摄入的比例过低及脂肪占总能量比例过高。③ 减少精制糖的摄入。

中国营养学会推荐我国居民的糖的膳食供给量占总能量的 55% ～ 65% 时较为适宜。目前许多营养学家认为：为了长期维持人体健康，糖的膳食供给量应占总能量的 55% ～ 60%，进行长时间运动者应增加到 65%，大强度耐力训练者应为 60% ～ 70%，中等强度运动者应为 50% ～ 60%，缺氧运动者应为 65% ～ 70%。

（八）含糖食物的血糖指数

血糖指数（glucose index，GI）是加拿大多伦多大学大卫 · 詹金斯（David Jenkins）博士 20 世纪 80 年代初提出的概念，是指与参照食物（葡萄糖或白面包）摄入后血糖浓度的变化程度相比，含糖食物使血糖水平升高的相对能力。例如，机体在空腹条件下进食 50 g 食物后血糖的变化量与进食等量的参照食物后血糖变化量的比值。其通常用于判断摄入不同类型含糖食物后血糖水平的变化情况。虽然影响含糖食物血糖指数的因素很多，如食物颗粒大小、结构特征、黏度、可溶性纤维、烹调加工程度、是否含果糖和乳糖、淀粉中支链淀粉与直链淀粉的比例、淀粉中的蛋白质和脂肪的干扰、抗营养素（如植酸和植物凝集素及水果的成熟程度）等，但血糖指数是近年来营养学界公认并可被接受的含糖食物的分类方法。

一般来说，食物富含葡萄糖、易水解为葡萄糖的寡糖和容易被消化的淀粉等，其血糖指数相对较高。相反，富含不易消化、不易水解的寡糖和果糖的食物的血糖指数极低。所以，人们根据血糖指数将食物分成为高血糖指数食物、适度血糖指数食物和低血糖指数食物 3 类（表 2-1）。

表 2－1 含糖食物的血糖指数

食物名称	血糖指数	食物名称	血糖指数
高血糖指数食物（血糖指数＞70）		糙米 / 白米饭	59
葡萄糖	100	橘汁	57
运动饮料	95	芒果	55
烤土豆	85	低血糖指数食物（血糖指数＜55）	
玉米薄片饼	84	熟香蕉	52
即食土豆糊	83	水或牛奶煮的麦片粥	49
豆冻	80	巧克力	49
椰子汽水	77	半熟米饭	47
蜂蜜	73	混合谷类面包	45
西瓜	72	橘子	42
白面包	70	全麦麸	42
适度血糖指数食物（血糖指数为 55 ～ 70）		面食覆以肉酱或干酪	41
全麦面包	69	土豆	40
牛奶什锦早餐	68	苹果	36
软饮料	68	加味酸奶	33
葛粉饼干	66	不熟的香蕉	30
燕麦（速食）	66	牛奶	27
蔗糖	65	菜豆、肾豆	27
甜甜圈	62	红扁豆	26
冰淇淋	61	果糖	20

血糖指数也可被看作是含糖食物消化速率及引起血糖浓度上升速度的一个指标。进食同样数量的食物时，其消化速率及引起的血糖浓度上升的幅度越高，血糖指数就越高，对胰岛细胞分泌胰岛素的刺激作用就越大。久而久之，这样会降低人体组织细胞对胰岛素的敏感性，产生胰岛素抵抗甚至可能与糖尿病的发病有关。因此，在相同数量糖的条

件下，血糖指数可以用来指导饮食对血糖和胰岛素的调控。例如，低血糖指数的食物可以用来制订糖尿病和高脂血症患者的饮食标准，并提高她们用餐后的饱腹感；在长时间运动后恢复期内，高血糖指数的食物对及糖原的恢复较低血糖指数的食物对肌糖原的恢复效果要好。为了提高人体的健康水平，在可选择的情况下，应尽量选用低血糖指数的含糖食物。与进食同等热量的高血糖指数含糖食物相比，耐力运动前进食低血糖指数的含糖食物，可增加耐力运动过程中脂肪供能的比例。

第二节　运动中的糖代谢

运动中最直接和最快速的能量来源是 ATP，但体内 ATP 的储存量很少，仅能维持几秒钟，ATP 需要不断合成。糖是剧烈运动中 ATP 再合成的主要基础物质。以糖原形式近似 6 000 kJ（1 430 kcal）和 1 500 kJ（360 kcal）的能量分别储存于肌肉和肝脏，与体内三酰甘油储存的能量比较，糖储存的能量虽然相对较小，但在高强度运动时，氧化磷酸化释放的能量不能满足运动需要，此时，糖的无氧供能释放是必要的。有氧供能的 ATP 最大生成率约为 2.5 mmol/（s · kg），而无氧能量 ATP 的生成率可大于 11 mmol/（s · kg），但无氧能量 ATP 的释放仅能维持几秒钟；有氧和无氧 ATP 再合成的功能并非相互独立，当运动时间延长时，无氧释放的能量减少，有氧代谢供能增加，当运动达到最大强度时，大部分甚或全部能量由糖供给，这是由 ATP 转换率增加使募集的酵解Ⅱ型肌纤维和酵解酶活化增加所致。脂肪氧化的 ATP 最大生成率比糖低，同样利用 1 mol 氧、脂肪生成的 ATP 比糖少。糖可通过无氧酵解途径代谢。糖进行无氧酵解时会立即生成乳酸。从安静状态转为稳定运动状态及进行最大强度运动时，糖的无氧利用不可缺少。长时间剧烈运动中，肌糖原和肝糖原耗竭会影响运动能力。

一、糖的有氧氧化

在有氧的条件下，葡萄糖彻底氧化成 H_2O 和 CO_2，并释放出大量能量的过程称为有氧氧化，也称有氧分解。有氧氧化是生物体获得能量的主要方式，其产生的能量是无氧酵解产生能量的 15 ～ 16 倍。

糖的有氧氧化过程在细胞的细胞质基质和线粒体两个部位进行。整个代谢途径可分为 3 个阶段：第一个阶段是在细胞质基质中进行糖酵解（葡萄糖分解成丙酮酸），第二个阶段是在线粒体内膜上进行丙酮酸氧化脱羧（丙酮酸氧化脱羧生成乙酰 CoA），第三个阶段是在线粒体内进行三羧酸循环（乙酰 CoA 经过循环彻底氧化分解为 H_2O 和 CO_2）。

1. **糖酵解**　1 分子葡萄糖生成 2 分子丙酮酸和 2 分子 $NADH+H^+$，净生成 2 分子 ATP。这一阶段在细胞质基质中进行，2 分子 $NADH+H^+$ 在有氧条件下进入线粒体（呼吸链）产能，共可得到 2 × 1.5（肌肉或神经组织中甘油 α－磷酸穿梭）或者 2 × 2.5（肾、肝、心等中的苹果酸穿梭）分子 ATP。所以第一阶段可净生成 5 分子或 7 分子 ATP。

2. **丙酮酸氧化脱羧**　丙酮酸进入线粒体，在膜上丙酮酸脱氢酶系（pyruvate

dehydrogenase system，PDH）的催化下氧化脱羧，生成乙酰 CoA、CO_2 和 NADH+H^+，反应不可逆。

丙酮酸脱氢酶系是糖有氧氧化途径的关键酶之一，它是生物体内为数不多的多酶复合物之一，由 3 种酶、6 种辅助因子组成，同时受多种因素的影响。

丙酮酸脱氢酶复合体催化的反应分为 5 步：① 由丙酮酸脱氢酶（E_1）催化，丙酮酸脱羧形成羟乙基－酸硫胺素（TPP）－E_1。TPP 噻唑环上的 N 与 S 之间活泼的碳原子可释放出 H^+，而成为负碳离子，与丙酮酸的羰基作用，使丙酮酸脱羧产生 CO_2，同时形成羟乙基－TPP。② 由二氢硫辛酰胺转乙酰酶（E_2）催化，使羟乙基－TPP–E_1 上的羟乙基被氧化成乙酰基，同时转移给硫辛酰胺，形成乙酰基－硫辛酰胺－E_2。③ 二氢硫辛酰胺转乙酰酶（E_2）继续催化，使乙酰基－硫辛酰胺上的乙酰基转移给 HSCoA 生成乙酰 CoA 后，离开酶复合体，同时氧化过程中的 2 个电子使硫辛酰胺还原生成二氢硫辛酰胺。④ 由二氢硫辛酰胺脱氢酶（E_3）催化，二氢硫辛酰胺脱氢重新生成硫辛酰胺，以进行下一轮反应，同时将氢传递给 FAD，生成 $FADH_2$。⑤ 由二氢硫辛酰胺脱氢酶（E_3）继续催化，将 $FADH_2$ 上的氢转移给 NAD^+，形成 NADH+H^+。

3. **三羧酸循环**（tricarboxylic acid cycle，TCA）　　也称柠檬酸循环或 Krebs 循环），是指在线粒体中，乙酰 CoA 首先与草酰乙酸缩合生成含 3 个羧基的柠檬酸，然后经过系列代谢反应，乙酰基被彻底氧化为 CO_2 和 H_2O，而草酰乙酸再生的循环反应过程。

三羧酸循环在线粒体中进行，是由 8 种酶参加 10 个反应的连续催化，也可分为 3 个阶段：柠檬酸合成、氧化脱羧、草酰乙酸再生。

（1）柠檬酸合成：乙酰 CoA 在柠檬酸合酶（citrate synthase）催化下与草酰乙酸生成柠檬酸。该反应为缩合反应，不可逆。反应过程先生成柠檬酸和 CoA，然后高能硫酯键水解释放出较多的自由能，$\triangle G^{0'} = -32.2$ kJ/mol。

（2）异柠檬酸的形成：柠檬酸在顺乌头酸酶（aconitase）的催化下先脱水生成顺乌头酸（*cis*－aconitase），然后加水生成异柠檬酸（isocitrate）。这两步反应都由顺乌头酸酶来催化，都是可逆反应。需要注意的是，在形成异柠檬酸分子过程中，羟基只会与来自草酰乙酸的 β－碳原子相连，而非与来自乙酰 CoA 的 β－碳原子相连。

（3）异柠檬酸氧化脱羧：在异柠檬酸脱氢酶（isocitrate dehydrogenase）的催化下脱羧脱氢 α－酮戊二酸（α－ketoglutarate）。反应是不可逆的。这也是三羧酸循环中的第一脱羧基，也是第一次脱氢，脱下的氢交给 NAD^+，生成了 NADH+H^+。本过程需要有 Mg^{2+} 或 Mn^{2+} 参与。

（4）α－酮戊二酸氧化脱羧：在 α－酮戊二酸脱氢酶复合体（α－ketoglutarate dehydrogenase complex）催化下，α－酮戊二酸脱羧同时脱氢生成琥珀酰 CoA（succinyl coenzyme A）。该反应也是不可逆反应，是三羧酸循环中的第二次氧化脱羧，第二次脱氢，脱下的氢依然交给 NAD^+，生成了 NADH+H^+。α－酮戊二酸脱氢酶复合体与丙酮酸脱氢酶复合体极其相似，也由 3 种酶和至少 6 种辅助因子组成。

（5）底物水平磷酸化：在琥珀酰 CoA 硫激酶（succinate thiokinase）（也称琥珀酰 CoA 合成酶（succinyl－CoA synthetase）的催化下，琥珀酰 CoA 转移其上的硫酯键给鸟苷二磷酸（guanosine diphosphate，GDP），生成鸟苷三磷酸（guanosine triphosphate，GTP），同时生成琥珀酸。然后 GTP 再与腺苷二磷酸（adenosine diphosphate，ADP）反应生成 ATP（在植物和微生物中是直接生成 ATP），标准自由能变化 $\Delta G^{0'}=-36$ kJ/mol。反应是可逆的，这是三羧酸循环中唯一的一次底物水平磷酸化。

（6）琥珀酸脱氢：在琥珀酸脱氢酶（succinate dehydrogenase）的催化下，琥珀酸脱氢生成延胡索酸（fumarate），脱下的 H^+ 交给 FAD，生成了 $FADH_2$。反应是可逆的，这是三羧酸循环中脱氢时唯一一次生成 $FADH_2$ 的反应。

（7）苹果酸的生成：在延胡索酸酶的催化下，延胡索酸加水生成苹果酸（*L*–malate）。该反应可逆。

（8）草酰乙酸的再生：在苹果酸脱氢酶（malate dehydrogenase）的催化下，苹果酸脱氢生成草酰乙酸，脱下的 H^+ 交给 NAD^+，生成了 $NADH+H^+$。该反应可逆，这也是三羧酸循环中的最后一步。至此，草酰乙酸又重新形成，可进入下一次的循环。

三羧酸循环一周，消耗 1 分子乙酰 CoA（二碳化合物），在循环过程中的三羧酸等中间化合物，并不能因为一次循环而增多或消耗（图 2–1），总反应式见下式。

$$CH_3CO \sim CoA+3NAD^++FAD+GDP\,(ADP)+Pi+2H_2O \longrightarrow 2CO_2+3NADH+3H^++FADH_2+GTP\,(ATP)+HS-CoA$$

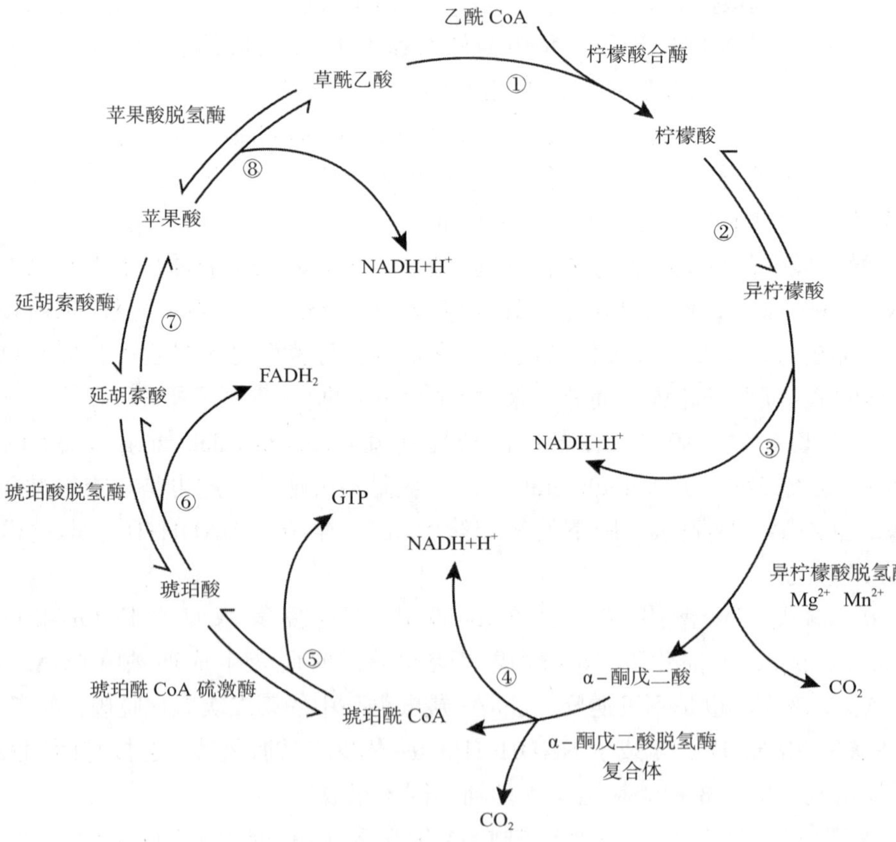

图 2–1 三羧酸循环简易模式图

二、糖的无氧酵解

糖在人体组织中，不需耗氧而分解成乳酸；或是在人体缺氧或供氧不足的情况下，糖仍能经过一定的化学变化，分解成乳酸，并释放出一部分能量的过程称为糖的无氧酵解。该过程因与酵母菌生醇发酵的过程基本相似，故称为糖酵解。

糖酵解是一系列酶促反应的过程。剧烈运动时，体内供氧不足，糖进行无氧分解经过一系列反应生成乳酸：糖原或葡萄糖⟶丙酮酸⟶乳酸。在该过程中，1 分子葡萄糖生成 2 分子乳酸，并释放能量。这些能量由 ADP 接受并生成 ATP。

人体在运动时体内糖原迅速分解，血糖含量明显降低，最直接和最快速的能源物质是 ATP，但人体内的 ATP 的储存量极少，仅能维持几秒钟，ATP 需要不断合成。糖是剧烈运动中 ATP 再合成的主要基础物质，以糖原的形式分别储存于肌肉和肝脏。当体内糖原耗竭时，ATP 合成的速度缓慢，并容易发生外伤。人体内脂肪的储存量虽然很多，但脂肪不容易动用，因此需要有充足的糖原储备。糖在无氧和有氧的情况下均能分解为 ATP 供机体使用。1 分子单糖无氧酵解可生成 2 分子 ATP，反应终产物为乳酸，测定血乳酸，可反映运动员运动强度、训练水平、疲劳程度等情况。

（一）糖酵解的途径

骨骼肌细胞质内存在大量的肌糖原，在进行糖酵解时，首先分解为葡萄糖；血液中的葡萄糖进入骨骼肌细胞后，也可以通过糖酵解途径被分解产生能量，同时生成乳酸。

催化糖酵解反应的一系列酶存在于细胞质中，因此糖酵解全部反应过程均在细胞质中进行。糖酵解是所有生物体进行葡萄糖分解代谢所必须经过的共同阶段，可分为两个阶段。第一阶段从葡萄糖消耗 2 个分子 ATP 生成 2 个磷酸丙糖，第二阶段从磷酸丙糖转化为丙酮酸，生成 4 个分子 ATP，是生成 ATP 的阶段。

1. 第一阶段

（1）葡萄糖的磷酸化（phosphorylation of glucose）：进入细胞内的葡萄糖首先在第 6 位碳上被磷酸化生成葡糖－6－磷酸（glucose－6－phophate，G－6－P），磷酸根由 ATP 供给，这一过程不仅活化了葡萄糖，有利于它进一步参与合成与分解代谢，同时还能使进入细胞的葡萄糖不再逸出细胞。催化此反应的酶是己糖激酶（hexokinase，HK）。己糖激酶催化的反应不可逆，反应需要消耗 ATP，Mg^{2+} 是反应的激活剂，参与反应实际为 Mg^{2+} 和 ATP 复合物。它能催化葡萄糖、甘露糖、氨基葡萄糖、果糖进行不可逆的磷酸化反应，生成相应的 6－磷酸酯，葡糖－6－磷酸是己糖激酶的反馈抑制物，己糖激酶是糖氧化反应过程的限速酶（rate limiting enzyme）或称关键酶（key enzyme），它有同工酶Ⅰ～Ⅳ型己糖激酶，Ⅰ、Ⅱ、Ⅲ型己糖激酶主要存在于肝外组织，其对葡萄糖 K_m 值为 10^{-6} ～ 10^{-5} mol/L（K_m 为米氏常数）。

Ⅳ型己糖激酶主要存在于肝脏，特称葡萄糖激酶（glucokinase，GK），对葡萄糖的 K_m 值为 1 ～ 10^{-2} mol/L，正常血糖浓度为 5 mmol/L，当血糖浓度升高时，葡萄糖激酶活性增加，葡萄糖和胰岛素能诱导肝脏合成葡萄糖激酶，葡萄糖激酶能催化葡萄糖、甘露糖生成其 6－磷酸酯，葡糖－6－磷酸对此酶无抑制作用。

（2）葡糖－6－磷酸的异构反应（isomerization of glucose－6－phosphate）：这是由磷酸己糖异构酶（phosphohexose isomerase）催化葡糖－6－磷酸转变为果糖－6－磷酸（fructose－6－phosphate，F－6－P）的过程，此反应是可逆的。

（3）果糖－6－磷酸的磷酸化（phosphorylation of fructose－6－phosphate）：此反应是果糖－6－磷酸第一位上的碳进一步磷酸化生成果糖－1, 6－二磷酸，磷酸根由 ATP 供给，催化此反应的酶是磷酸果糖激酶－1（phosphofructokinase－1，PFK－1）。PFK－1 催化的反应是不可逆反应，它是糖的有氧氧化过程中最重要的限速酶，它也是变构酶，柠檬酸、ATP 等是变构抑制剂，ADP、腺苷一磷酸（adenosine monophosphate，AMP）、磷酸、果糖－1, 6－二磷酸等是变构激活剂，胰岛素可诱导它的生成。

（4）果糖－1, 6－二磷酸裂解反应（cleavage of fructose 1, 6 di/bis phosphate）：醛缩酶（aldolase）催化果糖－1, 6－二磷酸生成磷酸二羟丙酮和 3－磷酸甘油醛，此反应是可逆的。

（5）磷酸二羟丙酮的异构反应（isomerization of dihydroxyacetonephosphate）：磷酸丙糖异构酶（triose phosphate isomerase）催化磷酸二羟丙酮转变为 3－磷酸甘油醛，此反应也是可逆的。到此 1 分子葡萄糖生成 2 分子 3－磷酸甘油醛，通过 2 次磷酸化作用消耗 2 分子 ATP。

2. 第二阶段

（1）3－磷酸甘油醛氧化反应（oxidation of glyceraldehyde－3－phosphate）：此反应由 3－磷酸甘油醛脱氢酶（glyceraldehyde 3－phosphate dehydrogenase）催化 3－磷酸甘油醛氧化脱氢并磷酸化生成含有 1 个高能磷酸键的 1, 3－二磷酸甘油酸，本反应脱下的氢和电子转给脱氢酶的辅酶 NAD^+ 生成 $NADH+H^+$，磷酸根来自无机磷酸。

（2）1, 3－二磷酸甘油酸的高能磷酸键转移反应：在磷酸甘油酸激酶（phosphoglycerate kinase，PGK）催化下，1, 3－二磷酸甘油酸生成 3－磷酸甘油酸，同时其 C_1 位上的高能磷酸根转移给 ADP 生成 ATP，这种底物氧化过程中产生的能量直接将 ADP 磷酸化生成 ATP 的过程，称为底物水平磷酸化（substrate－level phosphorylation）。此激酶催化的反应是可逆的。

（3）3－磷酸甘油酸的变位反应：在磷酸甘油酸变位酶（phosphoglycerate mutase）催化下 3－磷酸甘油酸 C_3 位上的磷酸基转变到 C_2 位上生成 2－磷酸甘油酸。此反应是可逆的。

（4）2－磷酸甘油酸的脱水反应：由烯醇化酶（enolase）催化，2－磷酸甘油酸脱水的同时，能量重新分配，生成含高能磷酸键的磷酸烯醇式丙酮酸。本反应也是可逆的。

（5）磷酸烯醇式丙酮酸的磷酸转移：在丙酮酸激酶（pyruvate kinase，PK）催化下，磷酸烯醇式丙酮酸上的高能磷酸根转移至 ADP 生成 ATP，这是又一次底物水平上的磷酸化过程。但此反应是不可逆的。丙酮酸激酶是糖的有氧氧化过程中的限速酶，具有变构酶性质，ATP 是变构抑制剂，ADP 是变构激活剂，Mg^{2+} 或 K^+ 可激活丙酮酸激酶的活性，胰岛素可诱导丙酮酸激酶的生成，烯醇式丙酮酸又可自动转变成丙酮酸。

糖酵解反应过程见图 2–2。

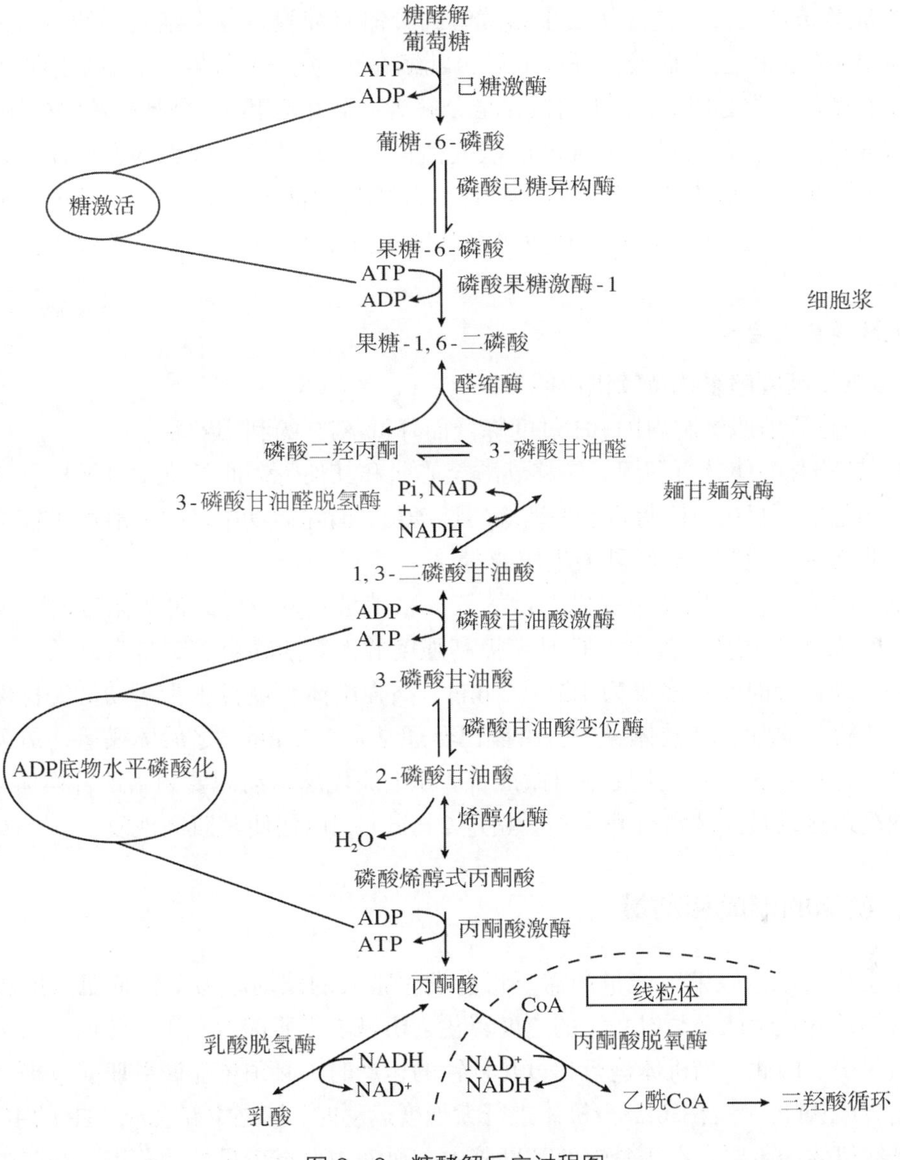

图 2-2　糖酵解反应过程图

（二）乳酸的代谢

骨骼肌内通过糖酵解生成的 ATP 可以被利用为肌纤维收缩等活动，而大量生成的乳酸也需要排出细胞，因为乳酸在肌细胞内堆积会严重抑制糖酵解的进行，称为终产物浓度抑制。

1. **运动中乳酸的生成**　在 20 ～ 60 s 短时间最大强度运动中，大量募集肌纤维收缩，糖酵解速率达到最大，乳酸迅速大量生成，直到运动结束，如 200 m 跑和 400 m 跑；在较长时间的大强度运动中，加速阶段和冲刺阶段也会大量募集快肌纤维收缩，生成大量乳酸，跑后血乳酸可达 15 mmol 左右，如 5 000 m 跑，有氧代谢不能满足肌肉对能量消耗的需求，特别在比赛时，最后冲刺也会使糖酵解供能增加，也生成大量乳酸，如 800 m 跑、1 500 m 跑也一样。运动中乳酸生成越多，说明通过糖酵解供能越多。

2. *乳酸的消除* 首先，从发生糖酵解的骨骼肌细胞转运出细胞。然后，从骨骼肌细胞转运出来的乳酸进入血液循环。最后，乳酸在运动中和运动结束后的去向：① 运动中通过血液循环进入心肌、骨骼肌内被完全分解为二氧化碳和水，是乳酸消除的主要方式。因此，大强度运动后及时进行低强度的恢复性运动，既增加肌肉内的血液循环，也是快速减少体内乳酸的最好方式，如快步频慢跑、放松性游泳等。② 运动后乳酸在肝脏中重新合成糖原，占总量 20% 以内。③ 转化为其他物质分子，占 10% ～ 15%。④ 通过汗液和尿液排出，约占 5%。

3. *乳酸消除的意义*

（1）维持糖酵解系统持续供应能量。

（2）防止骨骼肌细胞内因 pH 过度降低而降低 ATP 的利用效率。

（3）转移乳酸使其再利用。转移乳酸至心肌和其他骨骼肌纤维中分解提供能量。

多数的运动项目中，长期高水平训练的运动员，消除运动中产生的乳酸的能力很强，特别是心肌能更多地完全分解乳酸生成能量。

当活动强度超过了向系统提供充足的氧气以满足能量需要的最大限度时，无氧糖酵解便成为生成 ATP 的主要途径。但是，极高强度的无氧活动会受到自身制约，因为乳酸供能允许活动持续时间最多仅为 1.5 ～ 2 min。高强度体育项目中为运动员安排恢复的时机很有代表性。例如，竞技体操中自由操比赛通常是 1.5 min，之后体操运动员可以进行休息与恢复，并为下一个高强度项目做准备。冰上曲棍球运动需要频繁地替换运动员（一位冰上曲棍球运动员连续滑行几乎不会超过 2 min），以便使其肌肉恢复。

三、糖原的形成和动员

在运动中，肌肉收缩时能量的需要将会发生很大的波动。为了保证肌肉的收缩，以 ATP 形式储存的化学能必须以一定的速度转化为机械能供肌肉所利用。然而，肌肉储存的 ATP 含量很少，因此，当机体进行超过几秒钟的运动时，必须依靠磷酸肌酸、糖、脂肪的代谢重新合成 ATP。一般来讲，当机体进行大强度运动时，糖是重新合成 ATP 的主要物质。但是，糖在机体内主要存在于骨骼肌和肝脏中，血液中也有少量的葡萄糖。在肌肉和肝脏中以糖原形式储存的能量分别约为 6 000 kJ（1 430 kcal）和 1 500 kJ（360 kcal）。其如与机体中储存的三酰甘油（340 MJ，81 200 kcal）作为重新合成 ATP 的燃料相比是非常小的。三酰甘油是肌肉在安静时产生能量的较合适物质，并能满足机体进行 50% 以下强度运动时的能量需要。随着运动强度的增大，脂肪氧化供能在总能量中的比例下降，而糖氧化供能的比例增大。因此，糖成为机体在最大强度运动时氧化供能的唯一物质。这主要是由于当 ATP 的周转率增加时，肌肉中糖酵解型Ⅱ型肌纤维的募集增多，而且同时激活糖酵解酶的活性。脂肪氧化产生 ATP 的最大速度小于糖氧化时 ATP 生成的最大速度；另外，与糖相比，机体每消耗 1 mol 氧气所产生 ATP 的数量较低。与脂肪不同的是，糖可以通过糖酵解进行无氧代谢。当肌肉开始收缩时，肌肉中乳酸可瞬时积累，证明机体活化糖酵解途径是非常快的。这可能说明机体在最大强度的运动中和机体从安静状态过渡到稳定状态的运动过程中，糖的无氧代谢是必不可少的。所以，在长时间大强度的运动中，由于机体糖的储存数量少，肌糖原和肝糖原储备的耗竭将限制机体的运动能力。体内磷酸肌酸、糖和脂肪作为能源物质的含量及由上述 3 种能源物质再合成 ATP 的最大速率见表 2－2。

表 2－2　1 名体重 70 kg 的男子（估计肌肉重置 28 kg）机体内能量物质的可用量及磷酸肌酸、糖和脂肪的最大生成率

	可用量（g）	生成率（g / min）
ATP 磷酸肌酸 ⟶ ADP 肌酸	0.67	4.4
肌肉糖原 ⟶ 乳酸	6.70	2.35
肌肉糖原 ⟶ CO_2	84	0.85 ～ 1.14
肝糖原 ⟶ CO_2	19	0.37
脂肪酸 ⟶ CO_2	4 000	0.4

（一）肌糖原合成的调节

葡萄糖通过质膜后，迅速被已糖激酶转变为葡糖－6－磷酸，葡糖－6－磷酸再由磷酸葡糖变位酶转变为葡糖－1－磷酸，接着，三磷酸尿苷和葡糖－1－磷酸结合形成尿苷二磷酸葡萄糖（UDPG）作为葡萄糖基携带体，其上连接的葡萄糖基随后被糖原合酶催化转移到糖链非还原末端的葡萄糖基上形成 α－1, 4－糖苷键。但是，糖链的初始形成是由一种称为糖原生成素的蛋白质控制的。糖原生成素也是一种需要 UDPG 的葡萄糖基转移酶。反应的第一步是葡萄糖共价连接到糖原生成素的一个特定的酪氨酸残基上，这是由糖原生成素自动催化的一种自身糖基化反应。接下去是糖链的延伸反应，包括增加连接上另外 7 个葡萄糖基。形成的糖链引物再由糖原合酶继续催化延长，但是这一反应只有在糖原生成素和糖原合酶结合成复合物后才能进行。最后，由淀粉糖基转移酶催化，将糖链末端 6 ～ 7 个葡萄糖残基长度的寡糖片段转移到同一糖链或另一糖链的葡萄糖残基的 6－羟基上形成 α－1, 6－糖苷键连接从而产生一个完整的糖原分子结构。糖原分子的合成在糖原合酶与糖原生成素分离后即告结束。

运动耗竭肌糖原后，其再合成分两个阶段。首先是不依赖胰岛素的肌糖原快速合成阶段，在正常人，这一阶段中糖原合成的速率为 12 ～ 30 μmol/（g · h），持续 45 ～ 60 min。第二阶段是胰岛素依赖性的肌糖原慢速合成阶段，在不补糖的情况下，其合成速率是快速合成阶段速率的 1/10 ～ 1/7，但是，如果在运动后即刻补糖，其合成速率能提高 7 倍，如持续补糖，肌糖原含量还能升高至正常水平以上，这称为糖原的超量恢复。有意义的是，在慢合成阶段补糖加速肌糖原恢复的效应直接与补糖引起的血浆胰岛素反应有关。

1. *运动后肌糖原快速合成阶段*　在进行足够强度和持续足够时间的运动后，肌糖原储备耗竭，糖原合酶活性升高。糖原合酶是糖原合成通路中的限速酶，它的活性受肌糖原含量的强力影响。一般讲，有活性的 L－型糖原合酶的百分比与肌糖原含量呈负相关，也就是说，当肌糖原含量下降时，有活性 L－型糖原合酶的百分比上升，相反，糖原浓度升高时，无活性 D－型糖原合酶的百分比增加。

运动引起的糖原合酶活性升高可催化糖原的快速恢复，这只有在存在适宜底物的情况下才能发生。因此，运动后肌糖原快速回升的另一可能因素是肌细胞膜对葡萄糖通透性显著升高。但是，肌肉收缩活动引起葡萄糖转运增加的效应，在没有胰岛素存在的情况下，几个小时内便基本消失。葡萄糖转运的快速下降似乎表明，肌肉葡萄糖转运能力与肌糖原含量呈负相关。所以，质膜对葡萄糖的通透性增加和糖原合酶的激活，共同使运动后初始阶段胰岛素非依赖性的肌糖原快速再合成得以实现。

2. **运动后肌糖原慢速合成阶段** 在运动引起的这种直接的胰岛素非依赖性的葡萄糖转运效应减退后，肌肉葡萄糖转运和糖原合成对胰岛素的敏感性便开始显著增加。运动引起胰岛素敏感性增加的程度可能相当高，导致肌肉通常不会在任何可检测效应的胰岛素浓度下摄取葡萄糖和合成糖原。而且，这种敏感性的增加能维持很长一段时间，直至出现糖原超量恢复后才完全消失。这些结果表明，肌肉对胰岛素敏感性的增加是糖原慢合成阶段的一个主要组分。

虽然在运动引起糖原耗竭后即刻，L－型糖原合酶百分比可高达 80%，但当糖原含量恢复正常后，L－型糖原合酶的百分比会以负反馈方式降至运动前水平或更低，然而，在糖原慢合成阶段，糖原合酶可能转变为一种中间形式，即活性比低下但对葡糖－6－磷酸激活的敏感性增加。因此，慢合成阶段的第二个重要组成部分是糖原合酶对葡糖－6－磷酸的敏感性增加。

在胰岛素依赖的慢性恢复阶段，糖原成增加的另一可能机制是葡萄糖转运蛋白－4（GLUT－4）浓度升高。Ren 等报道在一次性长时间运动后，大鼠骨骼肌中 GLUT－4 水平升高，并同时伴随有胰岛素刺激的葡萄糖转运和糖原合成按比例增加。他们认为 GLUT－4 表达水平快速升高是肌肉对运动刺激的一种早期适应性反应，以增加肌糖原的再填充。

（二）运动中肌糖原利用的调节

糖酵解是肌糖原水解为葡糖－1－磷酸的过程，并在磷酸葡糖变位酶的作用下转化为葡糖－6－磷酸。葡糖－6－磷酸和血液中的葡萄糖通过肌细胞膜时在已糖激酶作用下形成的葡糖－6－磷酸一起进入糖酵解的途径。糖酵解途径包含由葡糖－6－磷酸降解为丙酮酸过程中的一系列化学反应。

能量代谢的一体化特点保证机体通过 Ca^{2+} 和 ATP、磷酸肌酸的水解产物 [ADP、AMP、肌苷一磷酸（inosine monophosphate，IMP）、无机磷酸盐] 的蓄积，刺激糖原分解，从而激活肌肉的收缩。机体试图用这种方式满足其对 ATP 的需要。在肌肉收缩过程中，糖原分解的控制有一个非常复杂的机制。许多教材中认为，Ca^{2+} 的水平促使活性很低的糖原磷酸化酶 b 转变为活性较高的糖原磷酸化酶 a 已不再是调节糖原分解的中心机制。现在已经知道，有时候虽然通过灌注肾上腺素使几乎所有的磷酸化酶都转化为糖原磷酸化酶 a，糖原分解仍以非常缓慢的速度进行。相反，当机体循环闭塞时，尽管糖原磷酸化酶 a 的摩尔数相对较低，糖原分解的速度也有增加。根据这种看法及相关的著作，可以得出结论，随着 ATP 和磷酸肌酸的水解，无机磷酸盐的蓄积增加在调节糖原分解时糖原磷酸化酶 a 的活性中起关键作用，从而有机地连接了肌肉收缩时的能量需要和糖利用的速度。然而，有许多研究发现，肌肉在开始收缩 2 s 内，尽管 Ca^{2+} 只有少量增加，机体却有较高的糖原分解速度。有研究发现，即使机体内有较多的糖原磷酸化酶 a 和 Ca^{2+} 含量，糖原分解的速度也较慢。从而说明，除了 Ca^{2+} 引起糖原磷酸化酶的转换外，可能还有其他因素调节着糖原的分解。

一般认为，IMP 和 AMP 是运动中调节糖原分解的两种重要因素。IMP 在肌肉收缩时，通过促进糖原磷酸化酶 b 的活化（在细胞内糖原磷酸化酶 b 对 IMP 的表现 K_m 值约为 1.2 mmol/L，K_m 为米氏常数）来发挥作用。AMP 也可增加糖原磷酸化酶 b 的活性，但必须有游离的 AMP 非生理性蓄积起作用（糖原磷酸化酶 b 对 AMP 的表现 K_m 值为 1.0 mol/L）。体外实验证明，AMP 可以通过增加糖原磷酸化酶 a 的活性对糖原分解发挥较显著的作用。在体内 90% 以上的细胞内 AMP 与蛋白质结合，因此过去有人提出，肌肉收缩时，只有游离 AMP 的含量增加到一定数值时才会影响糖原磷酸化酶 a 的动力学变化。然而，近年来的研究表明，AMP 含量的少量增加（10 μmol/L 细胞内液）能显著增加体外糖原磷酸化酶 a 的活性。此外，体内证据表明的 ATP 转变和糖原利用之间的密切关系说明，运动导致游离 AMP 和无机磷酸盐含量的升高可能是肌肉收缩时调节糖原降解的关键因素。

（三）影响肌糖原利用的因素

人体运动时肌糖原被迅速分解，其利用的速度与数量受多种因素的影响，但其中最主要的是运动强度、运动持续时间、训练水平、饮食、环境因素。

1. **运动强度** 肌糖原的消耗速率随着运动强度的增加而增加。

2. **运动持续时间** 运动时间对于肌糖原的影响主要发生在中等强度运动中。由于肌糖原消耗速度较快，且运动持续时间达 45 ～ 200 min，肌糖原的消耗量因此会随着运动时间的延长而增加。

3. **训练水平** 长时间的耐力训练提高了肌肉对脂肪的氧化能力，使得肌肉对糖原供能的依赖程度相对降低，从而节省了肌糖原。

4. **饮食** 进行中等强度长时间运动如马拉松、竞走的运动员通过食物或运动饮料补糖可以节省肌糖原，防止机体消耗过快。

5. **环境因素** 主要体现在气温和含氧量两个方面。第一，天气炎热时运动，可使脂肪有氧供能水平下降，肌糖原消耗增加；天气寒冷时运动，脂肪组织氧气供应充足，脂肪有氧供能水平上升，肌糖原消耗减少。第二，在含氧量较低的高原进行运动时，供氧不足造成糖酵解供能比例增加，肌糖原消耗增加。

（四）肝糖原的合成

1. **肝糖原的来源** 肝糖原是由许多葡萄糖分子聚合而成的物质。葡萄糖聚合物以糖原的形式储存于肝脏，当机体需要时，便可分解成葡萄糖，转化为能量。肝糖原的来源包括：① 食物在饭后由肠道消化吸收入血液，葡萄糖、果糖、乳糖进入肝脏，

60% ～ 70% 转化为糖原储存起来。② 空腹时糖原异生增加，即蛋白质分解成氨基酸，脂肪分解成甘油在肝脏转化成糖原；肌肉收缩生成的乳酸，通过肝脏的代谢，亦可能转化为肌糖原。

2. *血糖浓度的调节*　机体进餐后，血液中血糖浓度急速升高，而肝脏中胰岛素的生物合成速度受血糖浓度的影响，当血糖浓度升高时，胰岛 B 细胞中胰岛素原含量增加，胰岛素合成加速。胰岛素可以促进多余血糖在肝脏中转化成肝糖原，并以此形式储存能量。在两餐之间和运动过程中出现低血糖时，其可刺激肝脏分泌胰高血糖素（血糖水平越低，分泌的胰高血糖素越多）。胰高血糖素引起肝糖原的分解代谢，从而导致部分葡萄糖分子释放到血液中。胰高血糖素还可以促进糖异生（从非葡萄糖物质中生成葡萄糖）。例如，丙氨酸是由蛋白质生成的，并由肝脏转化成葡萄糖，由肝脏释放，用以维持血糖的葡萄糖大约 60% 来自储存的肝糖原，其余的葡萄糖合成则来自乳酸、丙酮酸、甘油和氨基酸。运动过程中肝糖原分解入血的速率受运动强度影响，运动强度越大，肝糖原释放的速率越快。长时间的耐力活动中，低血液胰岛素、高肾上腺素和胰高血糖素结合起来刺激肝脏释放葡萄糖。

除胰岛素与胰高血糖素外，另外两种激素也能对血糖产生影响。肾上腺素是一种应激激素，能够使肝糖原快速分解，从而迅速提升血糖水平。由肾上腺分泌的皮质醇也是一种能够促进蛋白质分解代谢的应激激素。这种蛋白质的分解为糖异生提供某种生成葡萄糖的氨基酸，最终导致血糖升高。肾上腺素与皮质醇的释放都是运动应激的结果，两种激素都通过血糖水平的高低来调节。控制肾上腺素的生成有助于保存肝糖原，而控制皮质醇则有助于保存肌肉蛋白。这是运动中摄入糖的有力论据。

3. *肝糖原和肌糖原的转化*　机体可以将多余的葡萄糖在肝脏与肌肉中以糖原的形式储存，直到饱和为止。肝脏最大的糖原储存能力为 87 ～ 100 g（348 ～ 400 kcal），而肌肉的储存能力大概为 350 g（1 400 kcal），在大个子的人体中还会多一点。当糖原储存达到饱和以后，再向细胞提供额外的葡萄糖，就会使多余的葡萄糖以脂肪形式存储（在肌肉与脂肪细胞中都是如此）。肝糖原的主要作用是稳定血糖，而肌糖原主要为有氧运动和无氧运动中的肌肉提供能量来源。当肝糖原耗竭时，即使肌肉糖原存储充足，要保持血糖也是不容易的。

4. *运动训练对肝糖原储备的影响*　耐力训练可以提高肝糖原储量。其原因可从以下中机制得到，一是运动会引起的激素应答反应减弱，具体表现为运动血浆胰高血糖素和儿茶酚胺浓度上升的幅度减少。二是运动后肝细胞内环腺苷酸（cAMP）生成的数量有所下降。两种作用产生的效应可使肝糖原分解速率下降。另外，虽然耐力训练对糖异生酶的影响不明显，但在适中强度运动中，肝糖异生的速率稍有上升，原因并非是糖异生过程的代谢能力增强，而是训练改善了运动时的血流分配，使肝血流量增大，流经肝脏的糖异生基质的量增多，被代谢利用的概率也相应升高耐力训练适应后，肝脏糖代谢的变化还与骨骼肌代谢适应有关。训练使脂肪酸氧化供能的比例提高。例如，经 12 周耐力训练的人，运动中脂肪酸供能比例（53%）明显比没有经过耐力训练的人（40%）高，这引起运动肌吸收和利用血糖的比例降低，使运动中保持高的血糖水平。耐力训练引起亚极量强度运动时肝糖原分解减慢，这种适应性变化的意义在于提高维持血糖正常水平的能力，有利于保持长时间运动能力和抗御低血糖的发生和发展。

（五）运动中肝糖原利用的调节

肝糖原是血糖的一个储存库，运动时肝糖原分解的主要作用是维持血糖，以保证各器官尤其是大脑的能源供应。在血糖下降时，肝糖原分解成葡萄糖以维持血糖水平的稳定，当肝糖原储存耗竭时，葡萄糖的产生明显下降，从而导致低血糖，进而影响运动能力。

肝糖原分解主要受肾上腺素、胰高血糖素和胰岛素激素调节，交感－肾上腺素系统在肝糖原的分解调节中也有作用。目前认为，激素对肝糖原的调节作用主要是通过两种途径来实现的：①以细胞内 cAMP 作为第二信使。例如，肾上腺素、胰高血糖素等都可与肝细胞膜上的特殊受体结合，激活腺苷酸环化酶，进一步激活 cAMP 依赖蛋白激酶、磷酸化酶等而促进肝糖原的分解，释放葡萄糖进入血液循环。②细胞内的 Ca^{2+}，肾上腺素、去甲肾上腺素都可与肝脏、肌肉的 α 受体结合，使细胞内 Ca^{2+} 释放出来，细胞内游离 Ca^{2+} 的增加可变构激活磷酸化酶激酶，最终使糖原磷酸化酶 b 变为糖原磷酸化酶 a。交感肾上腺素系统直接通过 β 受体和 α 受体间接途经（抑制胰岛素的分泌）来实现的肝糖原分解。

运动时，为维持血糖平衡，补偿收缩肌从血中摄取的葡萄糖，肝脏必须加快葡萄糖的生成和释放。其实，运动中肝葡萄糖的释放与血糖的吸收基本上是保持平衡的，所以影响葡萄糖吸收的因素也大都是影响肝葡萄糖释放的直接或间接因素。肝葡萄糖的来源基本上归结为两个途径：第一，肝糖原分解；第二，糖异生。在持续性耐力运动的前阶段，肝葡萄糖释放主要以肝糖原分解为主，随着运动的进行，糖异生底物逐渐增加，糖异生在肝葡萄糖释放中的比例也越来越大。在运动后期，两种途径释放的葡萄糖不能与收缩肌吸收和利用的葡萄糖达到平衡，血糖水平就会趋向下降从而导致体能的下降。

1. **肝糖原分解** 肝糖原分解速度与运动强度呈线性关系。据报道，大强度自行车运动每分钟肝糖原的分解速率约为基础水平的 7.6 倍，一般大强度运动 2 ～ 3 h 就可以使肝糖原耗竭。

肝糖原分解速率随着运动时间的延长呈下降趋势，强度越大的运动，肝糖原分解速率下降越明显，这应该与运动后期肝糖原的储备下降有关。动物实验还显示，肝糖原的分解速率下降与肝脏中 cAMP 的浓度相关，表现为 cAMP 浓度越高，肝糖原分界速率下降越快。故认为肝糖原的分解可能受 cAMP 的调节机制影响。

2. **运动时的糖异生作用** 短时间大强度运动时，肝脏输出的葡萄糖绝大部分由肝糖原分解而来，糖异生只占 10% 左右，其原因与糖异生开始阶段的底物基质不足有关；在长时间持续性耐力运动中，开始阶段的糖异生速率较低，在前 40 min 时，糖异生在肝输出的葡萄糖中仅占 6% ～ 16%，随着时间的延长，糖异生基质的浓度逐渐增高，糖异生的速率明显提高，达到肝输出葡萄糖的 40% ～ 45%，而当运动后期肝糖原几乎耗竭的时候，肝脏输出的葡萄糖几乎全部由糖异生提供。

随着运动的进行，糖异生基质的主体也在不断变化，在短时间大强度运动和持续性耐力运动的前期，糖异生的基质主要是乳酸，强度越大，乳酸的底物作用越大；运动进行到中期时，生糖氨基酸达到一定浓度，此时，葡萄糖-丙氨酸循环成为肌肉和肝脏糖代谢的联系桥梁；在运动进行到后期时，随着脂肪酸氧化的增多，持续性运动中血糖的供能比例提高到近 50%。所以，运动前期的较高的糖原储备可以减少运动中运动肌对血糖的利用，这对于维持运动中血糖的稳定、延缓运动时低血糖的出现、推迟运动疲劳的发生有积极意义。而对经常运动的人来讲，运动前单纯的肌糖原下降比单纯的肝糖原下降对运动的影响大很多，而且更易引起运动后期的低血糖的糖异生作用逐渐加强，有研究显示，其速率可达基础值的 10 倍。

四、运动中糖供能的生理学意义

（一）为人体储存和提供能量

糖类是人体运动的最主要、最经济、最快速的能量物质，机体 60% 的热能均由它提供。它在体内可迅速氧化以及时提供能量。1 g 糖在体内可供能 16.8 kJ（4 kcal），运动员比非运动员需要的糖更多。糖原是人体内糖的储存形式，其中，肝糖原占体内糖原的 1/3。当机体需要时，肝糖原即分解为葡萄糖进入血液，维持血糖水平，并为机体尤其是红细胞、脑和神经组织提供能量。肌糖原只供肌肉自身的能量需要，人体运动时需要肌糖原供能，尤其是较长时间的大强度运动，提高体内的糖原储备有助于提高这类项目的运动成绩。体内的糖原储存只能维持数小时的运动，进行长时间运动必须不断从膳食中补充糖。短时间大强度运动的热能绝大部分由糖氧化供能；而长时间小强度运动也首先利用糖的氧化供能，可利用的糖耗竭时才动用脂肪。运动时肌肉摄氧量为安静时的 20 倍或更多。糖容易被氧化，代谢终产物为二氧化碳和水，不会增加体液酸度。糖氧化时耗氧少，与脂肪相比，在等量氧耗下，糖的产热效率比脂肪高 4.5%，虽差别不大，但在比赛时可成为决定胜负的因素。

（二）构成机体的组成成分

糖类也是机体重要的组成成分之一。糖类是细胞膜的糖蛋白、神经组织的糖脂及传递遗传信息的脱氧核糖核酸（DNA）重要组成成分。糖蛋白是抗体、某些酶和激素的成分；糖脂是构成细胞膜和神经组织的成分；另外，DNA 和核糖核酸（RNA）中也含有大量的核糖，在遗传信息的传递中起着重要的作用。

（三）节约蛋白质作用

运动中糖摄入充足时，人体首先以糖类作为能量来源。只有当体内糖供给不足时，如因故不能按时进食、长时间大强度运动等，蛋白质才参与供能。所以，摄入足够的糖可以减少体内蛋白质供能。糖还能促进蛋白质的吸收利用。

（四）抗生酮的作用

脂肪在体内分解代谢的中间产物——乙酰 CoA，必须与葡萄糖在体内的代谢产物草酰乙酸结合进入三羧酸循环，才能彻底被氧化。缺乏糖类，脂肪代谢所产生的乙酰 CoA

氧化不全则生成酮体。酮体是酸性物质，体内酮体堆积，影响正常的生理功能甚至发生代谢性酸中毒。因此，体内糖充足时，就可以起到抗生酮的作用。

（五）运动中血糖浓度的调节作用

运动中,正常的血糖浓度可以减少应激激素的分泌,削弱应激对人体免疫功能的抑制。大脑缺少储存的营养物质，主要依靠糖的氧化获得热能。血糖浓度降低时，首先影响中枢神经系统，从而会产生疲劳或头晕等现象。

（六）糖原具有解毒、保肝作用

糖可增加肝糖原储存，从而保护肝脏免受有毒物质（如乙醇、细菌、霉素等）的损害。肝糖原储备充足时，肝细胞对某些有毒的化学物质和各种致病微生物产生的毒素有较强的解毒能力。因此，提高机体内部的糖原储备，有效利用膳食途径及时补充富含有糖类的食物和水，对于保障机体的运动能力具有重要作用。

此外，糖还是膳食纤维的主要来源，膳食纤维可保证消化道的正常蠕动，因此具有促进消化的作用，表 2－3 是关于摄入糖类的几点建议。

表 2－3　关于摄入糖类的几点建议

摄入的糖类物质种类	摄入糖类物质的具体建议
食用复合糖	膳食指导：每日食用 5 ～ 9 份的蔬菜和水果。每日吃 6 ～ 11 份的面包、谷类和豆类可提高多糖的摄入量。每日摄入量 300 g 或总热量的 60% 2010 年健康人群标准：增加水果和蔬菜包括豆类的摄入量，每日至少 5 份；增加谷类产品的摄入量，每日至少 6 份 世界卫生组织：多糖摄入量最低限度是摄入多糖量占总热量的 50%；多糖摄入量最高限度是摄入多糖量占总热量的 75%
食用食糖	膳食指导：适量食用食糖 世界卫生组织：最低限度是摄入食糖量占总热量的 0；最高限度是摄入食糖量占总热量的 10%
食用膳食纤维	膳食指导：通过食用许多不同的天然含纤维的食物提高膳食纤维的摄入量 食用膳食纤维素每日摄入量：25 g 膳食纤维或 11.5 g 膳食纤维 / 4 170 kJ 世界卫生组织：最低限度是 27 g 膳食纤维；最高限度是 40 g 膳食纤维

注：① 每日摄入量定义为每餐摄入 8 360 kJ 热量；② 份的含义是指食物的数量，目前没有统一标准，可以通过食品说明的成分表判断。

第三节　运动中的糖补充

一、糖补充在运动中的意义

运动员在剧烈的运动训练中保证其膳食中有充分糖类，对维持血糖水平，维持运动中有充足的糖氧化供能，并使运动训练后肝糖原水平迅速恢复均有良好作用。体内糖原水平与耐力密切相关。研究证实，人体肌糖原水平可影响耐力，且其受膳食糖类含量的影响。另外，肌糖原水平的较低与疲劳的发生密切相关。在大于 1 h 的运动如长跑、长距离游泳、自行车、滑雪、马拉松、铁人三项、足球、冰球、网球等，体内糖储备耗竭时，可增强运动能力，特别是耐力。

二、运动补糖

补糖可分为运动前、运动中和运动后。运动前适量补糖可提高体内肝脏和肌肉的糖原储备量，维持运动时血糖水平稳定；运动中适量补糖可提高血糖水平并可提高运动能力，维持较高的糖氧化速率，减少蛋白质和脂肪酸供能比例，延长运动的时间，延缓疲劳的发生；运动后补糖可促进肝脏和肌肉糖原储备的恢复，缓解疲劳，促进体力恢复。运动后补糖时间越早，肌糖原合成的速率越快。这是因为运动后骨骼肌糖原合成酶含量增高，活性增大，随着时间延长，酶含量和活性均逐步下降。

（一）运动前补糖

运动前补糖：提高肌糖原、肝糖原储备和血糖的来源。运动前体内肌糖原含量高、运动时间（即耐力）延长。

长时间耐力运动，如马拉松、长跑、足球、铁人三项和长距离自行车赛等项目，应多选择一些含糖丰富的食物，提高肌肉和肝脏的糖原储备量，补充含电解质和糖的饮料。也可在赛前补糖或采用糖负荷技术。由于长时间运动中体内糖储备耗竭，比赛前及比赛中适量补糖可维持血糖水平并提高比赛能力，延缓疲劳的发生。

耐力性项目比赛应进行赛前补糖，为避免胰岛素效应，补糖的时间应在赛前 15 ～ 30 min 进行，目前国内外不强调补糖的时间，因为运动开始，除胰岛素以外的多种激素如肾上腺素、去甲状腺素、生长激素、胰高血糖素等的分泌都会增加，从而使血糖增高。常用的补糖种类包括葡萄糖、蔗糖、果糖和低聚糖。虽然不同的糖对比赛能力或血糖水平无明显差异，但以低聚糖的效果为好，低聚糖的渗透压约为葡萄糖的 1/4，吸收较快。通过补充低聚糖使运动员获得较多的糖。低聚糖甜度小、口感好，但不同个体对糖的吸收效率却差异很大，建议在赛前使用。补糖量应控制在 50.0 g/h 或不大于 1.0 g/kg 体重。

1. *糖原负荷法*　赛前高水平肌糖原可使运动员提高抗疲劳能力。最实用的方法是采用改良的糖原负荷法，即在赛前一周内逐渐减少运动量，赛前一天休息，同时逐渐增加膳食糖，达总热能的 60% ～ 70%（或 8 ～ 10 g/kg 体重）。这样可以增加肌糖原储备 20% ～ 40% 以上。此方法同经典方法一样有效且更加实用。

2. *赛前 6 h 高糖膳食*　赛前 6 h 内食用含糖 75 ～ 150 g 的低脂膳食可提高赛前肌糖原，预防运动性低血糖。若运动前 6 ～ 12 h 饥饿，运动时也不补糖，则可出现运动性低血糖症。即使在进行糖原负荷以内运动时，也要赛前 6 h 进行高糖膳食。这样即使肌糖原储备不充分，运动前的高糖膳食措施也可起到提高赛前肌糖原的作用。

3. *赛前 2 ～ 4 h 补糖*　赛前 2 ～ 4 h 进食一餐含糖丰富的膳食可显著增加肌糖原和肝糖原的含量，延长运动时间。研究表明，在中等强度的自行车运动前 2 ～ 4 h 大量进食含糖膳食（糖＞ 200 g）可使运动的持续时间和功率增加。

4. **赛前 2 h 内补糖** 近年来的研究表明，赛前 2 h 内补糖，虽可引起一过性的血浆胰岛素浓度上升，但并不降低运动能力，而且能提高持续时间大于 2 h 的 70% ～ 80% VO_{2max} 强度运动的能力。因此，运动前进餐的利与弊应根据具体情况，并结合运动员的个体差异来加以判断（表 2－4）。

表 2－4 运动前补糖对血糖、肌糖原和运动能力的影响

补糖状况	血糖	肌糖原	运动能力
运动前 30 ～ 45 min 补葡萄糖	下降	不变	不变
运动前 30 ～ 45 min 补果糖	不变	不变	不变或下降
运动前 0 ～ 5 min 补葡萄糖、果糖	不变或上升	不变	上升
运动前 3 ～ 4 h 补葡萄糖、糖膳食	不变或上升	不变	上升
运动前 2 h 补葡萄糖	下降	不变	上升
运动前 6 h 补含糖 75 ～ 150 g 膳食	不变或上升	不变	上升

（二）运动中补糖

运动中补糖可提高血糖水平、节约肌糖原、减少肌糖原耗损以提高耐力、延缓疲劳。补糖有助于长时间、耐力性运动项目，这已得到许多研究证明。近年的研究成果进一步证实，补糖也有益于短时间、大强度的间歇性运动项目。杰克森等报道，运动前和运动中补糖提高了短时间、大强度、间歇性运动的运动能力，延缓了疲劳的出现。他们认为这可能与补糖增加外源性的能量供给和促进运动间歇时的糖原合成有关。研究发现，不仅在短时间、大强度自行车运动时补糖有助于提高运动能力；而且补糖还可提高高强度、间歇性穿梭跑的能力；更值得注意的是，补糖还趋于提高像举重这样的抗阻力性运动的运动能力。补糖的足球运动员在下半场比赛中，跑动的距离比不补糖的运动员增加 30%；补糖增加了冰球运动员在比赛中的滑动距离、滑动时间、滑动次数和滑速；补糖还能提高网球运动员的发球和防守能力，等等。由此可见，在短时间、大强度间歇性运动时补糖是有效的。

补糖的方式为运动中每隔 20 min 补充含糖饮料或容易吸收的含糖食物。补糖量一般推荐 20 ～ 60 g/h，多者可达 40 ～ 102 g/h；或推荐 1 ～ 2 g/kg 体重。提高长时间运动耐力的补糖量不应低于 21.5 g/h。

糖的类型可为葡萄糖、果糖、低聚糖等，但从吸收速度考虑应选用含葡萄糖、果糖、低聚糖的复合糖。摄入的次数和剂量对补糖的效果影响不大，关于糖摄入的次数和剂量对运动能力影响的研究表明，相同的糖摄入量，摄取的次数不影响肌糖原利用速率，也不影响亚极量运动至力竭的时间。但需要注意的是，运动中补糖可能会造成胃肠不适。

（三）运动后补糖

补糖时间的早晚对于最终的糖原恢复量没有生理学意义，因此，激烈运动后尽早补糖的重要性在于及时供应肌糖原合成原料，而不是提高糖原合成量。研究表明，运动引起糖原耗竭后，不同时间摄入糖，运动后糖原合成速率表现出明显的差别（表 2－5）。

因此，运动后补糖的意义是使消耗掉的肌糖原尽早得以补充，恢复正常水平。肌糖原恢复率约为 5%，完全恢复需要 20 h。而且在运动后的 6 h 以内，肌肉中糖原合酶含量高，补糖效果好。因此，运动后补糖的原则是越快补糖，运动员恢复效果越好。同时，我们也应该注意，在不同的时间点，补充糖的类型和浓度也应该不同。

表 2－5 运动后补糖时间与肌糖原合成

补糖时间	肌糖原合成速度 mmol 葡萄糖 /（kg · h）
运动后即刻	最快，2 h 内为 7.7
运动后稍后	减慢，为 4.1
运动后几小时	最慢，约为 2.5

运动后补糖的理想方式是运动后即刻、头 2 h 及每隔 1 ～ 2 h 连续补糖。补糖量为 0.75 ～ 1.0 g/kg 体重，24 h 内补糖量可达到 9 ～ 16 g/kg 体重。补糖次数对 24 h 后糖原合成量无影响。

动后补糖类型主要包括葡萄糖、果糖、低聚糖等。补糖类型的不同能带来不同的胃肠刺激和吸收速度上的差异。1986 年，有研究指出，由于葡萄糖液的高渗性，单纯摄入葡萄糖液会对胃的排空产生一定的抑制作用；若以麦芽糊精和果糖的混合食品替代，则可克服这一缺陷，使胃排空速率增加。小肠吸收葡萄糖最快，最有利于合成肌糖原；果糖吸收也快，其合成肝糖原的量为葡萄糖的 3.7 倍，但容易引起胃肠道不适，故一般推荐果糖的使用浓度不超过 35 g/L；而果糖与葡萄糖联合使用更有利于糖的吸收和能量的补充。耐力性运动项目需要大量补糖时，可使用低聚糖，其渗透压较低、甜度小、吸收也快且吸收后引起的低血糖反应比葡萄糖小。此外，摄入糖的形式为固体或液体对肌糖原再合成效果相同。因不同糖对运动能力的影响无明显不同，而且个体对摄糖的反应有很大差异，故可根据运动员的习惯和口感选择糖饮料。

三、补糖有效的项目

需要补糖的运动项目有 1 h 以上的持续性耐力运动及长时间（40 min ～ 2 h）的高强度间歇性运动训练，这些项目可使体内糖储备耗竭。糖原耗竭可影响运动的能力，特别是耐力。运动前或运动中适量补充糖有利于维持血糖水平并可提高运动能力，延缓疲劳的发生。运动性疲劳或过度训练的原因是体内肌糖原水平的降低。体内糖原水平与耐力密切相关。一般短时间（小于 40 min）或强度不大的运动不需要补糖。因为短时间内运动时，体内的糖储备足以提供大部分能量并满足需要。

（1）长时间耐力运动：中长跑、自行车、马拉松、游泳、铁人三项、滑雪、网球等。

（2）间歇性运动：三大球（停停—跑跑—走走）。

（3）高强度（VO_{2max} 为 65% ～ 75% 或以上的强度，才提高耐力）超过 3 min 或 6 min 的运动。

四、补糖类型和建议

（一）类型

液态糖、固态糖及单糖、复合糖对运动能力无显著不同影响。运动后头几个小时补单糖的糖原再合成率高于复合糖。最常见的有：① 葡萄糖，吸收最快、胰岛素效应明显、抑制脂肪酸动员——赛前注意使用时间；② 果糖，吸收快、胰岛素反应小、不抑制脂肪酸动员、有利于肝糖原的恢复，但可使胃肠紊乱；③ 低聚糖（葡聚糖），渗透压小、吸收快、甜度小、口感好、胰岛素反应小，是优质糖，很有前景；淀粉，人体的适应性好、吸收慢、释放慢、胰岛素效应小，使血糖维持时间长。

（二）建议

糖是运动中的主要能源，它供能不仅有许多优点，其在膳食中的比例还对肌糖原含量有影响，因而影响运动能力，运动员应摄取足够的糖，运动员膳食中适宜的糖供给量为每日摄入总热能的 60% 左右，大强度耐力训练的运动员糖供给量应为每日摄入总热能的 60% ～ 70%，缺氧运动项目糖供给量应为每日摄入总热能的 65% ～ 70%。

（1）不同运动员和处于不同期的运动员，即训练期间、比赛期间和恢复期间对糖类物质的需求是不一样的，不能一概而论。

（2）耐力性运动员及时补充糖类物质可以缩短肌糖原的恢复时间从而有助于提高训练能力。

（3）在比赛前 1 ～ 4 h 通过富含糖的膳食可以提高体内的糖原储备，从而有助于运动能力的保持和延迟运动性疲劳。在比赛中可采用少量多次和每隔 30 ～ 60 min 补充一些含糖饮料或容易吸收的含糖食物方式，补充数量不超过 60 g/h 或 1 g/min。运动后开始补糖的时间越早越好。

（4）合理选择补充糖的类型有助于提高补糖的效果。但在实际应用时还需要注意到个体差异的问题，因为不同个体对摄糖的反应变异很大。一般可以让运动员通过试用不同类型的、不同浓度及口感的饮料选定赛前或赛中最终使用的糖饮料。以下列举几种糖的特点（表 2－6）。

表 2－6　几种糖的特点

糖类型	吸收特点	胰岛素效应	脂肪酸动员	备　注
葡萄糖	快	明显	抑制	注意赛前使用时间，对肌糖原储备有利
果　糖	快	小	不抑制	有利于肝糖原储备，大量摄入会导致胃肠紊乱
淀　粉	慢	小	—	维持血糖时间长，人体适应好
低聚糖	快	小	—	渗透压小，口感好，甜度小，有前景

糖的参考摄入量依饮食习惯、饮食结构、生活水平和劳动性质等因素决定。根据目前我国膳食糖类的实际摄入量和联合国粮食及农业组织（Food and Agriculture Organization of the United Nations，FAO）/ 世界卫生组织的建议推荐量，我国膳食营养素参考摄入量研究组推荐：除婴幼儿外（＜ 2 岁），糖适宜摄入量（adequate intake，AI）应为提供总能量的 55% ～ 65%。

这些糖应来源不同，包括复合糖淀粉、不消化的抗性淀粉、非淀粉多糖和低聚糖类等；限制纯热能食物如蔗糖等精致糖的摄入量，提倡摄入营养素 / 热能密度高的食物，以保障人体热能和营养素的需要，并为改善胃肠道环境和预防龋齿所需要。1 g 糖可产生 16.7 kJ（4 kcal）热能，若需要 8 368 kJ（2 000 kcal）的热能，则需要糖至少 275 g。不易消化的糖和蔬菜水果中的糖每克产生 8.4 kJ（2 kcal）热量，故总的食物量要多出原来计算量。

糖的种类很多，其中淀粉主要来自谷类，如米、麦、高粱及玉米等。豆类和根茎类如白薯、土豆等也是淀粉的良好来源。人体对淀粉适应性好，可较大量和长期食用而无不适应，消化吸收较慢，使血糖维持在较稳定的水平；简单糖只能在某些情况下适当食用，且不宜摄入过多。蔗糖是最普通的食用糖，研究表明摄入过多蔗糖有许多危害，其与肥胖症、糖尿病、心血管病、龋齿、近视等疾病的发生有关。实验证明，蔗糖比淀粉容易促发高血脂，因此，在平衡膳食宝塔上，简单食用糖位于塔尖，只作为调节热量摄入的部分。现在，人们正在用甜味剂试着替代蔗糖。果糖是水果和蜂蜜中的天然单糖，蜂蜜中糖含量占 40%。果糖在人体内的胰岛素效应比葡萄糖小，使血糖相对较稳定。它作为肌肉运动的能源不如葡萄糖及时，但对运动后肌糖原恢复较有利。蔬菜含糖较少，主要为无机盐、维生素和纤维素。除奶中的乳糖、肌肉中的肌糖原、肝脏中的肝糖原除外，动物性食物几乎不含糖。低聚糖又称寡聚糖或葡聚糖，是一种人工合成糖，由 3 ～ 8 个分子单糖组成，分子量比葡萄糖大，渗透压低，25% 低聚糖的渗透压相当于 5% 葡萄糖的渗透压，故可提供低渗透压高能量的液体。此外，低聚糖甜味低、吸收快，目前在临床营养与运动营养中有较大用途。

【复习题】

1. 名词解释

糖、血糖指数、糖酵解。

2. 简答题

（1）简述糖的化学组成及分类。

（2）简述人体糖的储备和分布。

（3）简述糖类的消化与吸收。

（4）糖的生物学功能是什么？

（5）糖的供能特点有哪些？

（6）简述运动中糖供能的生理学意义。

（7）影响肌糖原利用的因素有哪些？

3. 论述题

（1）论述糖原的合成与动员。

（2）论述运动中的糖补充。

第三章

脂质与运动

第一节　脂质概论

一、脂质的概念

脂质是指一类在化学组成和结构上有很大差异，但都有一个共同特性，即不溶于水而易溶于乙醚、氯仿等非极性溶剂中的物质，是类脂、脂肪的总称。食物中的油脂主要是油和脂肪，一般把常温下是液体的称作油，而把常温下是固体的称作脂。脂质所含的化学元素主要是碳、氢、氧，部分还含有氮、磷等元素。脂质包括脂肪酸（多是4C以上的长链一元羧酸）和醇（包括甘油醇、硝铵醇、高级一元醇和固醇）等组成的脂质及其衍生物，可分为单纯脂质、复合脂质及衍生物质。

通常说的膳食脂肪主要由3种组成：三酰甘油、胆固醇和磷脂，如磷脂酰胆碱（卵磷脂）、磷脂酰乙醇胺（脑磷脂）和鞘磷脂等它们都不溶于水，但都溶于有机溶剂，如乙醇和乙醚等。食物中的脂肪又称真脂，包括固体的动物脂肪和液体的植物油。无论是动物脂肪还是植物脂肪，其主要构成物质均为三酰甘油，由一分子的甘油和三分子脂肪酸组成。根据不同长度的碳链和不同的饱和度，脂肪酸又分为饱和脂肪酸和不饱和脂肪酸。一般来说。脂肪酸的碳链越短，不饱和度越高，其熔点就越低。按碳链中双键数目的多少，不饱和脂肪酸分为单不饱和脂肪酸和多不饱和脂肪酸。习惯上将含有两个或两个以上双键的不饱和脂肪酸称为多不饱和脂肪酸。根据第一个双键的位置，从甲基碳起计算碳原子顺序，则称为ω或n编码体系，多不饱和脂肪酸又分为4族。如果从脂肪酸的羧基碳起计算碳原子的顺序，则称为Δ编码体系，常见的不饱和脂肪酸：①ω-3（n-3）族的α亚麻酸；②ω-6（n-6）族的亚油酸；③ω-9（n-9）族的油酸；④ω-7（n-7）族的软油酸。胆固醇是固醇类的一种，是存在于动物组织的一种类脂物质。它不是机体所必需的营养素，因为其在肝脏内可以由脂肪酸、糖和蛋白质的分解产物合成。胆固醇只存在于动物食品，水果、蔬菜、坚果、粮食及其他非动物食品内不含胆固醇。

二、脂质的分类

营养学上重要的脂质主要有三酰甘油、磷脂和固醇类，食物中95%的脂质是三酰甘油，5%是其他脂质。人体内储存的脂质中三酰甘油高达99%。

（一）三酰甘油

脂肪是由甘油和脂肪酸组成的三酰甘油，其中甘油的分子比较简单，而脂肪酸的种类和长短却不相同。因此脂肪的性质和特点主要取决于脂肪酸的性质和特点，不同食物中的脂肪所含有的脂肪酸种类和含量不一样。自然界有40多种脂肪酸，因此可形成多种三酰甘油。脂肪酸一般由4～24个碳原子组成。脂肪酸分三大类：饱和脂肪酸、单不饱和脂肪酸、多不饱和脂肪酸。

甘油是一种醇类，膳食中的甘油主要来自三酰甘油。体内甘油的来源主要是糖代谢。另外，甘油可以在肝脏作为糖异生的原料重新生成糖。

脂肪酸（fatty acid）：按其碳链长短可分为长链脂肪酸（14C以上）、中链脂肪酸（含8～12C）和短链脂肪酸（6C以下）；按其饱和程度可分为饱和脂肪酸、单不饱和脂肪酸（碳链中只含一个不饱和双键）和多不饱和脂肪酸（碳链中含两个以上的不饱和双键）。食物中的脂肪酸以含18C的为主。脂肪酸的饱和程度越高，碳链越长，其熔点也越高。大部分动物脂肪中含饱和脂肪酸多，常温下呈固态，称为脂；大部分植物脂肪中含不饱和脂肪酸较多，常温下呈液态，称为油。根据是否需要从外界摄入，脂肪酸可分为必需脂肪酸和非必需脂肪酸。

（二）磷脂

磷脂（phospholipids）是指三酰甘油中一个或两个以上脂肪酸被含磷酸的其他基团所取代的一类脂质物质。机体中主要含有两大类磷脂，由甘油构成的磷脂称为甘油磷脂；由神经鞘氨醇构成的磷脂，称为鞘磷脂。其结构特点是具有由磷酸相连的取代基团（含氨碱或醇类）构成的亲水头（hydrophilic head）和由脂肪酸链构成的疏水尾（hydrophobic tail）。生物膜中磷脂的亲水头位于膜表面，而疏水尾位于膜内侧。磷脂是重要的两亲物质，它们是生物膜的重要成分、乳化剂和表面活性剂（表面活性剂是能降低液体，通常是水的表面张力，沿水表面扩散的物质）。

1. **甘油磷脂**（glycerophosphatide）　主链为甘油－3－磷脂，甘油分子中的另外两个羟基都被脂肪酸酸化，磷酸基团又可被各种结构不同的小分子化合物酯化后形成的各种甘油磷脂。体内含量较多的是卵磷脂、脑磷脂、磷脂酰丝氨酸、磷脂酰甘油、二磷脂酰甘油（心磷脂）及磷脂酰肌醇等，每一磷脂可因组成的脂肪酸不同而有若干种。

2. **鞘磷脂**（sphingomyelin）　是含鞘氨醇或二氢鞘氨醇的磷脂，其分子不含甘油，是鞘氨醇的氨基以酰胺键与一分子脂肪酸相连。鞘氨醇或二氢鞘氨醇是具有脂肪族长链的氨基二元醇，有长链脂肪羟基构成的疏水尾和两个羟基及一个氨基构成的亲水头。鞘磷脂含磷酸，其末端羟基取代基团为磷酸胆碱或磷酸乙醇胺，人体含量最多的鞘磷脂是神经鞘磷脂，由鞘氨醇、脂肪酸及磷酸胆碱构成。神经鞘磷脂是构成生物膜的重要磷脂，它常与卵磷脂并存细胞膜外侧。

（三）固醇类

固醇类（cholesterol）在结构上与脂肪差异较大，是含有多个环状结构的脂质化合物。这类化合物广泛分布于生物界，动物界中主要有胆固醇、类固醇激素和胆汁酸。最重要的固醇是胆固醇，它也是细胞膜的重要成分。人体内 90% 的胆固醇存在于细胞中。胆固醇还是人体内许多重要活性物质如胆汁、性激素（如睾酮）、肾上腺皮质激素（如皮质醇）和维生素 D 等的合成原料。

三、脂质的生理功能

脂质具有重要的生物功能，是生物体的能量提供者。脂质也是组成生物体的重要成分，如磷脂是构成生物膜的重要组分，油脂是机体代谢所需燃料的储存和运输形式。脂质也可为动物机体提供溶解于其中的必需脂肪酸和脂溶性维生素。某些萜类和类固醇类及其衍生物如维生素 A、维生素 D、维生素 E、维生素 K、胆酸及固醇类激素具有营养、代谢及调节功能。有机体表面的脂质有防止机械损伤与防止热量散发等保护作用。脂质作为细胞的表面物质，与细胞识别、种特异性和组织免疫等有密切关系。

概括起来，脂质有以下几方面生理功能。

1. **能量供给** 脂质是生物体内储存能量的物质，可供给能量，1 g 脂肪在体内分解成二氧化碳和水可产生 38 kJ（9 kcal）能量，比 1 g 蛋白质或 1 g 糖高 1 倍多。

2. **构成重要生理物质** 脂质是生命的物质基础，是人体内的三大组成部分（蛋白质、脂质、糖类）之一。磷脂、糖脂和胆固醇构成细胞膜的类脂层，胆固醇又是合成胆汁酸、维生素 D_3 和类固醇激素的原料。

3. **作为脂肪垫包绕在器官周围，保护器官和神经免受外伤** 维持体温和保护内脏、缓冲外界压力。皮下脂肪可防止体温过多向外散失，减少身体热量散失，也可阻止外界热能传导到体内，有维持正常体温的作用。内脏器官周围的“脂肪垫”有缓冲外力冲击保护内脏的作用，减少内部器官之间的摩擦。

4. **提供必需脂肪酸** 必需脂肪酸（essential fatty acids，EFA）是机体生命活动所必需的，在机体内不能合成，必须从食物中摄取的脂肪酸。亚油酸和 α－亚麻酸是必需脂肪酸。花生四烯酸、二十碳五烯酸（eicosapentaenoic acid，EPA）和二十二碳六烯酸（docosahexoenoic acid，DHA）也是机体必不可少的脂肪酸。这些必需不饱和脂肪酸是细胞膜、酶、线粒体及蛋白质的重要组成成分，对生殖、生乳及性成熟有一定的促进作用。必需脂肪酸缺乏时可引起一系列代谢改变，表 3－1 为大鼠必需脂肪酸缺乏的主要变化。但机体摄入过多的必需脂肪酸也可能产生一些副作用，如削弱体内抗氧化剂的容量，产生大量过氧化物，激发自由基形成，对机体造成损伤。

表 3－1　大鼠必需脂肪酸缺乏时的主要变化

观察指标	症　状
体重	下降
皮肤	水通透性增加，皮脂分泌减少，上皮增生
心血管	心脏扩大，毛细血管通透性增加，阻力减小
肾脏	肿胀，肾小管内出血
内分泌	肾上腺：雌鼠重量减小，甲状腺：重量减小
生殖	排卵不规则，乳腺受损，输精管退化
代谢	大多数器官脂肪酸组成改变，肝、肾上腺、皮肤内胆固醇含量增加，血浆胆固醇降低，心、肝线粒体肿胀，肝脏合成及释出甘油三酯增加

（1）多不饱和脂肪酸是构成膜脂不可缺少的组分。例如，花生四烯酸是构成各种膜甘油磷脂的重要组分，而这些磷脂是构成生物膜脂双层的基本骨架，因此花生四烯酸的缺乏可引起生物膜包括线粒体膜、内质网膜、质膜等的损伤。

（2）花生四烯酸是合成前列腺素、血栓素、白三烯等生物活性物质的前体。花生四烯酸及其 ω－6 族多不饱和衍生物能由动物体内的亚油酸合成。

（3）长链多不饱和脂肪酸如二十二碳六烯酸在脑和睾丸中含量丰富，是神经和精子正常生长发育不可缺少的成分。这类脂肪酸以 ω－3 族的 α－亚麻酸为原料可在体内合成，亚油酸不能代替 α－亚麻酸。

（4）近年研究发现，海水鱼中含有丰富的二十碳五烯酸和二十二碳六烯酸，属 ω－3 族多不饱和脂肪酸。这类脂肪酸具有降低血胆固醇、三酰甘油和低密度脂蛋白（low density lipoprotein，LDL）胆固醇水平及升高高密度脂蛋白（high density lipoprotein，HDL）胆固醇水平、抗血小板聚集、延缓血栓形成、保护脑血管、抗癌等特殊生物效应，对心脑血管疾病的防治具有重要价值，目前被广泛用作保健品。

5. 促进机体对脂溶性维生素 A、维生素 D、维生素 E、维生素 K 的吸收和利用　脂溶性维生素的重要来源是鱼肝油，奶油富含维生素 A、维生素 D，许多植物油富含维生素 E。脂肪还能促进这些脂溶性维生素的吸收。

6. 增加饱腹感　脂肪在胃肠道内停留时间长，所以有增加饱腹感的作用。

7. 运输工具　固醇类是构成胆固醇、维生素 D、性激素和肾上腺皮质激素的原料，胆固醇是不饱和脂肪酸的运输工具，其代谢失常与动脉粥样硬化有密切关系。

8. 磷脂的生理功能

（1）卵磷脂是构成原生质的重要成分，其分子中含有胆碱，因此有防止脂肪肝形成的作用，并能提高对缺氧的耐受力。

（2）脑磷脂与血液凝固有关，凝血活酶由脑磷脂和蛋白质组成。

（3）鞘磷脂在神经系统的组成上占有重要地位。

四、脂质的运输

（一）脂质的消化吸收

膳食中的脂质主要是中性脂肪，即三酰甘油，占95%，其他5%是磷脂和胆固醇等，其消化吸收主要在小肠内进行。在胰腺酶、肠脂酶和胆汁酸盐的作用下，三酰甘油分解为单酰甘油（甘油一酯）、甘油和游离脂肪酸（free fatty acid，FFA），这些分解产物在空肠肠壁被吸收。甘油、中链脂肪酸（6C ～ 10C）及短链脂肪酸（2C ～ 4C）易被肠黏膜吸收并能直接进入门静脉，经肝脏直接进入血液循环；分子量较大的长链脂肪酸和甘油酯在肠壁再合成为三酰甘油，以乳糜微粒（chylomicron，CM）形式经淋巴系统进入血循环。被吸收的脂质分解产物大部分由机体再合成为身体脂肪储存起来，其余部分随着血液循环被运输到身体各部分组织（如肌肉）、氧化供能或修复组织或者作为合成其他生物活性物质（如前列腺素）的原料。胆固醇的吸收较其他脂质慢且不完全，已被吸收的胆固醇大部分再酯化生成胆固醇酯。这些酯化的产物及少量的胆固醇和未被酯化的脂肪酸，再与由粗面内质网合成的一些载脂蛋白结合成乳糜微粒，由内质网经高尔基复合体进入细胞间质，经淋巴进入血循环。

（二）脂质的运输

脂质在血液中的运输主要是以脂蛋白的形式进行，运输脂质的脂蛋白有乳糜微粒、极低密度脂蛋白（very low density lipoprotein，VLDL）、低密度脂蛋白和高密度脂蛋白。除乳糜颗粒外，其他脂蛋白均来源于肝脏。乳糜微粒主要转运外源性三酰甘油和胆固醇；极低密度脂蛋白主要运输转运内源性三酰甘油；低密度脂蛋白主要转运内源性胆固醇。血浆中低密度脂蛋白浓度升高，尤其是氧化的低密度脂蛋白升高易发生动脉粥样硬化，故有“坏胆固醇”之称；而高密度脂蛋白主要逆向转运胆固醇，血浆中高密度脂蛋白升高，有防止动脉粥样硬化发生的作用，即有保护作用，因此又称高密度脂蛋白为“好胆固醇”。此外，血浆中还有一种脂蛋白复合物，由自由脂肪酸与白蛋白组成，运输从体脂库中动员出来的脂肪酸到机体各组织（主要是肝脏），作为能量的重要来源。

脂蛋白中的蛋白主要部分称为载脂蛋白，迄今已发现有21种，主要有Apo AⅠ、Apo AⅡ、Apo AⅣ、Apo B100、Apo CⅠ、Apo CⅡ、Apo CⅢ、Apo D及Apo E等10种，ApoA是高密度脂蛋白的主要载脂蛋白；Apo B是极低密度脂蛋白和低密度脂蛋白的主要载脂蛋白。它们在脂蛋白的合成、分泌、转运及分解代谢上具有重要作用。越来越多的研究证明，载脂蛋白的缺乏或异常是导致血脂异常及动脉粥样硬化的重要原因。

（三）酮体的生成和利用

酮体（ketone bodies）是脂肪酸在肝脏分解氧化时的正常中间代谢产物。它专指乙酰乙酸、β-羟丁酸和丙酮。其中β-羟丁酸最多，约占酮体总量的70%，乙酰乙酸约占30%，丙酮含量极微。此外，肾脏也含有生成酮体的酶体系。

大量的脂肪酸水解后生成的乙酰 CoA 很多时，不能同时进入三羧酸循环，两分子乙酰 CoA 缩合成乙酰乙酰 CoA，然后乙酰乙酰 CoA 再与一分子乙酰 CoA 缩合生成 6 个碳原子的β–羟–β–甲戊二酸单酰辅酶 A（β–hydroxy–β–methylglutaryl–CoA，HMG–CoA）；在 HMG–CoA 裂解酶的作用下生成乙酰乙酸，加氢后被还原生成β–羟丁酸，部分乙酰乙酸自发脱羟生成丙酮。

酮体是肝中脂肪酸氧化时的正常代谢产物，是肝脏输出能源的一种形式。酮体分子小，易溶于水，能通过血脑屏障和肌肉毛细血管壁，是肌肉尤其是脑组织的重要能源。脑组织几乎不能氧化脂肪酸，但能利用酮体，长期饥饿及糖供给不足时，酮体将代替葡萄糖而成为脑组织和肌肉的主要能源。

在正常情况下，酮体的生成量很少，但在缺氧或糖不足时，脂肪酸的氧化过程被破坏，酮体的生成大于酮体的利用，使体内酮体堆积，引起代谢性酸中毒。由于脂肪酸氧化时需要的氧较多，在氧债较大的情况下，脂肪不能有效的被利用。脂质含量高的膳食可使运动员的耐力降低，因此在运动员膳食中应当注意控制脂质的含量。

五、脂质营养价值的评定

营养学上根据以下 4 项指标评价一种脂质的营养价值。

1. *消化率*　一种脂肪的消化率与它的熔点有关，食物中含不饱和脂肪酸越多，熔点越低，越容易消化。因此，植物油的消化率一般可达到 100%。动物脂肪如牛油、羊油，含饱和脂肪酸多，熔点都在 40℃以上，消化率较低，为 80% ～ 90%。

2. *必需脂肪酸*　在植物油中含量比较高，营养价值比动物脂肪高，其中最重要的两种是亚油酸和亚麻酸。

3. *脂溶性维生素含量*　动物的储存脂肪几乎不含维生素，但肝脏富含维生素 A 和维生素 D，奶和蛋类的脂肪也富含维生素 A 和维生素 D。植物油富含维生素 E。这些脂溶性维生素是维持人体健康所必需的。

4. *胆固醇的含量*　胆固醇分为高密度胆固醇和低密度胆固醇两种，前者对心血管有保护作用，通常称为“好胆固醇”；后者偏高，冠心病的危险性就会增加，通常称为“坏胆固醇”。胆固醇摄入多了，就会引起高胆固醇血症，进而形成冠状动脉粥样硬化、高脂血症和心脏病等。

第二节　运动中的脂肪代谢

因为机体储存的脂质中 99% 为脂肪（即三酰甘油），所以运动中脂质的供能指的是脂肪的供能。

一、脂肪的有氧氧化

运动时脂肪分解：60% ～ 65% 最大摄氧量或以下强度运动，脂肪分解能够提供运动肌所需的大部分能量。脂肪是长时间运动时骨骼肌细胞燃料的选择，每克脂肪完全氧化可产生 ATP 的克数是糖的 2.5 倍；糖原以水化合物的形式储存在细胞内，而脂肪则以无水的形式储存，以脂肪分子形式储能具有体积小的特点。

运动时脂肪的供能作用：运动肌肉对各种供能物质的利用比例主要取决于运动强度及运动持续时间。

（1）在短时间激烈运动时，无论是动力性运动还是静力性运动，肌肉基本上不能利用脂肪酸。

（2）当以 70% ～ 90% 最大摄氧量强度运动时，在开始运动 20 min 以后脂肪供能开始提高，但是依然以糖供能为主。

（3）在 60% 最大摄氧量以下强度运动超过 1 h 后，血糖和糖原被大量消耗殆尽，而且无法及时进行补充，此时，脂肪替代糖成为运动肌肉的重要供能物质。

脂肪酸的氧化代谢是在细胞线粒体内进行的，其氧化过程可概括为活化、转移、β－氧化及最后经三羧酸循环被彻底氧化生成二氧化碳和水并释放出 ATP 能量。脂肪酸的活化在细胞液中进行，长链脂肪酸在 ATP、CoA－SH 和 Mg^{2+} 的存在下，由位于线粒体外膜的脂肪酰 CoA 合成酶的作用下活化，生成 CoA 进入线粒体基质后，在脂肪酸β－氧化酶系催化下，进行脱氢、加水、再脱氢及硫解 4 步连续反应，最后使脂酰基断裂生成一分子的乙酰 CoA 和一分子比原来少了两个碳原子的脂酰 CoA。脂酰 CoA 经过多次 β－氧化，生成二氧化碳和水，并释放出能量。

二、脂肪的形成和分解

（一）运动时脂肪参与供能的形式和参与骨骼肌供能的脂肪酸来源

1. 运动时脂肪参与供能的形式

（1）在心肌、骨骼肌等组织中，脂肪酸可经氧化生成二氧化碳和水。这是脂肪供能的主要形式。

（2）在肝脏中，脂肪酸氧化不完全，生成中间产物乙酰乙酸、β－羟丁酸和丙酮，这 3 种物质合称酮体。酮体参与脂肪组织脂解的调节。

（3）在肝、肾细胞中，甘油作为非糖物质经过糖异生途径转变成葡萄糖，对维持血糖水平起重要作用。

2. 参与骨骼肌供能的脂肪酸来源

（1）脂肪组织（即脂库）储存的脂肪。

（2）循环系统即血浆脂蛋白含有的脂肪。

（3）肌细胞质中的脂肪，运动时人体基本上不利用肝脏内储存的脂肪。

（二）运动时脂肪分解代谢

1. 脂肪组织中脂肪分解

（1）脂肪动员：指脂肪细胞内储存的脂肪经脂肪酶催化水解释放出脂肪酸，并进入血液循环供给全身各组织摄取利用的过程。骨骼肌、心肌等组织中也有少量脂肪储存，水解生成的 FFA 并不释放至血液，而是在细胞中氧化供能或合成脂肪。

（2）脂肪分解：指脂肪组织中三酰甘油在一系列脂肪酶催化分解为脂肪酸和甘油的过程。二酰甘油（甘油二酯）脂肪酶和单酰甘油脂肪酶的活性比三酰甘油脂肪酶大得多。

（3）脂肪组织释放脂肪酸和甘油：在脂肪细胞中，脂肪水解所产生的甘油不能重新为细胞所用，所以甘油产生后基本上全部被释放入血。脂肪水解产生的脂肪酸只有部分被释放入血，大部分脂肪酸在脂肪细胞内直接参与再酯化过程（又称为三酰甘油–脂肪酸循环），动员入血的脂肪酸立即与血浆清蛋白结合。

2. 血浆三酰甘油分解

（1）血浆脂蛋白与三酰甘油：血浆中的三酰甘油与磷脂、胆固醇、胆固醇酯和载脂蛋白以不同比例结合而存在，共同构成各种脂蛋白，其中乳糜微粒和极低密度脂蛋白中含有的三酰甘油较多，低密度脂蛋白和高密度脂蛋白中含有较少量的三酰甘油。

（2）血浆脂蛋白中三酰甘油的分解：脂蛋白脂酶（lipoprotein lipase，LPL）广泛存在于人体细胞内，在细胞内粗面内质网中合成后转运出细胞，在毛细血管内皮细胞表面与硫酸肝素结合，可以催化血浆脂蛋白中的三酰甘油水解。

（3）血浆三酰甘油的供能作用：血浆三酰甘油的供能作用很小，人在适中运动时，血浆三酰甘油浓度变化不明显，训练使血浆三酰甘油转换加快，人体血浆三酰甘油浓度降低。

3. 肌细胞内三酰甘油分解

（1）肌细胞内三酰甘油含量：与肌纤维类型、营养和身体活动量有关。以中性脂的形式存在，分布于含线粒体丰富的慢肌纤维中，并与线粒体容积呈正相关，平均含量为 12 mmol/kg，比脂肪组织的 400 ～ 800 mmol/kg 含量要少得多。

（2）肌细胞内三酰甘油分解：骨骼肌内 LPL 也是三酰甘油水解的限速酶，它与脂肪组织内 LPL 相似，也受多种激素调节。它的活性被低浓度肾上腺素、胰高血糖素抑制，被高浓度肾上腺素、胰高血糖素激活。在超过 1 h 的长时间运动中，骨骼肌内 LPL 活性提高近两倍，而脂肪组织内仅提高约 20%。训练影响骨骼肌 LPL 活性，在耐力训练中这一作用更明显。

（3）肌细胞内三酰甘油的供能作用：在 70% 最大摄氧量强度的长时间运动时，脂肪酸供能的 75% 来自肌细胞内脂肪。肌细胞内三酰甘油水解速率平均值是每 100 g 肌肉 2 ～ 5 μmol/min，三酰甘油在有氧代谢能力强的慢收缩肌纤维中消耗最为明显。

运动时脂肪酸的利用：运动时骨骼肌氧化的脂肪酸依靠肌细胞内三酰甘油水解和摄取血浆 FFA，随运动时间延长，血浆 FFA 供能起主要作用。

三、运动中脂肪供能的生理学意义

（一）运动中脂肪营养的作用

1. 脂肪是运动的能量来源　人体能量需要的膳食来源有糖、脂肪和蛋白质。其中主要是糖，占总能量的 55% ～ 60%；其次是脂肪，占 25% ～ 30%；蛋白质最少，占 12% ～ 15%。作为能源物质，与糖相比，脂肪具有重量轻、能量密度高、热量大的特点。1 g 脂肪在体内氧化可产生 38 kJ（9 kcal）能量，1 g 葡萄糖可产生 16.9 kJ（4 kcal）能量，因此同等能量的脂肪在体内储存的体积小于葡萄糖。一分子软脂酸在体内氧化产生的 ATP（106 个）显著多于葡萄糖（38 个）。这对于能量消耗较大的运动员可起到缩小食物体积、减轻食物重量的作用。

脂肪在体内储存量很大。一个没有经过体育训练的正常健康男性体内脂肪的储存量可达到 20 kg，其中主要是脂肪组织；一个肥胖的人，体内脂肪的储存量可超过 100 kg，一个经过高度运动训练的运动员，体脂很低，其脂肪储存量仍然超过所有运动员所需要的量。

肌肉中储存的脂肪量为 200 ～ 300 g，红肌中脂肪酸含量约为 207 mmol/kg，白肌中含脂肪酸 74 mmol/kg，肌肉中的脂肪含量在长时间滑雪后可降低 50% 左右。肌肉细胞外自由脂肪酸含量为 60 ～ 160 mg/L，周转率很快。脂肪酸安静状态下半衰期为 4 min，较大强度运动时为 0.9 min。极限强度运动时，自由脂肪酸氧化不显著，而 70% VO_{2max} 强度下运动 90 min，骨骼肌中 FFA 浓度由 10.4 mmol/kg 降至 7.8 mmol/kg。骨骼肌可利用血浆 FFA，在安静、空腹状态时，人的血浆 FFA 浓度相对较低，只有 6 ～ 16 mg 或每升血含 0.1 mmol 左右。血浆 FFA 的转运率较快，半衰期大约为 4 min。在运动过程中，血浆 FFA 的浓度可升高。

（1）血浆 FFA 在骨骼肌内的供能地位。① 安静时的供能地位：动脉血 FFA 是安静时肌肉的基本燃料，大约 50% 的血浆 FFA 在流经肌肉的过程中被吸收利用。以氧当量计算出，肌肉吸收的脂肪酸等于或接近于吸收的氧，这表明血浆 FFA 的氧化几乎占安静时肌肉的全部有氧代谢。② 运动时的供能地位：在长时间运动中，血浆 FFA 在骨骼肌的供能中起着关键作用。肌肉摄取血浆脂肪酸的速率将依赖脂肪组织的脂解强度、血液脂肪酸的转运能力及肌肉内储存脂肪的分解和利用强度。

长时间运动开始的数分钟内，如自行车运动，由于大量肌群参与收缩，血浆 FFA 浓度出现暂时下降，然后逐渐升高。这时 FFA 浓度下降的原因是：①运动时肌肉吸收血浆脂肪酸增多，但脂肪组织分解及脂肪酸释放入血的量相对不足；②进入脂肪组织的血流量暂时下降，从而造成肌肉吸收血浆 FFA 速率与组织向循环系统释放脂肪酸的速率之间暂时不平衡。在运动终止时，骨骼肌利用脂肪酸的程度立即减弱，而脂肪组织内由于代谢活动使脂解仍然保持较高速率，从而使运动后血浆 FFA 浓度将上升。经过 10 ～ 15 min，血浆 FFA 达到最高水平，然后下降，逐渐恢复到安静时的水平（1.2 ～ 0.5 mmol/L）。

（2）影响肌细胞内血浆 FFA 供能的因素。① 运动强度和持续时间：运动强度下降到 60% ～ 70% 最大摄氧量、超过 20 min 的长时间运动中，动脉血 FFA 持续而缓慢地升高，肌细胞吸收血浆 FFA 供能比例增大。② 血浆脂肪酸浓度：长时间运动时，血浆 FFA 浓度逐渐升高，运动肌摄取和利用量也相应增多，两者之间存在正比关系。③ 饮食：低糖膳食数天使肌糖原储量低下或饥饿 1 ～ 3 d 时，脂肪酸氧化供能量可高达 80% ～ 90%。食入糖分可抑制脂肪组织的脂肪分解。服用咖啡因可促进脂肪组织的脂解作用，这是由于咖啡因改变了相应的血浆FFA浓度，因而对肌内脂肪酸氧化起到削弱或者增强的作用。④ 耐力训练水平：高水平耐力运动员呼吸循环系统转运氧的能力高，肌内线粒体氧化脂肪酸的能力强，因而运动时脂肪酸氧化供能的比例相对较高，有利于运动时节省糖储备。⑤ 肌内局部因素：肌内肉碱含量也会影响血浆脂肪酸的利用。机体内75%的肉碱由肝脏合成，饮食提供的肉碱量约占25%。⑥ 环境温度：低温天气消耗血浆脂肪酸的数量会增多。

（3）不同组织利用血浆FFA供能的差异：心肌和肝脏都具有较强的脂肪酸氧化能力，骨骼肌利用脂肪酸供能的能力处于中等水平。

（4）骨骼肌脂肪酸氧化与运动能力关系：促进脂肪酸供能与最大耐力时，任何使血浆FFA浓度提前升高的因素都能造成运动前期肌内糖利用速率下降，节省糖对提高马拉松跑能力十分有用。抑制脂肪酸供能与大强度耐力时，在低于30 min的运动中，减少脂肪酸功能是提高运动能力的重要生化因素，补糖能抑制脂肪组织分解和释放脂肪酸，减少肌肉吸收和氧化脂肪酸。

（5）训练对骨骼肌脂肪酸氧化的影响：耐力训练可提高骨骼肌利用脂肪酸供能，从而提高了骨骼肌代谢氧供应和利用氧的能力。另外，1 g糖以糖原的形式储存的同时大约有2 g水也被储存。因此，一般人体内肌糖原和肝糖原的总储存量大约只有450 g。即使训练有素的运动员，肌肉占体重的40%，在休息状态下，肌肉利用糖也很少。

2. **脂肪为长时间、中小强度运动如铁人三项项目提供能量**　在运动强度小于最大摄氧量55%条件下进行运动，呼出气中25%～50%的CO_2来自脂肪酸的氧化，而高强度运动则主要由糖的有氧氧化或无氧酵解供能。但脂肪酸氧化时耗氧量高，产生相等能量时脂肪氧化的耗氧量比糖高11%。

3. **脂肪供能增加时可节约糖原的消耗，从而提高耐力**　经高强度训练的运动员对脂肪氧化分解的能力强。研究报道，有高强度训练的马拉松运动员体脂百分比低，脂肪细胞直径小，最大摄氧量高。但肾上腺素刺激的脂肪分解与血浆脂质的变化无关。

4. **运动前或比赛前应以低脂、高糖食物为主**　运动前或比赛前不主张摄取高脂肪食物是因为脂肪的消化吸收慢，从而影响胃排空；脂肪在体内氧化时耗氧量高，动员利用慢；代谢物会增加肝脏和肾脏负担。

（二）运动中的脂肪代谢

1. **运动中脂肪代谢的过程**　运动中，人体组织内的脂肪被动员后，FFA出现在血液中可分为三期。

（1）循环期：在运动开始前10 min，血浆中的FFA和甘油因肌肉利用而浓度下降。

（2）代谢期：血浆中FFA和甘油水平逐渐恢复正常或超出正常。

（3）恢复期：运动结束后，血浆FFA和甘油上升至最高水平，然后再逐渐恢复到正常值。

脂肪代谢的过程说明脂肪酸的氧化利用受肌肉氧化脂肪酸的能力及由血浆向肌细胞转运脂肪的过程快慢的影响。在脂肪代谢的恢复期，肌肉利用脂肪酸迅速减少，但脂肪的分解仍在继续，因此出现甘油和 FFA 水平增高现象。运动使体内三酰甘油水平降低，这与运动消耗三酰甘油、内源性合成三酰甘油减少及运动使 LPL 活性提高促进了三酰甘油的清除等因素有关。由运动中脂肪代谢过程可见，脂肪组织动用的脂肪分解较慢，常在运动 2 ～ 4 h 后，身体内糖原储备降低的情况下，FFA 才成为收缩肌的主要能源，此时血浆 FFA 达到最高水平。如果单独依靠脂肪作为能源，则只能支持快速步行及慢跑等中小强度以下 [能量消耗 < 3.7 kcal/（h · kg）] 运动的需要。

2. **运动中影响脂肪代谢的因素** 脂肪组织内的脂肪在脂肪酶的作用下分解为甘油和脂肪酸。人的骨骼肌不能利用甘油，但甘油是肝糖异生的重要原料，摄取甘油可以改善血糖内环境稳定和耐久能力，但未观察到对人运动耐力有明显影响。脂肪组织在运动中被动员分解可提供大量的 FFA，FFA 经血液转运到骨骼肌细胞液内，然后在线粒体内氧化分解产生能量 ATP。

（1）运动强度和运动持续时间对脂肪代谢的影响：剧烈运动后血乳酸水平增高，抑制脂肪组织的分解，脂肪组织分解减少使肌肉摄取 FFA 减少时，肌肉中三酰甘油分解对提供收缩肌的能量有重要意义。在高强度骑自行车和抗阻力力量运动中观察到肌肉三酰甘油分解，与糖或糖原分解比较，由脂代谢输出最大做功能力仍相对较低。

在低强度运动（25% VO_{2max}）中，脂肪组织的分解受到强烈刺激，而肌肉内三酰甘油的脂解很少；糖氧化主要由血糖供应，而肌糖原的利用很少或不利用。在 25% VO_{2max} 强度运动时，FFA 进入血浆并氧化供能是最多的，FFA 浓度随着运动强度的增加而逐渐下降。肌肉三酰甘油不是低强度运动时的主要能量来源，但脂肪在 65% VO_{2max} 的运动强度时氧化率最高。在 65% VO_{2max} 运动强度时，脂肪组织和肌肉三酰甘油的脂肪分解都是最多的。随着运动强度增加到 85% VO_{2max}，总的脂肪氧化减少。这主要是由于血浆中儿茶酚胺浓度增加，刺激肌糖原分解和葡萄糖摄入，FFA 进入血浆的速度减慢。肌肉三酰甘油的分解不随运动强度（从 65% VO_{2max} 增加到 85% VO_{2max}）的增加而增加，这说明脂肪组织的动用与肌肉三酰甘油的动员的调节机制不同。如果人为地使血浆 FFA 维持在 1 mmol 以上，也只能部分将脂肪氧化率恢复到较高水平，相当于 65% VO_{2max} 运动强度时脂肪氧化的水平。这些研究表明，高强度运动时调节 FFA 氧化的因子不是 FFA 本身，而是其他因子。

关于运动持续时间对脂肪代谢的影响，在 25% VO_{2max} 低强度运动后 2 h 与开始 30 min 总脂肪和总葡萄糖的氧化几乎没有变化。然而，在 65% VO_{2max} 强度运动时，FFA 进入血浆的量和葡萄糖的利用随着时间的延长逐渐加快。2 h 后总脂肪和总葡萄糖的利用率与运动开始 30 min 时的情况一样，没有变化。这可能是肌肉内物质（三酰甘油和糖原）随着中等强度运动持续时间的延长（> 90 min）供能减少的结果。

（2）限制肌肉细胞摄取脂肪酸因素：脂肪组织的分解产物 FFA 是氧化供能的主要物质，尤其在低强度长时间运动时。长链脂肪酸的代谢是一个复杂的过程，涉及许多因素，如脂肪动员和 FFA 在血浆中的转运、从血管进入肌细胞时的转运、膜转运、细胞质内的转运及细胞内的代谢。无论是在休息还是在运动，脂肪动员是影响 FFA 代谢过程中的一个重要因素。

血浆 FFA 浓度有限，而且转运的速度慢，原因有：① 细胞内线粒体氧化脂肪酸的能力受限；② FFA 从毛细血管渗入肌纤维的速率慢；③ 脂肪储存库的动用受限，脂肪酸动用时先有脂肪酶水解脂肪为甘油和脂肪酸；④ 血浆白蛋白与脂肪酸结合过多时形成微团，从而会对细胞膜和氧化磷酸化造成损害，并使血小板凝聚率增加，抑制酶活性。这些情况均限制了在缺氧条件下脂肪的动用。

（3）限制肌肉脂肪酸氧化因素：休息和低强度运动时，能量来源于 FFA 的比例相对较大。随着运动强度的增加，特别是高于 70% ～ 80% VO_{2max} 时，脂肪氧化供能逐渐转向糖氧化供能，这表明 FFA 的氧化受到限制。这种由脂肪供能转向糖氧化供能的原因可能有：① 血液循环中儿茶酚胺浓度升高，刺激肌糖原和肝糖原分解；糖原分解时，乳酸的形成增加，伴有氢离子浓度的增加，以及糖分解过程增加本身也抑制脂肪分解。结果是血浆 FFA 浓度下降，供应肌细胞的 FFA 减少。最终是糖氧化增加补偿 FFA 氧化减少。② 脂肪产生能量需要的氧多于糖产生能量需要的氧，单位时间内由脂肪产生的 ATP 少于由糖产生的 ATP。③ 高强度运动时，FFA 从血液进入线粒体受限。这个过程取决于血 FFA 的浓度、毛细血管密度、通过血管和肌细胞膜的转运能力、线粒体密度和线粒体摄取和氧化 FFA 的能力。FFA 通过线粒体膜受肉碱转运体系的作用，肉碱转运体系受丙酰 CoA 的调节。运动时，丙酰 CoA 的形成减少，FFA 跨过线粒体内膜的转运加快。

FFA 氧化的速度取决于 3 个因素：① 脂肪组织和循环三酰甘油的水解作用及 FFA 从血浆向细胞质的转运；② 肌肉内三酰甘油的可利用性和水解速度；③ FFA 的活性和跨线粒体膜的转运。在 FFA 转运最充分的情况下，前两个因素可能是限制脂肪氧化的主要因素。在短时间运动或长时间运动的最初阶段，脂肪组织和肌肉三酰甘油的水解作用不充分，FFA 供应不足，结果使 FFA 氧化的速度超过 FFA 的动员，从而导致血浆和肌细胞内 FFA 下降。为了满足能量的需要，来自糖原的糖的氧化应用必然增加。

有研究证明，在低中强度（44% VO_{2max}）运动时，通过抑制脂肪的动员可以限制 FFA 的氧化。在运动前摄入糖 0.8 g/kg 可使血浆胰岛素升高 10 ～ 30 μU/mL，因为糖有节约脂肪的作用，所以抑制了脂肪动员，进而减少了 FFA 的氧化。通过注射脂肪乳剂和肝素使血浆 FFA 浓度升高时，即使摄入糖，脂肪的氧化仍增加约 30%。但脂肪的氧化水平不能恢复到禁食时的高水平。这些结果表明，摄入糖（提高血浆胰岛素浓度）有降低骨骼肌氧化 FFA 的作用。

3. 肉碱 FFA 从骨骼肌细胞质进入线粒体分解需要肉碱的转运系统。肉碱可以促进 FFA 转移进入线粒体进行氧化代谢。从增加肉碱可加强 FFA 利用这一理论出发，近年来有不少使用肉碱提高运动能力的研究报道，但其效果尚无一致的结论。有的报道提出补充肉碱后，运动中血乳酸水平降低，从而会改进最大运动能力；但有的报道未观察到补充肉碱对人体休息或运动时能源物质利用有任何改进作用，并提出细胞自身十分容易制造肉碱，人体内不缺少肉碱，因此额外补充没有作用。

4. 糖代谢水平 糖代谢利用增加时，脂肪分解受抑制，糖代谢障碍，生成的草酰乙酸量不足时，则脂肪酸氧化生成的乙酰 CoA 不能与草酰乙酸缩合成柠檬酸进入三羧酸循环氧化，从而限制脂肪酸在线粒体氧化供能。

5. 氧供应量 肌肉中氧供应量充分时，脂肪酸可分解为乙酰 CoA，彻底氧化成二氧化碳和水并释放出大量能量，大多数组织均能氧化脂肪酸。在脂肪细胞内激素敏感性三酰甘油的酶作用下，脂肪分解为脂肪酸及甘油并释放入血供其他组织氧化，可利用增高 FFA 比例来抑制肌肉摄取葡萄糖。

6. *脂肪酶活性*　脂肪酶（甘油酯水解酶）属于羧基酯水解酶类，能够逐步将三酰甘油水解成甘油和脂肪酸。脂肪酶存在于含有脂肪的动植物和微生物（如霉菌、细菌等）组织中，包括磷酸酯酶、固醇酶和羧酸酯酶。脂肪酶可作用于三酰甘油的酯键，使三酰甘油降解为二酰甘油、单酰甘油、甘油和脂肪酸。脂肪分解需要脂肪酶，因此脂肪酶的活性是影响脂肪利用的又一重要因素。

7. *运动训练程度*　运动训练是提高人体氧化利用脂肪酸能力最有效的措施。系统的体育训练会使骨骼肌线粒体数量、体积、单位肌肉毛细血管密度、线粒体酶和 LPL 的活性增加。因此，训练水平高的运动员氧化利用脂肪酸的能力强。研究报道，高强度训练的马拉松运动员在 70% VO_{2max} 的强度运动 1 h，其 75% 的能量来自脂肪。脂代谢加强后，可节约糖原的消耗，从而提高耐力。训练有素的运动员肌肉氧化酮体的能力也比没有经过训练的人强。

（三）运动对脂肪需要的影响

与体内糖的储存相反，脂肪在人体内的储存量很大，是运动肌肉的主要能量来源。脂肪酸主要储存在脂肪组织和肌肉细胞内，是运动代谢的重要能量来源。低强度运动时，从脂肪组织释放进入血浆的 FFA 是肌肉收缩的主要能量来源。中等强度运动时脂肪代谢最旺盛，脂肪组织和肌肉内三酰甘油均分解供能增加。高强度运动时，FFA 进入血浆的速度显著减慢，肌肉内的三酰甘油利用不再增加。此时，肌糖原分解，乳酸形成增加，抑制身体所有脂肪的动员。运动中能量的脂肪来源具体见表 3 – 2。

表 3 – 2　运动中能量的脂肪来源

脂肪能源物质	利用情况
血浆乳糜微粒	不是主要来源
血浆极低密度脂蛋白	不是主要来源
血浆 FFA	为主要来源，FFA 来自脂肪组织的脂肪细胞，低、中强度（25% ~ 50% VO_{2max}）运动时利用 FFA 较多，FFA 的利用随着运动强度的增加，而减少
肌肉 FFA	为主要来源，FFA 来自肌肉内的三酰甘油，低强度运动时利用少；FFA 的利用随着运动强度的增加（> 50% VO_{2max}）而增加

注：在高强度（≥ 65% VO_{2max}）运动时，总的脂肪氧化利用下降。

运动中促进脂肪分解的主要原因是儿茶酚胺的增加和胰岛素水平的下降，两者均促进 LPL 的活性。FFA 氧化的速度也间接受工作肌肉氧化能力和肌肉内丙酰 CoA 浓度的影响。肌肉内丙酰 CoA 的浓度取决于血浆葡萄糖和胰岛素的水平，这两种物质血浆水平升高，丙酰 CoA 也升高。因此，任何增加糖分解的因素都可能直接抑制长链脂肪酸的氧化，其机制可能是通过抑制脂肪酸的线粒体转运。

四、运动员的脂肪需要量

运动员膳食中适宜的脂肪量应为总能量的 25% ～ 30%。摄入不同种类脂肪酸的最佳比例为饱和脂肪酸：单不饱和脂肪酸：多不饱和脂肪酸 =1 ： 1 ： 1。由于脂肪代谢产物蓄积会降低耐力并引起疲劳，过多摄入脂肪会降低蛋白质和铁等一些营养素的吸收率；同时，还常会带入外源性的胆固醇从而引起高脂血症，因此应当适当限制在运动员膳食中过多使用脂肪。然而，如果脂肪不足，食物的质量和色香味均会受影响，从而会造成运动员的食物摄取量减少，而且运动员的膳食要求为量少质精、热量高，所以又不可过多地减少脂肪的供给量。登山运动员因为经常处于缺氧状态，膳食中的脂肪量比其他运动员应更少些。游泳及冬季运动项目如滑雪、滑冰等的运动员，因机体散热量大，膳食中脂肪量可以比其他项目运动员高些，但也不宜超过总热量的 35%。

国内对运动员进行体检时发现，高脂血症的检出率较高，1989 年 244 名运动员中血清胆固醇高于 5.67 mmol/L（220 mg/dL）的男、女运动员分别占 24.3% 和 22.1%，高于 6.21 mmol/L（240 mg/dL）者，男、女分别占 14.3% 和 14.4%，比 1987 年的检出率显著增加。这与食物中脂肪量过高（占总热能的 40% 左右）和胆固醇摄入量过多有关。

【复习题】

1. 名词解释

脂肪、脂肪动员、酮体。

2. 简答题

（1）简述运动对脂肪代谢的影响。

（2）脂肪对运动的不利影响有哪些？

（3）简述运动中脂肪的主要营养功能。

（4）简述脂肪酸的 β－氧化过程。

（5）脂质有哪些生理功能？

（6）简述脂肪与运动的关系。

3. 论述题

（1）结合自身实际，论述不同运动强度对脂肪产生能量物质的需求。

（2）试述影响运动中脂肪代谢的因素有哪些。

（3）结合运动项目，论述脂肪营养对运动员的特殊作用表现。

第四章

蛋白质与运动

第一节　蛋白质概论

人们认为高蛋白食物能够更好地帮助运动员赢得比赛，因此它在运动员食谱中占有重要的位置。然而几个世纪以来，我们对蛋白质在运动训练中地位的理解也发生了极大变化，从鼓励运动员大量摄入蛋白质，认为蛋白质是肌肉收缩的主要能源物质，到研究发现运动训练并不能改变人体对蛋白质的需求，后者的观点也一度让科学家对蛋白质的研究兴趣减弱。但大量的证据表明高强度的训练对蛋白质和氨基酸的摄入仍存在较高的要求，以及这种典型的饮食模式对运动员能力发展的作用。

一、蛋白质的概念

蛋白质（proteins）是一种化学结构非常复杂的化合物，是细胞的主要成分，主要由碳、氢、氧、氮及硫等元素组成，还含有磷、铜、铁等。与糖类和脂肪相比，蛋白质元素组成的最大特点是含氮。脂肪和糖类在体内可以相互转化，而含氮的蛋白质必须直接从食物摄取，氨基酸（amino acids）是构成蛋白质的基本单位。蛋白质参与催化、代谢调节、运动、运输、免疫防御等生命活动，同时作为组织结构的材料，为氧化供能。

蛋白质是生命存在的主要形式，也是构成人体的重要生命活性物质，如酶、激素和免疫物质等。人体内蛋白质约占体重的16%，目前已知的氨基酸约有30种，常见的有20种，其排列组合构成蛋白质的种类非常多，这正是人体蛋白质多样性的成因；DNA可准确无误地复制不同类型的蛋白质，其复制、变异和运动是生命活动的源头。氨基酸中已知有9种必需氨基酸和3种半必需氨基酸。必需氨基酸的数量和比例必须适宜才能合成体内的蛋白质，缺乏任何一种必需氨基酸，机体的氮平衡则不能维持，并出现食欲缺乏和疲劳等症状，且使其他的氨基酸不能被利用。非必需氨基酸虽可在体内合成，但因合成的速度较慢无法满足机体生长需求。人在幼年时，合成氨基酸能力有限的情况下，一些氨基酸如半胱氨酸、精氨酸等相对比成年人重要，称为相对必需氨基酸，因此在蛋白质的营养中，必须同时兼顾氨基酸的质与量。蛋白质缺乏可危及生命，估测人体丢失蛋白质的量＞ 20%，生命活动即将停止。运动对蛋白质需要的影响仍缺少公认的观点，近年的研究报道，参加规则体力活动摄取的蛋白质超过静态生活者的蛋白质，可能有益于健康。

二、蛋白质的组成与分类

已知组成食物蛋白质的氨基酸有 30 种，氨基酸千变万化的连接方式形成了蛋白质多种多样的结构和功能。氨基酸可分为 3 类：第一类氨基酸是体内不能合成或合成速度较慢，不能满足机体需要，但又是维持机体生长发育、合成机体蛋白质所必需的，必须由膳食提供，叫必需氨基酸（essential a mino acids）。成年人有 8 种必需氨基酸，婴幼儿有 9 种必需氨基酸（成人的 8 种必需氨基酸 + 组氨酸）。第二类氨基酸在体内可以合成，不是必须由食物供给的称为非必需氨基酸（non – essential a mino acids）。第三类氨基酸是条件性必需氨基酸（conditionally essential a mino acids）。它的特点是：① 其合成以其他氨基酸为前体，并且只限于某些特定的器官。② 合成的最大速度可能是有限的，并可能受发育与病理生理因素的限制。必需氨基酸的数量和比例必须适宜，才能合成身体的蛋白质，提高其他氨基酸的利用。

三、蛋白质的结构

蛋白质作为一类重要的生物大分子，主要由碳、氢、氧、氮、硫等化学元素组成。蛋白质分子是由氨基酸首尾相连缩合而成的共价多肽链，但是天然蛋白质分子并不是走向随机的松散多肽链，每一种天然蛋白质都有自己特有的空间结构（或称三维结构），这种三维结构通常被称为蛋白质的构象，即蛋白质的结构，蛋白质的分子结构可划分为四级以描述其不同的方面。

（一）一级结构

蛋白质的一级结构（primary structure）就是蛋白质多肽链中氨基酸的排列顺序，也是蛋白质最基本的结构。它是由基因上遗传密码的排列顺序所决定的。各种氨基酸按遗传密码的顺序，通过肽键连接起来，成为多肽链，故肽键是蛋白质一级结构中的主键。迄今已有 1 000 种左右蛋白质的一级结构被研究确定，如胰岛素、胰核糖核酸酶、胰蛋白酶等。

蛋白质分子的多肽链并非呈线形伸展，而是折叠和盘曲构成特有的比较稳定的空间结构。蛋白质的生物学活性和理化性质主要取决于空间结构的完整，因此仅仅测定蛋白质分子的氨基酸组成和它们的排列顺序并不能完全了解蛋白质分子的生物学活性和理化性质。例如，球状蛋白质（多见于血浆中的白蛋白、球蛋白、血红蛋白和酶等）和纤维状蛋白质（角蛋白、胶原蛋白、肌凝蛋白、纤维蛋白等），前者溶于水，后者不溶于水，显而易见，此种性质不能仅用蛋白质的一级结构的氨基酸排列顺序来解释。

（二）二级结构

蛋白质的二级结构（secondary structure）是指多肽链骨架盘绕折叠所形成的有规律性的结构。最基本的二级结构类型有 α－螺旋和 β－折叠，两种构象均由氢键维持。此外，还有 β－转角和自由回转。右手 α－螺旋是在纤维蛋白和球蛋白中发现的最常见的二级结构，每圈螺旋含有 3.6 个氨基酸残基，螺距为 0.54 nm，螺旋中的每个肽键均参与氢键的形成以维持螺旋的稳定。β－折叠也是一种常见的二级结构，在此结构中，多肽链以较伸展的曲折形式存在，肽链（或肽段）的排列可以有平行和反平行两种方式。氨基酸之间的轴心距为 0.35 nm，相邻肽链之间借助氢键彼此连成片层结构。

超二级结构（super secondary structure）是指在多肽链内顺序上相互邻近的二级结构常常在空间折叠中靠近，彼此相互作用，形成规则的二级结构聚集体。它们可直接作为三级结构的“建筑块”或结构域的组成单位，是蛋白质构象中二级结构与三级结构之间的一个层次，故称超二级结构。

（三）三级结构

蛋白质的三级结构（tertiary structure）是整个多肽链的三维构象，它是在二级结构的基础上，多肽链进一步折叠卷曲形成复杂的球状分子结构。具有三级结构的蛋白质一般都是球蛋白，这类蛋白质的多肽链在三维空间中沿多个方向进行盘绕折叠，形成十分紧密的近似球形的结构，分子内部的空间只能容纳少数水分子，几乎所有的极性 R 基都分布在分子外表面，形成亲水的分子外壳，而非极性的基团则被埋在分子内部，不与水接触。蛋白质分子中侧链 R 基团的相互作用对稳定球状蛋白质的三级结构有重要作用。

（四）四级结构

具有两条或两条以上独立三级结构的多肽链组成的蛋白质，其多肽链间通过次级键相互组合而形成的空间结构称为蛋白质的四级结构（quarternary structure）。其中，每个具有独立三级结构的多肽链单位称为亚基（subunit）。四级结构实际上是指亚基的立体排布、相互作用及接触部位的布局。亚基之间不含共价键，亚基间次级键的结合比二、三级结构疏松，因此在一定的条件下，四级结构的蛋白质可分离为其组成的亚基，而亚基本身构象仍可不变。在具有四级结构的蛋白质中，每一条具有三级结构的肽链称为亚基或亚单位，缺少一个亚基或亚基单独存在都不具有活性。四级结构涉及亚基在整个分子中的空间排布及亚基之间的相互关系。

四、蛋白质的生理功能

（1）构成和修补机体组织：蛋白质是细胞的主要组成成分，占细胞内固体成分的 80% 以上。肌肉、血液、腱、骨、软骨等都由蛋白质组成。体内代谢与破损的组织也必须由蛋白质修复。因此，蛋白质可维持组织的生长、更新和修复。

（2）调节人体生理功能：① 蛋白质是构成酶和激素的物质；② 血浆蛋白质维持机体的渗透压；③ 蛋白质是体内缓冲体系的组成成分，维持酸碱平衡；④ 蛋白质中某些氨基酸是合成乙酰胆碱的物质，因此和神经组织的兴奋与传导有关。

（3）增强机体免疫力：机体免疫力的强弱与机体的抗体活性息息相关，而蛋白质是构成抗体的最主要成分。蛋白质缺乏时，机体中的血红蛋白、免疫球蛋白、白蛋白等含量也会相应地减少，从而导致机体免疫力降低，出现浑身乏力、抵抗力下降。

（4）影响高级神经活动：研究证明蛋白质能提高中枢神经系统的兴奋性。个别氨基酸如甲硫氨酸及赖氨酸都有助于条件反射的建立。

（5）供给能量：食物中未被利用的蛋白质及体内更新的蛋白质分解后放出能量。

五、蛋白质代谢及其调节因素

由一个氨基和一个羧基组成的化学物属于氨基酸的范畴。人体内现存 20 种不同的氨基酸。一名体重 70 kg 的运动员体内的氨基酸含量通常会达到 12 kg，这其中大部分都以蛋白质（氨基酸聚合物）的形式存在，只有少量一部分（约 200 g）以游离氨基酸的形式存在。一天中，蛋白质的更替是一个持续不断的过程，其分解和合成同时进行，此外，人体内不同氨基酸库之间在持续不断地进行着氨基酸交换。骨骼肌是人体内最大的蛋白质保存库，同时也是游离氨基酸库中的重要一员，我们体内的所有蛋白质都具有组织建构功能（如皮肤），或者功能性和调控作用（如酶、激素），大多数蛋白质更是两种功能都兼备。

人体摄入的多余的蛋白质在体内不能储存，每日被周而复始地更替分解。新的氨基酸可以通过 3 种渠道进入游离的氨基库。第一种是通过食物获取；第二种是体内蛋白质的分解；第三种是人体的自然合成。有些氨基酸是人体不能自然合成的，需通过体内蛋白质的循环或者饮食途径获取。这些氨基酸被称为必需氨基酸。另外，氨基酸脱离氨基库形成游离氨基酸，游离氨基酸的主要去路是参与合成新的蛋白质，作为能量物质被氧化，或者成为体内脂肪和糖的储备。人体中大量物质的循环与变化经常能够反映我们体内物质分解率和合成率的波动，一般来说，我们体内存储新的蛋白质的容量是有限的，蛋白质摄入若超出需求范围的话称为去氨基化，多余的蛋白质中的氮会通过去氨基化作用生成尿素，通过尿液排出，而碳骨架会被氧化或者以脂肪和糖的形式储存起来。

尽管我们身体的结构是相对稳定的，但是通过新陈代谢作用，构建我们身体很多组织的蛋白质是不断更替的。这一过程是健康组织的合成过程，有助于人体受伤组织的修复和伤口愈合。部分蛋白质的半衰期非常短暂，如肝脏中的一些酶的半衰期不到 1 h。这些酶数量上的变化也是影响他们自身活性的重要因素。因此，当我们的身体组织在不断适应能量代谢的要求而变化的同时，酶的高速更替率就很重要。在肝脏内，调节能量平衡的酶具有高速更替率，从而能够对进食和短暂的饥饿做出快速反应，然后进行调节。当然一些蛋白质结构十分稳定，半衰期为几天甚至几周，而不是几小时。骨骼肌要适应训练或停训这一过程需要数天才能完成，所以这个适应过程中酶的流通率也要以天来计算。

（一）氮平衡

机体的蛋白质代谢处于一种动态平衡，组织内的蛋白质及一些含氮化合物是不断分解与再合成的。由食物摄取的蛋白质，在胃中开始消化，在胃蛋白酶的作用下蛋白质分解为结构较简单的胨及少量氨基酸，这些消化产物进入肠后，受胰液及肠液中蛋白酶及肽酶的作用，进一步水解成为氨基酸。吸收的氨基酸绝大部分从毛细血管，经门静脉到肝脏。一小部分由乳糜管经淋巴系统入血液循环。在肝内有一部分进行蛋白质的合成或氨基酸的分解，另一部分随血液分布到全身各组织器官。在组织中，氨基酸一方面合成组织蛋白、酶和激素；另一方面则分解成为α－酮酸及氨。这些合成和分解，一般都是可逆反应，并构成动态平衡，因此血液中氨基酸的量能维持恒定。α－酮酸可以参加糖或脂肪的代谢，也可以直接氧化成二氧化碳及水。与α－酮酸同时产生的氨则进入氨的代谢途径，最后以尿素、铵盐及尿酸等形式随尿排出体外。另外，某些氨基酸还具有特别的代谢途径，生成体内各种含氮物质。通过氮平衡反映机体蛋白质代谢概况，1 g 氮 =6.25 g 蛋白质。

氮平衡状态测试是关于氮摄入与氮排泄之间差异的测试，同时还伴随有对蛋白质更替的测试，从而来估计蛋白质合成和降解涉及的各种过程。测试单纯蛋白质更替最经典的办法便是监测所吸收的氮（来自饮食中的蛋白质）与排出的氮（主要是尿液中）之间是否平衡。正氮平衡状态是指吸收大于排出，出现身体有纯吸收蛋白质的现象，反之负氮平衡状态则出现表面蛋白质流失现象。应避免出现长期的负氮平衡状态，因为这意味着身体在不断流失有着结构及功能性作用的蛋白质。与脂肪或糖不同，人体只能储存有限的蛋白质并以此来作为能源物质。正氮平衡代表着体内蛋白质数的增加，这一情况通常发生在发育或妊娠的时候，对于想要增强肌肉改善自己的体形和力量的运动员同样也需要保持正氮平衡状态。但遗憾的是，可靠的氮平衡测试不但花费昂贵，而且实施起来难度大。人们通常会高估氮的测试值，因为人们经常高估从食物中摄入的氮，同时又无法收集全部的氮流失数据（如蜕皮、流汗或排便等难以收集）。受能量平衡的影响，氮平衡的计算和估测之间也存在差异，当蛋白质的摄入有或高或低的变化时，需要花时间保持平衡。因此需要仔细检查现存的氮平衡研究数据。能量代谢追踪技术给检测蛋白质更替提供了一个新的方法。在此，单个的氨基酸都被“打上标签”，而他们的摄入、氧化甚至与其他氨基酸或蛋白质的合并都能被跟踪检测到。这种新方法存在优点的同时，也有一些其他问题，如花费较高及人们对不同猜想的质疑等。例如，某个单一氨基酸的行为似乎不能反映总氨基酸或总蛋白质的行为。

（二）调节蛋白质代谢的因素

（1）个体营养及生理状态。

（2）能量的摄入量及其平衡状态。

（3）必需氨基酸是否足量存在。

（4）氨基酸有无过量消耗情况。

（5）膳食中某些必需氨基酸缺少或必需氨基酸的比例不适，蛋白质的合成受阻碍，氮排除量增加并会出现负氮平衡或体蛋白丢失情况。

第二节　运动中的蛋白质代谢

一、氨基酸的氧化

（一）氨基酸氧化提供运动中一部分能量

在三大热源物质中，蛋白质的供能比例最小，相关研究报道，氨基酸氧化可提供运动中 5% ～ 15% 的能量。体内肌糖原储备充足时，蛋白质供能仅占总热能需要的 5% 左右；大部分运动情况下，蛋白质供给 6% ～ 7% 的能量；当肌糖原耗竭时，氨基酸供能可上升至 10% ～ 15%，这取决于运动的类型、强度和持续时间。氨基酸主要通过丙氨酸 – 葡萄糖循环的代谢过程提供运动中的能量。

（二）肌肉运动促进支链氨基酸的代谢

长时间运动中动物肢体选择性地摄取某些支链氨基酸说明，运动可促进肌肉氧化支链氨基酸的能力，是否所有支链氨基酸的氧化均增强尚未明确。虽然大多数运动员认为高蛋白饮食对获得肌肉组织有效，但关于力量训练情况对氨基酸代谢的影响尚不十分清楚。事实表明，肌肉组织仅在一段时间进行力量训练后才增加。然而进行力量训练者，尿氮排出减少，这提示摄入的蛋白质部分存留作为瘦体重用。采用高蛋白饮食（2.8 g/kg 体重）者在进行有氧和力量训练 40 天，与等热量、中等蛋白饮食（1.39 g/kg 体重）比较，高蛋白饮食者体蛋白增加更为明显（用水下称重法证实）。

二、运动中节约蛋白质供能的生理学意义

（一）运动对于蛋白质合成和分解的影响

运动时肌肉组织中大部分蛋白质的合成被抑制，尚无事实说明运动肌肉中的收缩蛋白质可被分解，蛋白质的适应性合成仅在肝脏内发生。肌肉中蛋白质合成抑制的结果使不被利用的氨基酸留存在代谢池内。此外，其他一些不同组织的蛋白质的分解代谢也可能增加。代谢池中可利用的自由氨基酸增加。氨基酸代谢与提供肌肉运动中能量的增加有关。运动肌肉中丙氨酸排出增加，丙氨酸在肝中氧化，氧化分解后的碳架用于合成糖原，氨基则用于生成尿素，运动中代谢池内游离氨基酸浓度及丙氨酸 – 葡萄糖循环率增加与运动引起的糖皮质激素水平增高及胰岛素水平降低的刺激有关。在运动后的恢复期，氨基酸用于适应性蛋白质合成的增加，蛋白质分解率的持续增加构成了蛋白质转换率的提高。恢复期内，运动肌肉生成的 3 – 甲基组氨酸增加使尿中 3 – 甲基组氨酸的排出增多。3 – 甲基组氨酸排出量增加被认为是收缩蛋白质转换增加的一种指征。多数研究报道，运

动可使尿氮和汗氮的排出量增加。Dohm 等观察到，有训练者运动后体内 3－甲基组氨酸排出减少，他分析其是由肾脏滤过率变化所致。用稳定性同位素示踪法研究运动中蛋白质代谢表明：运动对蛋白质的合成与分解有明显的效应，但尚不清楚这些各别氨基酸代谢的变化是否影响其长期的膳食需要量。

（二）运动对于蛋白质代谢的作用

1. *运动与蛋白质代谢* 尽管水是肌肉的最大组成部分，含量占比高达 75%，但肌肉中仍含有大量蛋白质，并且肌肉的功能主要取决于蛋白质成分。更明显的是，有规律的训练活动对于体内蛋白质代谢的反应有一些特别的促进作用。力量训练可以增加肌肉量，表明力量训练使肌动蛋白和肌球蛋白增多，人们会认为这一过程主要依靠可利用的蛋白质。耐力训练对于肌肉增长作用不大，但却提高了肌肉中蛋白质线粒体含量，尤其是与氧化反应有关的线粒体数量。强度训练会损伤肌肉，通常是在微观层面，同时蛋白质有修复和恢复作用。

运动尤其是特定的训练刺激对机体应激反应产生的影响是有选择性的，这些变化与饮食中蛋白质摄入的充足与否有关，但是很明显，蛋白质摄入超过正常水平时就没有作用了，运动对于蛋白质代谢也有许多密切相关的影响，剧烈运动对于肌肉的影响与感染、受伤对肌肉的影响是相似的。

2. *剧烈运动对蛋白质代谢的影响* 骨骼肌拥有代谢一定数量氨基酸（尤其是支链氨基酸亮氨酸、异亮氨酸和缬氨酸）的能力，包括将支链氨基酸降解形成化学介质，参与三羧酸有氧代谢循环反应。虽然脂肪和糖是向亚级量运动提供能源的主要反应底物，但是仍有 3% ～ 6% 的蛋白质参与剧烈运动中总能量消耗。测试某一特殊氨基酸如亮氨酸的氧化情况可直接追溯到这一现象，或者通过测试血浆尿酸盐浓度间接获得这一结果。这些测试显示随着运动强度和运动时间的增加，亮氨酸氧化速率也增加，并且当糖原耗竭或低糖水平时，亮氨酸的氧化速率可达到最大。因此，长时间耐力运动中蛋白质的代谢受运动员的运动形式及饮食的影响。然而，值得注意的是，对亮氨酸有氧代谢的追踪结果也许并不能代表所有氨基酸氧化情况。主要由于方法的局限性，蛋白质摄入后的耐力运动对蛋白质合成的影响未能得到很好的研究。蛋白质代谢反应随着运动强度的不同而不同，但是这也许与蛋白质分子式有关。例如，线粒体蛋白质的氧化反应就与肌纤维蛋白质的氧化反应不同。

相反，力量训练似乎不能提高亮氨酸的氧化能力，这可能反映了高强度训练的能量来源于高能量磷酸盐和糖原的无氧反应途径。运用新技术能够监测到，在从事剧烈运动（如力量训练）后数小时内，肌肉蛋白分解和合成的速率会显著增加。如果受试者运动的同时节食，那么主要反应是分解代谢（分解比合成多），但没有单纯节食的负面影响大。换言之，力量训练有助于加强蛋白质合成，降低节食和休息时出现的蛋白质分解。然而，当主要消耗的是含必需氨基酸的蛋白质（约 7 g 必需氨基酸或约 20 g 高质量蛋白）和大量的糖（50 ～ 100 g）时，便产生了合成代谢，即合成大于分解。这一相互作用主要发生在运动后摄入蛋白质和糖时，但是有研究显示，在力量训练开始前，即刻摄入蛋白质和糖，这一反应将更加明显。这些研究结果有助于我们制订新的、有效的营养学干预方法，但必须注意的是，这些案例研究的只是针对剧烈运动后的微反应。我们必须找到证据证明，肌肉蛋白对运动的即刻反应可持续几个小时，长期下去甚至可以改善肌肉线条、增加肌肉力量。

3. *运动对于蛋白质代谢的长期影响*　训练的作用是由一系列训练产生的综合效果反映出来的。力量训练的作用是指一连串的训练使肌肉蛋白质平衡增长所带来的肌肉大小和力量的增长。但在这一训练过程的最初几个月甚至几年，肌肉质量可能并没有很大的变化。耐力训练看似有助于促进线粒体蛋白质的增长，但是对肌肉质量影响不大甚至会造成总肌肉蛋白含量的减少。有证据表明，重复性训练可帮助机体改善运动中的蛋白质变化。例如，在低蛋白摄入的情况下，长期进行力量训练的运动员比初次接触力量训练的运动员更易达到正氮平衡状态。当然，我们还需要更多的研究来证明这项发现，并把此研究成果转化到运动员需求中来。训练初期和运动强度、运动量突然增大时，蛋白质需求会增高，但是这种需求上的增高只是短暂的。

（三）运动对蛋白质需要的影响

骨骼肌拥有代谢一定数量氨基酸（尤其是支链氨基酸、亮氨酸、异亮氨酸和缬氨酸）的能力，包括将支链氨基酸降解形成化学介质，参与三羧酸有氧代谢循环反应。尽管脂肪和糖是向亚级量运动提供能源的主要反应底物，但是，仍有 3% ～ 6% 的蛋白质参与剧烈运动中总能量消耗。

运动员在减轻或控制体重阶段，由于膳食总能量不足，需要注意加强蛋白质营养，选择蛋白质营养密度高的食物。由于增加热能摄入量将改善氮在体内存留，也即当能量摄入增加时，蛋白质的需要量减少。此外，蛋白质的需要量还受糖原储备的影响，比较 3 d 无糖膳食和高糖膳食在 1 h（61% VO_{2max} 的强度）运动后的血清尿素和汗尿素浓度，观察到高糖膳食后血尿素氮无改变，汗的尿素氮丢失了 600 mg/h，而无糖膳食后的血清尿素氮显著增加和汗尿素氮丢失也增加。

1. *训练状态及训练类型、强度及频率*　增加蛋白质营养是否可以增加肌肉力量或加强蛋白质的合成，目前尚无结论性证据。不同国家的运动员蛋白质参考摄入量有所差别：日本、东欧国家的参考摄入量是≥ 2 g/kg 体重，西欧国家报道 1.4 g/kg 体重即可满足需要，我国提出蛋白质应占总热能的 12% ～ 15%，为 1.2 ～ 2.0 g/kg 体重。运动员蛋白质的需要量与以下因素有关。

（1）训练状态：在大运动量训练初期应适当增加蛋白质，否则容易产生负氮平衡甚至运动型贫血。据日本报道，蛋白质摄入量≥ 2 g/kg 体重，即可预防运动性贫血。

（2）训练类型、强度和密度：长时间剧烈的耐力训练、力量训练都会使蛋白质需要量增加；运动强度增大、训练次数增多，也可使蛋白质需要量增加。

（3）热能短缺和糖原储备量少将增加蛋白质的需要量：热能摄入不足时蛋白质需要量可增加 10%。膳食中糖量充足，既可提高糖原储备，又能节约蛋白质。

（4）控制体重期间：应适当提高蛋白质营养密度高的食物，蛋白质所提供的热能可占总热能摄入的 18%。

（5）素食者：应考虑膳食中有足量优质蛋白质。

（6）生长发育期的儿童青少年训练者：既要满足生长发育的需要，又要满足训练的需要，蛋白质的需要可达 2 ～ 3 g/kg 体重。

（7）排汗较多时：特别是高温和（或）湿度较高的季节训练，汗氮丢失较高，蛋白质的需要也增加。

运动员的蛋白质营养不仅应满足数量的要求，在质量上至少应有 1/3 以上为必需氨基酸齐全的优质蛋白质。蛋白质营养不足会延缓剧烈运动后的恢复。解决运动员的蛋白质营养也可利用大豆类和谷类食物的互补作用，采用谷类主食和豆类食物混合食用，以提高蛋白质的生物价值。

2. **运动员蛋白质推荐摄入量** 如今普遍认为，蛋白质需求随着训练的加强而增加，但很少有国家饮食建议中列入了关于运动员对蛋白质特殊需求的建议。唯一的特例是，荷兰营养协会为运动人群制订的特殊指导条例中指出，积极运动的人每日蛋白质摄入应为 1.5 g/kg 体重，这一水平在普通非运动人群的推荐摄入量之上。尽管缺乏官方建议，但是运动营养学专家已经对各种氮平衡研究成果做出了解释，从而出现了适合各种运动人群的蛋白质摄入指导条例。这些指导条例与早期运动学家的观点有所不同，但是这并没有激起许多参与力量训练运动员的兴趣，因为他们认为肌肉质量和肌力的增长单纯靠大量的蛋白质摄入就能获得。

目前，有许多运用各种不同方法评估关于不同运动人群的蛋白质摄入的研究。这些研究发现，同队的运动员之间和不同队运动员之间蛋白质习惯性的摄入量差异很大。运动员通过进食各种食物以获取足够多的蛋白质来满足自身对蛋白质的需求，同时为自身提供充足的能量。静态生活的男性、女性每日需要蛋白质 0.84 g/kg 体重；优秀男子耐力运动员需求量较大，可以达到每日 1.6 g/kg 体重；中等强度耐力运动员每日蛋白质需要量稍微减少，需要 1.2 g/kg 体重；业余耐力运动每日蛋白质需求量可以降到 0.84 g/kg 体重，与静态生活人群蛋白质需求量相同；力量运动员训练的早期每日蛋白质需求量高达 1.7 g/kg 体重，长期训练后每日可以降至 1.2 g/kg 体重。一般说来，女性运动员每日每千克体重蛋白质需求量比男运动员少 25% 左右。

尽管运动员之间会存在差异，但是关于运动员的蛋白质摄入仍存在一些有趣的现象。男子耐力项目运动员及男子团体项目运动员平均每日蛋白质摄入量为 90 ～ 150 g，提供 12% ～ 16% 的能量，每日蛋白质摄入值为 1.2 ～ 2.0 g/kg 体重。女子耐力项目运动员及女子团体项目运动员蛋白质摄入值略低于男子水平，为每日 60 ～ 90 g，也就是每日蛋白质摄入值为 1.1 ～ 1.7 g/kg 体重。低蛋白质摄入主要是因为低能量摄入，并不是蛋白质对总能量贡献的减少。力量训练运动员的蛋白质摄入总量明显要高于其他项目运动员，每日摄入 150 ～ 250 g，供能占总能量的 14% ～ 20%。但是，因为一些运动员体形高大，有时他们的每千克体重蛋白质摄入值与耐力项目运动员相似或略低。有时也会出现每千克体重蛋白质摄入值很高的运动员，如健身运动员。有报道显示在比赛前，蛋白质摄入值可高达每日 4.0 g/kg 体重，占到总能量摄入的 30% ～ 60%。

人们普遍认为，青少年的身体正在发育中，其蛋白质需求量应高于成年人，所以年轻运动员的饮食中蛋白质摄入应该引起特殊关注。公布的数据表明，大部分年轻运动员每日蛋白质摄入量约为 1.6 g/kg 体重，即使在那些需限制能量摄入的运动项目上，也没有证据证明运动员的蛋白质摄入不充足。然而同样明显的是，目前，很少有关于处于生长发育阶段且从事大强度训练的年轻运动员的蛋白质需求方面的信息，在快速发育期及青春期，蛋白质需求量可能会大幅增加。要特别关注处于生长发育期且从事强度训练的运动员的饮食，尤其是对体操这样需限制能量摄入以减少体重或限制体重的青少年运动员，当能量特别是糖摄入不足时，运动肌的蛋白质氧化率就会增加，因此蛋白质摄入是否充足，不能单独以总的饮食量来界定。

（四）过量补充氨基酸和蛋白质的副作用

部分运动员错误地认为增加蛋白质营养会促进肌肉组织的增长，但事实已证明必须在进行渐进性的力量训练前提下，适宜的蛋白质营养支持才能使肌肉增长。而且过量补充氨基酸或蛋白质会引起一系列的副作用。例如，蛋白质的酸性代谢产物会使肝、肾负担增加，导致肝和肾的功能下降；大量蛋白质会导致机体脱水、脱钙、痛风。高蛋白对水和无机盐代谢不利，有可能引起泌尿系统结石和便秘；高蛋白食物常伴随高脂肪摄入，会增加中年后形成动脉粥样硬化和高脂血症的危险性。由于全部氨基酸会进入一个代谢池，氨基酸池中的成分取决于进入的氨基酸及氨基酸利用的情况，当氨基酸超出即时的需要（指蛋白质的合成及分解）时，多余的氨基酸即作为能量或储存为脂肪。运动员单纯摄入某种会改变氨基酸池的平衡。因此运动员在平衡膳食条件下，不必要补充氨基酸，尤其要注意不要过量补充氨基酸或蛋白质。

（五）蛋白质的食物来源

蛋白质的食物来源分为动物性和植物性两大类。评价蛋白质营养价值的依据是必需氨基酸含量及其模式。动物性蛋白质由于动物在进化和分类上与人更接近，其氨基酸比例的可用性更高。植物性蛋白质则相对较差。粮谷类食物的氨基酸比例不平衡和某些氨基酸含量过低从而限制了此种蛋白质的营养价值。例如，谷类的第一限制氨基酸为赖氨酸，第二限制氨基酸是苏氨酸和色氨酸，豆类的限制氨基酸是甲硫氨酸和胱氨酸。为了提高食物蛋白质的机体利用程度——生物价，我们可将动物类和植物类食物如谷类和豆类食品蛋白质混合食用，从而使氨基酸的比例平衡，通过一定比例的互补可使植物性蛋白的生物价接近动物性蛋白。互补的两种食物，最好同时食入，使必需氨基酸同时入血，以利组织利用。

每 100 g 常用食品中，猪肉含蛋白质 13.8 ～ 18.5 g；牛肉含蛋白质 15.8 ～ 21.7 g；羊肉含蛋白质 14.3 ～ 18.7 g；鸡肉中蛋白质含量较高，可以达到 21.5 g；鲤鱼含蛋白质可以达到 18.1 g；鸡蛋含蛋白质 13.4 g；牛奶含有蛋白质 3.3 g，其中必需氨基酸的种类丰富；稻米含蛋白质 8.5 g；小米含蛋白质 9.7 g；面粉含有蛋白质 11 g；大豆蛋白质含量非常高，约 39.2 g，但是大豆中含有抑制蛋白质吸收物质，总体利用蛋白质程度低于肉类；

红薯中蛋白质含量为 1.3 g；大白菜中虽然含有蛋白质很少，仅有 1.1 g，但是其蛋白质利用率非常高；花生中蛋白质含量也非常高，达到 25.8 g。

【复习题】

1. 名词解释

必需氨基酸、支链氨基酸、限制氨基酸、氮平衡。

2. 简答题

（1）简述蛋白质与运动的关系。

（2）运动员蛋白质供给应注意哪些因素？

（3）摄入过量蛋白质对运动员健康有什么影响？

（4）列举蛋白质的生理功能。

（5）必需脂肪酸的功能有哪些？

3. 论述题

（1）论述支链氨基酸在运动中的作用。

（2）结合实际，论述什么是氮平衡，有何意义。

第五章

矿物质与运动

第一节　矿物质概论

一、矿物质定义

矿物质（mineral）又称无机盐，是人体内无机物的总称，是地壳中自然存在的化合物或天然元素。矿物质和维生素一样，是人体必需的元素，矿物质是无法自身产生、合成的，每日矿物质的摄取量也是基本确定的，但其随年龄、性别、身体状况、环境、工作状况等因素有所不同。

人体的 96% 是有机物和水分，4% 为无机元素。人体内有 50 多种矿物质，在这些无机元素中，已发现有 20 种左右的元素是构成人体组织、维持生理功能、生化代谢所必需的，除碳、氢、氧、氮主要以有机化合物形式存在外，其余均称：无机盐或矿物质。其大致可分为常量元素和微量元素两大类。

人体必需的矿物质有钙、磷、钾、钠、氯等需要量较多的宏量元素，以及铁、锌、铜、锰、钴、钼、硒、碘、铬等需要量少的微量元素。但无论哪种元素，其与人体所需蛋白质相比，都是非常少量的。

二、钙

（一）钙的概述

钙是人体含量较多的元素之一，仅次于氢、氧、碳、氮，列于第五位，钙是人体内含量最丰富的矿物元素，几乎所有的生命过程均需要钙的参与。人体中的钙有 99% 以羟磷灰石的形式存在于骨骼和牙齿中，是骨骼、牙齿最主要的矿物成分，与人体骨骼健康关系密切。骨骼是具有生理活性的组织，钙的沉淀与溶解一直在不断进行，钙的更新率随年龄的增长而减慢。幼儿的骨骼，钙每 1 ～ 2 年更新一次，成人更新一次需 10 ～ 12 年。

然而，长期以来人们对钙的作用及现况认识不足，对我国儿童的钙营养状况、如何判断钙缺乏及如何合理补充都存在不少误区。骨骼和牙齿以外的钙虽然仅占 1% 左右，但其对维持细胞的正常生理状态有重要作用。例如，心脏的正常搏动及肌肉和神经维持正常的生理功能，均需要有一定量的钙离子存在。血清钙含量下降可使神经、肌肉的兴奋性增高，从而引起抽搐（婴儿手足搐搦症）；反之，若血清钙含量过高，则可抑制神经、肌肉的兴奋性。此外，钙也是一种凝血因子，出血时钙能使血液产生血凝块，从而使伤口止血。钙在肠道中的吸收很不完全，约有 70% 的钙残留在粪便中，是因为钙离子可与肠道中的植酸、草酸及脂酸形成不可溶性钙盐。谷类含植酸较多，其钙的利用率低。食物中草酸过多时，不但其本身所含的钙不易吸收，而且会影响同时食入的其他食物中的钙的吸收。例如，苋菜（每 100g 中含钙 359 mg、草酸 1 142 mg）、蕹菜（每 100g 中含钙 224 mg、草酸 691 mg）、圆叶菠菜（每 100g 中含钙 102 mg、草酸 606 mg）含草酸量均较高，若作为供钙食品则不理想。膳食中脂肪含量过高会使钙的吸收下降，这可能因为钙与脂酸形成钙皂随粪便排出。维生素 D 及乳糖可促进钙的吸收。食物中钙的来源以奶及奶制品最好，其不但含量丰富，而且吸收率高，是婴幼儿最理想的供钙食品。豆类、虾皮、发菜、芝麻酱等也含钙丰富。

钙在成人体内的总量为 1 000 ～ 1 200 g，占体重的 1.5% ～ 2%，其中绝大部分（99%）的钙集中于骨骼和牙齿中，骨骼中的钙主要以羟磷灰石的形式存在，而牙齿中的钙主要以磷酸钙的形式存在。剩余 1% 的钙存在于细胞外液和软组织中。体液中的钙有 3 种形式：离子钙（Ca^{2+}），占 47.5%，是生理活性形式；与有机或无机酸结合的扩散性钙复合物，占 6.5%，如磷酸钙、硫酸钙等；与蛋白质结合在一起的钙，也称蛋白质结合钙，含量恒定。可通过肾小球滤过的钙称为可扩散钙，不能滤过的称不可扩散钙。

钙对骨骼与牙齿结构、血液凝结与神经传导功能来说是一种重要的矿物质；成年女性与男性每日膳食营养素参考摄入量是 1 000 mg。钙营养缺乏与骨骼畸形（如佝偻病）、骨脆性增加（如骨质疏松性骨折与应力性骨折）及血压不正常有关。关于服用高剂量钙的毒性问题很少有报道，但是频繁、高剂量地服用钙补剂也许会改变胃的酸度（使其更偏于碱性），从而干扰蛋白质的消化。小肠内二价矿物质（钙、锌、铁与镁）相互之间存在竞争性吸收，当它们同时出现在消化道中时，大量的钙就可能干扰其他矿物质的吸收，因此进食含铁食物的同时服用大量的钙补剂可引起铁吸收不良，并最终导致缺铁性贫血。

（二）钙的营养功能

体内的钙主要分布在骨骼和牙齿中，并与混溶钙池保持动态平衡。40 ～ 50 岁以后骨吸收大于骨生成，骨组织中钙量逐渐减少，约每年下降 0.7%。妇女停经后因雌激素水平下降，骨组织中含钙量明显降低，易引起更年期骨质疏松。作为酶活性的调节因子，钙离子对许多参与细胞代谢的酶，如腺苷酸环化酶、鸟苷酸环化酶、磷酸二酯酶、酪氨酸羟化酶等具有调节作用，从而参与维持神经和肌肉的活动。钙离子可与细胞膜的蛋白和各种阴离子基团结合，具有调节细胞受体结合、离子通道通透性及神经信号传递物质释放等作用，从而维持神经肌肉的正常生理功能，包括神经肌肉的兴奋性、神经冲动的传导和心脏的搏动等。运动时，在骨骼肌细胞的兴奋收缩耦联过程中，钙离子与肌原蛋白C结合，引起该蛋白构象变化，进而引发肌肉收缩。钙还参与血液凝固、激素分泌、维持体液酸碱平衡及调节细胞的正常生理功能等。

（三）钙缺乏、钙过量及合理补钙

1. **钙缺乏** 不同人群缺钙的后果不同。长期缺乏钙可导致儿童生长发育迟缓、骨软化和骨骼变形，严重缺乏者可导致佝偻病；长期缺钙还使中老年人易患骨质疏松；钙的缺乏者易患龋齿，从而影响牙齿的质量；钙不足也是女性运动员月经不规律的主要诱因。

2. **钙过量** 由于人体内的竞争抑制，钙摄入过多可严重影响铁、锌、镁、磷的生物利用率；钙过量会引起孕妇尿路结石、高钙血症、碱中毒等危害，摄入过量的钙可能增加肾结石的危险性。

3. **合理补钙** 针对我国城市居民平均每日钙的摄入量仅为供给量的45.7%、农村居民为37.7%的情况，以及考虑到我国膳食以谷类食物为主，蔬菜摄入较多，而植物性食物中含有较多的草酸、植酸、膳食纤维等影响钙吸收的成分，2000年中国营养学会将成人钙的适宜摄入量修订为800 mg/d。根据不同生理条件，婴幼儿、儿童、孕妇、乳母、老年人钙的供给量均应适当增加。我国运动员钙的推荐供给量为1 000 ～ 1 200 mg/d，而国外对闭经运动员推荐的钙摄取量为1 500 mg/d。保证充足的钙供应，是避免耐力运动员因出汗而导致的钙大量丢失从而引起缺钙的重要措施，也可以纠正青春期少年运动员因激素水平引起的钙吸收不足和控制体重运动员限制饮食而引起缺钙的现象。而钙不足与女运动员的闭经有一定的关系。为保证运动员的身体健康，必须注意钙的补充。钙的无明显损害水平为1 500 mg/d，可耐受最高摄入量（tolerable upper intake level，UL）为2 000 mg/d。奶和奶制品含钙丰富且吸收率高，是钙的良好来源，小虾皮、海带、豆类、芝麻酱和绿色蔬菜等含钙也较丰富。

（四）钙的吸收和排泄

1. **钙的吸收** 食物中钙的吸收主要在小肠上段，是一个需要消耗能量的过程。有多种因素影响钙的吸收：① 钙的吸收过程需要维生素D的参与。维生素D是促进钙吸收的主要活性物质。维生素D缺乏将导致钙吸收减少。② 某些氨基酸如赖氨酸、色氨酸、精氨酸等可与钙形成可溶性钙盐，也有利于钙的吸收，若食物中存在较多含有这些氨基酸的蛋白质，则促进钙的吸收。③ 乳糖可与钙螯合成低分子可溶性物质，从而有利钙的吸收。

食物中钙磷的比例对钙的吸收有影响。食物中钙磷比例为1 ∶ 1或1 ∶ 2时，对成人吸收钙有利；而钙磷比例为2 ∶ 1或1 ∶ 1，对儿童吸收钙有利。年龄、性别与钙的吸收率有关，年龄越大，钙吸收率越低。人进入中年后，钙吸收率呈渐进性下降，女性比男性更为显著。人体对钙的需要量大时，钙的吸收率增加。例如，妊娠、哺乳和青春期时，人对钙的需要量增多，钙的吸收率增大，妇女妊娠时钙的吸收率为平时的2倍。

膳食中钙总量大时，人体吸收的钙量（绝对量）也增加。食物中的某些酸类谷物中的植酸，有些蔬菜如菠菜、竹笋、苋菜等中的草酸，有些食物中含量较高的碱性磷酸盐，以及膳食纤维中的糖醛酸残基等，可在肠道内与钙结合成不溶解的钙盐，从而减少钙的吸收。脂肪酸过多或脂肪消化不良时，未吸收的脂肪酸与钙结合成脂肪酸钙，将减少钙的吸收。

膳食中蛋白质摄入过多可影响钙在肾小球的滤过率，降低肾小管对钙的重吸收，使尿钙排出增多。当蛋白质摄入量从 47 g 增加到 142 g 时，24 h 尿钙的排出量则由 184 mg 增加到 394 mg。某些药物如四环素、抗酸药、肝素等不利于钙的吸收。

2. *钙的排泄* 人体内钙的排泄途径一般有经肠道、汗液、尿道及乳汁等。其中，经肠道排出是主要的排出途径，从肠道排出的钙主要来自消化液中和脱落的肠黏膜细胞中的钙，但部分钙可以再吸收。尿液中排出钙的多少取决于膳食钙的吸收量和体内钙的需要量。当需要量大时，尿液中钙的排出就减少。

（五）人类不同时期需要钙的情况

1. *胎儿期* 人的一生都需要补钙。从胎儿第 3 个月开始，胎儿对钙的需要量骤然增加，母体低钙将直接影响胎儿的身高、体重、头颅、脊椎及四肢的发育。若母体继续缺钙，其在妊娠期会造成腿抽筋、流产、难产、骨盆畸形甚至出现严重的产科并发症，如妊娠高血压、癫痫、蛋白尿、水肿等，严重危及胎儿和母亲的生命。为避免以上问题，妊娠期的钙摄入量为每日 800 ～ 1 200 mg。当膳食钙摄入不足时，要及时补充。

2. *新生儿期（出生后 28 天内）* 此阶段会出现胎儿低钙期，以激发钙的自稳系统的启动，新生儿需要从母乳中摄取大量的钙，由于母乳中缺少维生素 D，如在出生 2 周后未及时补充，可能会出现低钙、惊厥、哮喘等危险症状。

3. *婴幼儿期（出生～ 3 岁）* 为人一生中代谢最旺盛的时期，大脑和身体迅速发育，乳牙长出，此时体内的钙的含量将直接影响到前期的生长发育。如果缺钙可能出现出牙迟、厌食、多汗、枕秃、鸡胸、O 形腿、X 形腿，并会发生上呼吸道感染、消化不良、肠炎等，给生活和成长带来不便。

4. *学龄前期至青少年期（3 ～ 18 岁以前）* 此时儿童成长速度较快，脑的重量增加，脑的内部结构发育完全，恒牙长出，神经系统发育成熟。青春期后骨骺逐渐闭合，身高的增长开始变慢并逐渐停止，补钙错过这个阶段将直接影响到成年后的健康状态。

5. *成人期（18 ～ 45 岁）* 此阶段体内骨钙储存达到最高峰，但这一时期工作、学习、生活的压力加大，会消耗掉体内大量的钙，这一时期如果不补钙，将会引发各种老年性疾病。

6. *中老年期（45 岁以后）* 随着年龄的增长，体内大量的钙被消耗，需从骨骼中将钙调入血液，从而易造成骨密度下降，导致骨质疏松。老年人骨钙丢失可达 30% ～ 50%。长期将骨钙调入血液可能导致血管、组织、细胞内的钙量增加。随之，血管壁、心肌、肾脏中会出现钙淤积，从而造成多种老年性疾病。此时甲状腺 C 细胞也会分泌降钙素促进骨钙还原，在还原过程中又形成了游离钙，其可在大骨节边缘的异位沉积，从而形成骨质增生，也就是说，骨质增生是由缺钙引起的。这些病理和生理变化致使很多中老年人的生活受到困扰。

（六）钙的食物来源

钙的食物来源包括奶制品（牛奶、奶油、酸奶）、深绿色蔬菜（芥蓝菜、菠菜、甜菜、芥菜、花椰菜、青椒）及干豆与豌豆（小扁豆、菜豆、黄豆和干裂成两半的豌豆）。深绿色蔬菜中的钙和其他矿物质（特别是铁、镁与锌）很容易与草酸结合，形成不易溶解的草酸盐结石，从而导致矿物质不被吸收。因此，虽然深绿色蔬菜是钙与其他几种矿物质良好的潜在来源，但是如果不对其进行适当的处理，这些食物中的矿物质也不易被人们吸收利用。奶和奶制品是钙的主要来源，其钙含量和钙吸收率均比其他食物高。虾皮、干海带等食物含钙量也很高。豆类和绿色蔬菜也是钙的较好来源，骨粉、牡蛎壳粉也可作为特殊的食物钙的补充物，其含钙量也很高。运动员应注意多选择含钙丰富和钙吸收率高的食物。

三、铁

（一）铁的概述

1. **铁的重要性**　铁是人体必需的微量元素，是合成运输氧气的化合物血红蛋白（在血液中）与肌红蛋白（在肌肉中）所必需的物质，也是很多酶的活性物质。铁也存在于许多其他参与正常组织功能的化合物中。铁是血红蛋白、肌红蛋白中氧的携带者，血红素的每一个单位都有一个铁原子，没有铁就不能合成血红蛋白，氧就无法输送，组织细胞就不能进行新陈代谢，生命就无法存活。据报道，铁负荷过多的人易患肝癌，但也有不同的结论，如在某些土壤含铁量较低的地区，肝癌患病率显著增高且血清铁水平也显著低于健康人。这一现象提示，缺铁可能是诱发肝癌的因素之一。虽然文献报道铁的缺乏均可诱发癌症，但主要是铁超负荷诱发肿瘤的报道较多。铁负荷过多引起肿瘤可能是因为过多的铁被肿瘤细胞利用，游离铁形成的自由基损伤正常细胞的结构和功能及降低机体的免疫功能等。所以缺铁时可通过食用含铁量较多的蛋黄、谷类、豆类及绿色蔬菜、海带、木耳等来补充，但铁不缺乏的地区和个人，绝不能盲目补铁。

铁也存在于许多其他参与正常组织功能的化合物中。铁的吸收是有限的，因为一旦吸收过量，机体没有有效的多余铁排泄机制。在很大程度上，铁的吸收量是受其储备（以铁蛋白与血铁黄蛋白形式）量影响的。铁储备越低，其吸收率越高；但是，总吸收率很少超过所进食食物中含铁量的 10% ～ 15%。这种变化的吸收机制旨在维持相对恒定的铁水平，同时避免铁摄入过量。尽管吸收率不断变化，但铁摄入不足的人们仍有铁缺乏的危险甚至最终导致缺铁性贫血。

2. **铁的存在形式**　人体内的铁主要以 3 种形式存在：储存铁（在脾、肝、骨髓内的铁蛋白及含铁血黄素）、转运铁（由蛋白介质转运、转铁蛋白）、氧转运铁（血液内的血红蛋白及肌肉里的肌红蛋白）。体内绝大部分铁都参与循环，坏死的红细胞中的铁重新被回收再储存或者再合成为新的血细胞。饮食中，铁平衡状态是指饮食中每日摄入的铁与通过皮肤、汗液、胃肠、尿液流失的铁之间的平衡状态。

（二）铁的吸收和排泄

1. **铁的吸收** 在普通人和运动员的膳食调查中，往往发现膳食中铁的含量超过铁的推荐供给量，但还会发生缺铁性贫血。主要原因是铁的吸收率很低。食物中的铁主要在十二指肠吸收，空肠上段也能吸收。三价铁需要先转变为二价铁才有可能被吸收，许多因素可影响铁的吸收。食物中的铁有血红素铁和非血红素铁。血红素铁是指与血红蛋白或肌红蛋白中的卟啉结合的铁，可被肠黏膜上皮细胞经特异受体直接吸收，然后卟啉环被血红素加氧酶破坏，铁与卟啉分离，与脱铁蛋白结合成铁蛋白，储存于肠黏膜细胞中。此型铁不受植酸等膳食因素的干扰，再加上胃黏膜细胞分泌的内因子有促进其吸收的作用，吸收率较高，当铁缺乏时，血红素铁吸收率可高达 40%，不缺乏时其吸收率为 10%，当膳食中含有肉时，血红素铁平均吸收率为 23%。非血红素铁或离子铁是指主要以 $Fe(OH)_3$ 络合物的形式存在于食物中的三价铁。与其结合的有机分子有蛋白质、氨基酸及其他有机物。此型铁必须先溶解，与有机部分分离，在胃酸的作用下，三价铁还原为亚铁离子后，再与肠内容物中的维生素 C、某些糖和氨基酸结合成络合物，才能被吸收。

2. **铁的排泄** 正常情况下，铁的吸收和排泄处于平衡状态，体内的铁主要从肠道、尿道和经汗液排出体外，但妇女可通过月经、哺乳排出铁。

体内各组织的细胞通过调控运铁蛋白受体基因表达和受体蛋白的数目来摄取不同量的铁，以此来调节体内铁的吸收和排出，保持着重要组织器官优先利用铁资源。铁调节蛋白（iron regulatory protein）可能在铁的平衡中起重要的作用。铁调节蛋白与铁反应素（iron response dements）结合，在铁摄取、储存和利用的环境中，调控相关基因的表达。体内铁的储存量不多，一旦机体对铁的需要量增加，而铁的来源不足，就会造成铁的缺乏。

（三）铁的转运

吸收进入肠黏膜上皮细胞的二价铁，首先与脱铁蛋白结合，形成铁蛋白，储存于肠黏膜细胞内。当机体需要铁时，铁即从铁蛋白中释放，进入血循环，由二价铁氧化为三价铁，再与运铁蛋白结合，运至需铁的组织中。肠黏膜细胞内失去铁的脱铁蛋白再重新与新吸收的铁结合为铁蛋白。铁蛋白将大部分铁运至骨髓，以合成血红蛋白，少部分运至其他组织细胞，以合成各种含铁蛋白质，或以铁蛋白的形式储存于各组织器官。细胞膜表面含有运铁蛋白受体，但受体数目不同，如胎盘、肝脏所含的运铁蛋白受体数目较多，故摄取铁的能力也较强。运铁蛋白与其受体结合后经过内吞的方式穿过细胞膜进入细胞质，然后参与含铁蛋白或含铁酶的合成。血液中的铜蓝蛋白和铁氧化酶催化二价铁氧化为三价铁，加速铁的转运。

（四）铁的生理功能

（1）铁参与血液中血红蛋白的组成，血红蛋白的功能是向组织器官运输氧和从组织器官运出二氧化碳，血红蛋白在调节酸碱平衡方面也起重要作用。铁参与肌肉中肌红蛋白的组成，后者可储存和转运氧，供肌肉收缩时的氧化需要。如果铁缺乏则可造成上述蛋白质和酶的合成不足，继而影响氧和二氧化碳的运输和氧的利用。缺铁严重时可造成血红蛋白合成下降，从而出现缺铁性贫血。

（2）铁还是一些酶的构成成分。例如，细胞色素中铁的作用是传递电子，在细胞呼吸和氧化磷酸化能量产生中起重要作用。参与能量代谢的 NADH 脱氢酶和琥珀酸脱氢酶也含有铁。又如，铁还是过氧化物酶、过氧化氢酶、黄嘌呤氧化酶等的成分，这些酶在组织细胞的氧化还原反应中发挥作用。

（3）铁与机体的免疫功能有关。铁能使抗体的产生受到抑制，淋巴细胞对抗原的反应能力降低，T 细胞数也减少，使体液免疫和细胞免疫功能都受到不同程度的损害，从而使机体容易发生感染。

（4）铁还是一些参与能量代谢和体温调节的酶的辅助因子，铁缺乏将引起这些酶的生理作用发生改变。这种改变不仅在运动时能够检测出，在休息时也能够发现。人体和动物实验发现，缺铁性贫血时，血液和尿液中去甲肾上腺素的浓度升高，机体的能量代谢速率加快，在寒冷环境中保持体温的能力下降，最终可导致生长发育减慢，体重下降。

（五）铁的食物来源

动物肝脏、全血、肉类（畜、鱼、禽）、豆类和绿色蔬菜是铁的良好食物来源。蛋黄中铁的吸收率虽然较低，但含量丰富，因此仍为较好的铁源食物。奶类为贫铁食品。主要食物中的铁含量见表 5－1。运动员应选择含铁丰富且吸收率高的食物，必要时，应该补充铁剂。

表 5－1 不同食物中铁的含量（mg/100 g）

食物	铁含量	食物	铁含量
猪肝	22.6	小麦粉	3.5
羊肝	7.5	大米	2.3
猪血	8.7	鸡蛋	2.0
瘦猪肉	3.0	鸡蛋黄	6.5
瘦牛肉	2.8	牛乳	0.3
瘦羊肉	3.9	菠菜	2.9
鸡腿肉	1.5	大白菜	0.6
鲤鱼	1.0	茴香菜	1.2
带鱼	1.2	韭菜	1.6
大豆	8.2	芹菜（茎）	1.2
绿豆	6.5	油菜	1.2

续表

食物	铁含量	食物	铁含量
黑豆	7.0	蘑菇（鲜）	1.2
芸豆	5.4	黑木耳	5.5
豆腐干	4.9	炒花生仁	6.9
豆腐	1.9	炒葵花子	6.1

（六）铁缺乏和缺铁性贫血

铁缺乏的发病率在我国较高，以铁缺乏为主的贫血患病率一直在20%左右，其中以儿童青少年、孕妇和老年人最多。铁是合成血液中血红蛋白必需的原料，影响人体的新陈代谢。缺铁可致贫血，如果红细胞数量减少，血液运输氧气的功能就会受到阻碍，从而导致各个器官缺氧。

铁缺乏和缺铁性贫血的表现：机体长时间处于铁的负平衡，即吸收少而排出多，将导致体内铁储备逐步减少，以致耗尽。体内铁缺乏可引起含铁酶和铁依赖酶的含量减少和活性降低，使组织细胞呼吸发生障碍，影响组织器官的功能，从而表现出铁缺乏的症状。铁缺乏患者可出现食欲低下，吸收不良，机体抵抗力下降，儿童可出现烦躁，对周围不感兴趣，成年人则冷漠呆板。铁缺乏可导致运动员训练水平和运动能力下降，运动后恢复的速度减慢。铁缺乏进一步发展将导致血红蛋白含量下降，出现缺铁性贫血的表现，如面色苍白、口唇黏膜和眼结膜苍白、疲倦乏力、头晕心悸、指甲脆薄等，儿童青少年患者还可出现身体发育受阻、注意力和记忆力下降、学习能力差，运动员运动能力可受到严重影响。

人体铁的营养状况可采用4项生化指标进评价：血清铁蛋白含量、运铁蛋白饱和度、红细胞游离原卟啉含量、血红蛋白含量，还可辅以红细胞比容、平均红细胞容量、血清或血浆运铁蛋白受体等指标。血清铁蛋白最早耗竭，目前认为其是铁缺乏的最灵敏指标；运铁蛋白饱和度反映铁的供应情况，也比较灵敏；运铁蛋白受体的灵敏性、特异性和可靠性均比较好，但目前价格较贵。

缺铁程度可分为3个阶段。

（1）储存铁减少期：骨髓、肝脏和胰腺的铁储备逐渐减少，直至耗空，血清铁蛋白明显下降，但运铁蛋白还在正常范围内，此时机体对铁的吸收能力加强。

（2）红细胞生成缺铁期：铁与原卟啉结合成血红素，再与珠蛋白合成血红蛋白。储备铁的减少和耗竭致使原卟啉在红细胞内堆积，此时运铁蛋白含量显著下降，红细胞生成速率下降，但血循环中血红蛋白的含量还下降得不显著。

（3）缺铁性贫血期：此时血红蛋白的含量由于缺铁而明显下降。

（七）铁的过量及其危害

1. **铁过量**　通过各种途径进入体内铁量的增加，可使铁在人体内储存过多，从而引起致铁在体内潜在的有害作用，体内铁的储存过多与多种疾病如心脏和肝脏疾病、糖尿病、某些肿瘤有关。肝脏是铁储存的主要部位，铁过量也常累及肝脏，因此，肝脏成为铁过多诱导损伤的主要靶器官。肝脏铁过载导致肝纤维化甚至肝硬化、肝细胞瘤。铁过量与心脏疾病关系的探讨已有诸多报道。铁通过催化自由基的生成、促进脂蛋白的脂质和蛋白质部分的过氧化反应、形成氧化低密度脂蛋白等参与动脉粥样硬化的形成。铁过量诱导的脂质过氧化反应的增强可导致机体氧化和抗氧化系统失衡，直接损伤DNA并诱发DNA突变，因此铁过量与肝、结肠、直肠、肺、食管、膀胱等多种器官的肿瘤有关。在2型糖尿病的发病机制中，铁也发挥着重要作用，铁摄入不均衡会导致胰岛素分泌紊乱，血糖升高。

2. **铁过量的危害** 铁虽然是人体必需的微量元素（微量元素食品），铁本身也不具有毒性，但当摄入过量或误服过量的铁制剂时也可能导致铁中毒。

急性铁中毒多发生在儿童。当儿童过量口服外层包有彩色艳丽糖衣片的固体铁剂或液体铁剂制成的糖浆后，1 h左右就可出现急性中毒症状，如上腹部不适、腹痛、恶心呕吐、腹泻黑便甚至面部发紫、昏睡或烦躁，急性肠坏死或穿孔，最严重者可出现休克而导致死亡。由此可见，有必要提醒家长注意，需要给儿童（儿童食品）补铁、服用铁制剂时，一定要按医嘱严格掌握剂量，切不可滥服，以防中毒。

慢性铁中毒多发生在45岁以上的中老年（老年食品）人中，男性（男性食品）居多。长期服用铁制剂或从食物中摄铁过多使体内铁量超过正常的10～20倍，就可能出现慢性中毒症状，如肝、脾有大量铁沉着，可表现为肝硬化、骨质疏松、软骨钙化、皮肤呈棕黑色或灰暗、胰岛素分泌减少，胰岛素分泌减少则可导致糖尿病。青少年慢性铁中毒还可使生殖器官的发育受到影响。据报道，铁中毒还可诱发癫痫病（羊角风）。

对铁中毒的治疗，医生要对症处置，患者要按医嘱治疗。预防铁中毒，一是在服用硫酸亚铁等铁剂治疗贫血时，务必防止过量，并严防儿童误服，最好是服用现代科技的新产品卟啉铁类补剂，其不但吸收率高，而且不易产生副作用；二是不要长时间将酸性食物存放在铁容器内，也不能用铁锅煮山楂等酸性食物，以免在酸性条件下铁大量溶入食物。

四、钠

（一）钠的概述

钠作为基本的矿物质，通常被称为食盐（实际上是钠与氯化物的化合物）。它关系到身体水分与酸碱平衡，钠离子是主要的细胞外（在细胞外面，包括血液与液体）离子。大多数天然食物中都含有少量的钠，加工食品、罐头、烹制与快餐食品中含有大量钠。

（二）钠的功能

钠离子是人体内的主要阳离子，含量约4 000 mmol/L。70%存在于细胞外液和骨骼中。主要功能：① 保持体液容量、渗透压和酸碱平衡；② 形成膜电位和细胞膜正常通透性；③ 维持心肌静息电位；④ 协同钾、钙、镁等离子维持神经肌肉的应激；⑤ 作为一种调味品和食品保存的添加剂。钠易于吸收，主要由尿排出，部分由汗液排出。尿钠排出量与摄入量有密切的关系。钠摄入减少时，肾排出钠盐明显减少。

（三）钠的代谢

钠是人体内无机元素之一。其原子量为22.99，原子价为1。正常成人体内钠总量一般为约60 mmol/kg体重。钠50%存在于细胞外液，骨骼含钠占全身的40%～45%，其余约10%的钠存在于细胞内。钠的测定方法有分光光度法、离子选择电极法和原子吸收分光光度法。血清钠正常值为135～147 mmol/L。一般成人每日氯化钠的需要量为5～10 g。其在消化道内几乎全部被吸收。正常膳食很少缺钠。仅在严重腹泻、呕吐或长期大量出汗才可导致钠的丧失。当体液缺钠时，骨骼部分的钠可迅速补充以维持平衡。钠大部分经肾脏由尿排出，排出量与进食量大致相等。肾对钠排出的阈值为110～130 mmol/L。部分钠随汗液排出。

（四）钠的生理功能

（1）钠是细胞外液中带正电的主要离子，参与水的代谢，保证体内水的平衡，调节体内水分与渗透压。

（2）维持体内酸和碱的平衡。

（3）钠是胰液、胆汁、汗和泪水的组成成分。

（4）钠对ATP的生产和利用、肌肉运动、心血管功能、能量代谢都有关系，此外，糖代谢、氧的利用也需要钠的参与。

（5）维持正常血压。

（6）增强神经肌肉兴奋性。

（五）钠的食物来源

钠普遍存在于各种食物中，一般动物性食物高于植物性食物，但人体钠来源主要为食盐和加工、制备食物过程中加入的钠或含钠的复合物（如谷氨酸、小苏打等），以及酱油、盐渍或腌制肉或烟熏食品、酱咸菜类、发酵豆制品、咸味休闲食品等。

（六）钠的缺乏与过量

1. **钠的缺乏**　人体内钠在一般情况下不易缺乏，但在以下情况下均可出现钠缺乏：①禁食、少食，膳食钠限制过严而摄入非常低时；②在高温、重体力劳动、过量出汗、肠胃疾病、反复呕吐、腹泻使钠过量排出而丢失时；③利尿剂的使用而抑制肾小管重吸收钠时。钠的缺乏在早期症状不明显，倦怠、淡漠、无神甚至起立时昏倒。失钠达0.5 g/kg体重以上时，可出现恶心、呕吐、血压下降。

2. **钠的过量**　正常情况下，钠摄入过多并不蓄积，但某些特殊情况下，如误将食盐当食糖加入婴儿奶粉中喂养，则可引起中毒甚至死亡。急性中毒可出现水肿、血压上升、血浆胆固醇升高、脂肪清除率降低、胃黏膜上皮细胞受损等。钠的适宜摄入量成人为2 200 mg/d。

五、氯

（一）氯的概述

氯是人体必需常量元素之一，是维持体液和电解质平衡中所必需的，也是胃液的一种必需成分。自然界中常以氯化物形式存在，最普通形式是食盐。氯在人体含量平均为1.17 g/kg，总量为82 ～ 100 g，占体重的0.15%，广泛分布于全身。主要以氯离子形式与钠、钾化合存在。其中氯化钾主要存在于细胞内液，而氯化钠主要存在于细胞外液。氯是细胞外液中主要的负离子，胃酸的主要成分，氯离子激活唾液淀粉酶有利于消化，调节细胞内外液的物质交换，保持酸碱平衡。氯在体内的代谢和分布与钠基本一致。

氯离子是细胞外液中主要的阴离子，能自由透过细胞膜。氯离子的转移是维持机体酸碱平衡的重要因素，胃液中的氯离子是胃酸的组成成分，唾液中氯离子为唾液淀粉酶的激活剂，氯离子与钠离子构成体液晶体渗透压主要因素，对水分在细胞和血管内外的分布和流动起调节作用。

（二）氯的代谢和吸收

在人体内，氯一般以与钠或钾的氯化物形式存在。氯离子是主要的细胞外液阴离子，在155 mmol/L的总阴离子浓度中占103 mmol/L。因此，它在维持细胞外间隙的适当水化、渗透压及阴阳离子平衡方面，发挥了显著作用。血清氯离子为95 ～ 106 mmol/L，相当于氯化钠浓度为556 ～ 620 mg/dL，红细胞的氯化物含量为49 ～ 54 mmol/L，而全血则为77 ～ 87 mmol/L。组织细胞大约含有1 mmol/L的氯化物。血浆钠离子的浓度（142 mmol/L）较氯离子及HCO_3^-的总和（130 mmol/L）高10 ～ 12 mmol/L，这三者的相互关系可用下式概括：

$$Na^+ = Cl^- + HCO_3^- + 10 \text{（单位为 mmol/L）}$$

这一公式可检查化验结果的可靠程度。尿毒症和糖尿病酮症酸中毒患者，磷酸盐与酮体的负离子分别增多，HCO_3^-浓度降低，使[Na^+]与[HCO_3^-]+[Cl^-]之差超过10 mmol/L。

1. **氯的吸收** 随同食物摄入的氯化物离子几乎全部被肠道吸收，再通过肾小球过滤从血中移除氯离子。小球滤液中的氯离子又被肾小管被动重吸收。

2. **氯的排泄** 大部分氯离子经肾脏排出，正常成人每日尿中排氯约7 g，少量氯离子随粪和汗排出。在炎热气候下，出汗过多会丢失大量氯离子。但此时醛固酮分泌增多，这样可使汗腺泌出钠离子和氯离子浓度较正常气温低的汗液，这样氯离子的丢失就减少了。

（三）氯的食物来源

膳食氯几乎完全来源于氯化钠，仅少量来自氯化钾。因此食盐及其加工食品如酱油、腌制肉或烟熏食品、酱菜类及咸味食品等都富含氯化物。一般天然食品中氯的含量差异较大；天然水中也几乎都含有氯。

（四）氯的缺乏与过量

氯缺乏可见于伴发慢性肾盂肾炎的失盐性肾炎。此时体内缺氯，加上肾小管的重吸收功能不好，从而造成氯化物的丢失。在原发性慢性肾上腺皮质功能减退症危象时，氯化物和钠离子的水平均显著降低。一些代谢性酸中毒，如糖尿病酮症酸中毒及肾衰竭，由于有过量的酸性物质生成或排酸减少，聚集的阴离子（乙酰乙酸和磷酸盐）可以部分取代氯化物的氯离子，致使血清氯化物含量降低。长期呕吐因有胃酸丢失，也会产生低血氯。

氯过量可见于脱水和引起肾血流量减少的情况（如充血性心力衰竭）。高血氯性酸中毒可能是严重肾小管病变的一种体征。过量的氯离子治疗或摄取也会导致血清氯化物升高。

六、镁

（一）镁的概述

镁属于矿物质的常量元素类，是人体细胞内的主要阳离子，浓集于线粒体中，在细胞外液仅次于钠和钙居第三位，是体内多种细胞基本生化反应的必需物质。在钙、维生素 C、磷、钠、钾等的代谢上，镁是必要的物质，其在神经肌肉的功能正常运作、血糖转化等过程中扮演着重要角色。

镁是人体一种必需的常量元素，人体有数百种不同的酶需要镁元素，镁的代谢与人的健康密切相关。镁占人体体重的 0.05%，其中约 60% 存在于骨骼和牙齿中，38% 存在软组织中，2% 存在血浆和血清中。正常人血镁浓度为 0.8 ～ 1 mmol/L。约 1/3 镁与血浆蛋白（主要是白蛋白）结合，少部分与磷酸、柠檬酸等结合成不易解离的化合物。大部分（约 60%）以镁离子形式存在。人体对从膳食中摄入的镁吸收利用率为 30% ～ 40%。

（二）镁的生理功能

（1）作为酶的激活剂，参与 300 种以上的酶促反应。糖酵解、脂肪酸氧化、蛋白质的合成、核酸代谢等需要镁离子参加。

（2）促进骨的形成。在骨骼中含量仅次于钙、磷，是骨细胞结构和功能所必需的元素，对促进骨形成和骨再生，维持骨骼和牙齿的强度和密度具有重要作用。

（3）维持神经、肌肉的兴奋性。镁与钙一样，都可以维持神经、肌肉的兴奋性，血液中镁浓度过低，神经、肌肉兴奋性均增高；反之兴奋性均降低，即有镇静作用。镁和钙又有拮抗作用。由镁引起的中枢神经和肌肉接点处的传导阻滞可被钙拮抗。

（4）维护胃肠道和激素的功能。

（三）镁的代谢吸收

食物中的镁在整个肠道均可被吸收，但主要是在空肠末端与回肠部位被吸收，吸收率一般约为 30%。镁可通过被动扩散和耗能的主动吸收两种机制被吸收。健康成人从食物中摄入的镁大量从胆汁、胰液和肠液分泌到肠道，其中 60% ～ 70% 随粪便排出，部分从汗和脱落的皮肤细胞丢失，其余从尿中排出，每日排出 50 ～ 120 mg，占摄入量的 1/3 ～ 1/2。

（四）镁的缺乏

镁的缺乏在临床上主要表现为情绪不安、易激动、手足抽搐、反射亢进等，正常情况下，由于肾的调节作用，口服过量的镁一般不会发生镁中毒。当肾功能不全时，口服大量镁可引起镁中毒，表现为腹痛、腹泻、呕吐、烦渴、疲乏无力，严重者出现呼吸困难、发绀、瞳孔散大等。

1. *缺乏表现* 镁的缺乏可致血清钙下降，神经肌肉兴奋性亢进；对血管功能可能有潜在的影响，有人报告低镁血症患者可有房性期前收缩、室性期前收缩、心房颤动及室性心动过速与心室颤动，半数有血压升高；镁对骨矿物质的内稳态有重要作用，镁缺乏可能是绝经后骨质疏松的一种危险因素；少数研究表明镁耗竭可以导致胰岛素抵抗。

2. *治疗措施* 轻度缺镁时，可由饮食或口服补充镁剂如氧化镁或用氢氧化镁，为避免腹泻可与氢氧化铝胶联用。口服不能耐受或不能吸收时，可采用肌内注射镁剂，一般采用 20% ～ 50% 硫酸镁。静脉给镁时需注意急性镁中毒的发生，以免引起心搏骤停。故避免给镁过多、过快，如遇镁中毒，应注射葡萄糖酸钙或氯化钙对抗。

3. *建议摄取量* 中国营养学会建议，成年男性每日约需镁 350 mg，成年女性每日约需镁 300 mg，孕妇及哺乳期女性每日约需镁 450 mg，2 ～ 3 岁儿童每日约需镁 150 mg，3 ～ 6 岁儿童每日约需镁 200 mg。人体可耐受的最高镁摄入量定为 700 mg/d。镁的安全上限与膳食参考摄入量相同，但其仅代表从补剂中的摄入量，不包括从食物与水中的摄取量。

（五）镁的食物来源

镁广泛分布于植物中，肌肉和脏器中较多，乳制品中较少。动物性食品中镁的利用率较高，达 30% ～ 40%，植物性食品中镁的利用率较低。整粒的种子、未经碾磨的谷物、青叶蔬菜、豆类和坚果是镁最为丰富的来源；鱼、肉、奶和水果中镁含量较低；经过加工的食物，在加工过程中镁几乎全部损失。肌酸六磷酸、粗纤维、乙醇、过量的磷酸盐和钙离子可削弱镁的吸收。

第二节 运动中的矿物质

一、钙与运动

（一）运动时钙离子变化的特点

（1）训练和比赛时，机体会从汗液中丢失大量的钙（汗液中钙离子的含量约为

2.55 mmol/L），因此对于运动人群来讲，及时补充钙离子有助于运动能力的保持和恢复。

（2）钙离子是细胞内第二信使，在维持神经系统和肌肉细胞的兴奋性、骨骼肌的收缩等方面具有重要的功能，所以钙营养的平衡对保持运动能力有非常重要的作用。钙的缺乏可引起骨骼肌肉的抽搐，长期钙不足的人会导致骨密度降低。

（3）运动具有促进钙在骨骼的沉积、增加骨密度的作用。只有在钙的摄入量满足机体需要时，运动才有增加骨密度的作用。

钙除参与机体骨骼和软组织的构成外，还有多种调节功能，如神经和肌肉的化学/电传递及细胞分泌、血液凝固等过程均需钙的调节。身体中 99% 以上的钙存在于骨骼，因此钙与运动是密不可分的。

（二）运动员钙代谢的特点

运动员从钙代谢上与普通人不同之处在于运动员在运动训练和比赛中要从汗液中丢失大量的钙。汗液中钙含量约为 2.55 mmol/L（102.2 mg/L），按此推算，如果运动员每日出汗 3 L，则有约 300 mg 的钙从汗液中丢失；如果运动员在高温环境下训练和比赛，每日的出汗量可达 5 ～ 6 L，那么从汗液中损失的钙就可达 500 ～ 600 mg。由此可见，对于运动员来说，经汗液丢失钙是一个不容忽视的问题，有时通过汗液排钙成为机体排出钙的主要途径。

（三）钙对保持运动能力的作用

动物实验表明，与低钙摄入组相比，高钙摄入组的大鼠游泳运动时间较长，运动后体内钙稳态的恢复速度较快，运动对细胞和亚细胞结构的损伤较小。由于钙在维持神经和肌肉细胞的兴奋性、骨骼肌的收缩、细胞内第二信使等方面具有重要功能，钙营养的平衡对保持运动能力的作用非常重要。钙缺乏可引起肌肉抽搐，长期钙摄入不足可导致骨密度降低。有人观察到，每日钙摄入量为 525 mg 和 617 mg 的女长跑运动员的桡骨远端骨密度显著低于钙摄入量为 800 mg 的运动员。补充钙后，骨密度明显增高。研究表明，只有每日摄入多于 755 mg 的钙才有助于运动增加骨密度的作用。

对绝经后妇女的研究表明，在增加钙摄入量的同时进行运动锻炼，才能使骨密度有所提高，没有运动锻炼只补钙，对骨密度无增加作用。而且，至少每日摄入 1 000 mg 的钙，才能保证运动锻炼增加骨密度的作用。对处于生长发育中女子骨骼发育的研究表明，在青春期前加强体育锻炼，非常有利于骨密度的增加，效果远比在青春期后才开始体育锻炼好。调查研究显示，许多女运动员，特别是少年女子运动员的钙摄入量低于推荐的供给量，这将影响她们骨骼的生长发育，增加运动性骨折的危险。研究发现，钙不足与女子运动员的闭经有一定关系。目前认为，雌激素与闭经关系最为密切。闭经者雌激素水平显著低于正常月经者，闭经导致雌激素水平下降，从而使钙吸收减少，溶骨增加，尿钙排出增多，长期发展下去，将出现骨质疏松。而钙摄入不足，则加速了这一过程。因此，英国规定闭经运动员钙供给量要高于月经正常的运动员。

有专家认为青春期前即未来月经的儿童少年女子运动员也应注意钙的摄入量，因为她们体内雌激素水平较低，保存钙的能力较低，如果运动中大量丢失钙，容易造成钙的缺乏。减体重和控体重的运动员，如体操、举重、摔跤等项目的运动员，常常因为食物钙摄入不足而引起身体钙的不足或缺乏。因此在减体重或控体重期，要额外补充钙。

（四）运动员钙的供给量

运动员钙的需要量高于普通人，因此钙的推荐供给量也高于普通人。我国运动员（不分年龄）每日钙的推荐食物供给量为 1 000 ～ 1 200 mg，目前尚无以年龄组计的膳食钙推荐量。由于运动项目的不同，运动员对钙的需求也不同。对于不同年龄组运动员的钙膳食推荐量，可以考虑在普通人推荐量的基础上，确立同龄组运动员膳食钙摄入推荐范围，即范围下限为普通人的推荐量，加 200 mg 为上限。例如，11 ～ 13 岁普通人每日膳食钙的摄入推荐量为 1 000 mg，11 ～ 13 岁运动员膳食钙摄入推荐量则为 1 000 ～ 1 200 mg，大运动量项目运动员在高温环境下训练或比赛时的钙摄入量可考虑上限，即 1 200 mg。其他年龄组类同。英国推荐 11 ～ 24 岁的闭经运动员每日钙的供给量为 1 500 mg，月经正常运动员每日钙的供给量为 1 200 mg，我国尚无这方面的推荐供给量。

基于目前膳食外补钙的情况比较普遍，为防止补钙过量，中国营养学会在提出钙膳食推荐量的同时，还提出普通人钙可耐受的最大摄入量。运动员可耐受的钙的最大摄入量应与普通人相同。运动员补钙时只需补足需要的量即可，应避免长期过量补钙。长期过量补钙，可引起高钙尿，从而增加肾结石的危险。长期过量补钙，还可影响铁、锌、镁、磷等元素的吸收。

（五）运动与钙平衡

1. *急性运动与钙平衡*　急性运动引起血中离子和非离子形式的钙迅速增加。这可能部分是由乳酸增加而不是甲状旁腺素（parathyroid hormone，PTH）和降钙素浓度的改变所致。血液黏稠度也可能是一个显著的影响因素。马拉松跑后，尿蛋白和血转水平会短暂降低。一些研究已报道了耐力训练时，血中维生素 D 的活性形式增加，从而导致钙吸收增加，人体中的钙总量上升。少数研究表明，与运动有关的甲状旁腺素升高，但是，这在其他研究中尚未得到证实。

2. *体力活动与钙平衡*　钙摄入量和体力活动对骨重量峰值的影响一直受到重视。横向和纵向研究表明，钙对成年人骨骼是有益的。另外的研究则认为，膳食钙摄入量与骨重量峰值及其骨丢失率没有关系。骨重量峰值可于 30 岁达到，除钙摄入量外，遗传也是决定骨重量峰值的重要因素。在对孪生子的研究中，让每对孪生子的其中一位接受钙补充，另一位服安慰剂，结果表明，膳食中额外的钙对在青春期前达到骨重量峰值是有益的。

人们已对体力活动在促进骨生长及维持骨重量方面的作用有很好的了解。负重运动后骨重量的急剧减少与钙的戏剧性丢失有关。对健康志愿者和患者长期卧床休息及失重的宇航员的测定均显示，他们体内的钙丢失增加和骨质量降低。体力活动增加，特别是跑步与骨密度增加有联系。这似乎很清楚，体力活动对骨骼施加的体力应激是一个重要的因素。相关研究显示，受过抗阻力训练的成年雄性大鼠的骨面积增加，这一点与上述结论一致。但有关能使骨质量更佳的运动类型、频率、时间长短和强度及能减少与年龄相关的骨质量丢失的研究资料很少。

3. *钙平衡在运动中的作用*　长期体育锻炼对维持机体的钙平衡具有重要作用。例如，运动可以改善骨骼的血液循环，增强骨骼的物质代谢，提高钙的吸收率，防止尿钙增多和局部脱钙，从而有效地提高骨的弹性和韧性，延长骨骼细胞的老化过程，预防骨质疏松的发生。可强健骨骼的运动对绝经后女性的雌激素水平降低有阻遏作用，使骨代谢的负平衡状况得以改善。运动与补钙结合使用要比单纯补钙更能有效预防和治疗骨质疏松，有相关报道，骨密度更主要取决于长期坚持运动，其次才是靠补钙。青少年时期的适量钙营养和体育锻炼可使机体获得较高的骨峰值，这对维持老化阶段的高水平骨量具有重要意义。经常运动可有效地将体内代谢出的钙随尿排出体外，防止形成肾结石、膀胱结石等泌尿系统结石。

二、铁与运动

（一）铁与运动性贫血

缺铁性贫血是世界上最常见的一种营养缺乏症。在发展中国家或者高危人群里，30% ～ 40% 的人有铁缺乏症状，然而普通群体的缺铁性贫血发生率通常为 1% ～ 3%，自 20 世纪 70 年代起，运动员便作为缺铁高危人群受到保护。早期的关于长跑运动员的研究中，在有关血液学研究上，运动科学家做出了评论，这些运动员血液内血红蛋白浓度降低，而血液内血红蛋白降低是贫血的一个体征，这一特征看似会降低利用机体运输氧的能力，从而影响运动员的运动成绩。随后，这一发现被证实是错误的，或者说其实是因为高强度有氧运动导致的血浆容量的急速增加而引起的轻微贫血症状。所谓的运动性贫血并不属于病理学范畴或影响成绩发挥，且补充铁元素不能改善运动性贫血。当然，血红蛋白浓度偏低可能是由于其他微量营养素，如维生素 B_{12} 或叶酸的缺乏，应检查分析原因。

1. *缺铁对运动成绩的影响*　缺铁性贫血会导致运动成绩下降。一旦血红蛋白水平急剧降低，即使在最轻微的活动时，也会出现呼吸困难，同时无法从事日常活动和训练任务。与铁相关的酶的功能性损伤会造成大脑功能、体温控制能力、免疫能力下降，从而加重了受损运动耐力的症状。

2. *血红蛋白与运动*　尽管并没有关于血红蛋白逐渐降低对运动成绩的影响的系统研究，但是人们普遍相信，即使是血红蛋白的小幅度降低，都会对运动员成绩造成负面影响，血红蛋白的正常范围很广，因此可能会出现运动员的血红蛋白值虽在正常范围内，但却低于获取最佳的成绩所需的自身平均值的现象。相对来说，很容易就能监测出低血红蛋白水平，但是很难根据单一的血液检测就能确认铁含量的最佳状态。在血浓度增加时，如严重脱水运动员，所有参数的浓度也会随之增加，与此类似，当血流量增加的时候，所有参数的浓度也会被稀释铁蛋白在急性应激状态下会上升，如连续训练期、感染、疾病期等，这一结果进一步干扰了运动员训练。因此，有必要规范铁状态测试的时间和条件，同时为每名运动员建立一套铁状态的历史数据库，帮助运动员了解自己的正常水平和最佳水平分别是什么。运动员经常认为血红蛋白值越高越好，所以他会进行特殊训练（如高原训练）来刺激红细胞的形成。然而，当因脱水而出现血液浓缩消失时，高血红蛋白水平被认为是个体基因或药物原因引起的。例如，红细胞生成素对运动员铁状态的影响的最有争议的话题是，在不贫血的状态下，缺铁是否会降低运动成绩，铁状态降低也就是低血清铁蛋白水平，因此关于缺铁对运动成绩影响的研究主要是关于铁营养补剂对低血清铁蛋内运动员成绩的影响。通常情况下，很少有证据表明，在不贫血的情况下，低血清铁蛋白与单一运动任务的运动成绩下降有关，或证明对于血清铁蛋白水平轻度偏低、血红蛋白水平正常的运动员来说，铁营养补剂可以提高运动成绩。关于低水平铁蛋白的研究不仅显示摄入铁营养补剂可提高成绩，还显示个体的血红蛋白水平会随着治疗而增加，这表明个体在铁营养补充之前，血红蛋内水平并不是最佳状态。然而研究却没能解决运动员在比赛或训练期间，关于铁储备的下降造成恢复困难的问题。因此，目前没有证据表明耐力项目运动员需每日进行铁营养补充。然而，低铁蛋白持续下降最后会造成问题性铁缺乏。基于这个原因，有必要每日对易出现铁缺乏症状的运动员进行铁含量的测试，当铁含量下降时制订治疗计划。

（二）运动时铁离子的变化特点

（1）运动可加快铁在机体中的代谢，长期的运动训练使组织内储存铁的含量明显下降。

（2）运动可使红细胞本身的更新速度加快，研究表明，运动对红细胞有破坏作用。红细胞的代谢加快说明运动机体对铁的需要增加。运动可使肌肉增大、肌肉中含铁酶的含量增加等，这些都说明运动时机体对铁的需要量加大。

（3）运动使汗液中排铁量增加，汗液中含有一定量的铁，运动时从汗液中丢失的铁较安静时增加。

（4）运动可导致机体对铁的吸收率降低。

总之，运动引起铁代谢加快，使铁的吸收受到影响，并使铁的排出增加，这些都增加了对铁的需要量。

运动员如果不注意合理科学搭配自己的膳食，如膳食中脂肪比例过高、维生素C含量过低、食物中的血红素铁含量比较低、素食运动员等，都会降低运动员膳食铁的吸收率。因此，运动员对铁的需求量比一般不运动的人要高。运动员在进行高原训练时，作为对高原低氧环境的适应，血液红细胞的含量增加，铁是合成血红蛋白的主要因素。因此在高原训练的运动员，要特别注意铁的营养状态，应摄入足够的铁。此外，对于控制体重期间的运动员，或者处于月经期间的运动员更应保持体内铁的平衡。

（三）运动员铁缺乏的原因

运动员易缺铁，但是造成运动员铁缺乏的原因和普通人是相同的，即长期的铁需求或铁流失大于铁的摄入。生长发育期个体铁需求会增加，表明青春期和妊娠期人群的铁的推荐摄入量应该更高。育龄期女性每月都会有经血流失，因此铁需求量比男性大，考虑到每名运动员的个体差异，针对不同运动人群的铁需求量，不可能使用同一建议，但是普遍认为，长时间从事负重训练者可增加铁的摄入量。机械创伤或者胃肠血流失造成的微量铁流失似乎并不严重，但是，除非增加铁的摄入或吸收，否则长期下去也会造成人体铁缺乏。当然，引起长期、大量的血液流失的疾病也会造成铁流失现象，如肿瘤、胃溃疡、手术或者严重瘀青等。

（四）预防和治疗缺铁和贫血

铁主要以两种形式存在于一系列动植物类食物中：存在于动物肉和血液中的血红素铁和动植物食物里都含有的有机铁。尽管从单一食物或混搭食物（含 15% ～ 35%）中很容易就能获取血红素铁，但是从某个植物中吸收的非亚铁血红素较低且不规律（含 2% ～ 8%）。同一餐食物中，非血红素铁的生物可利用性受食物中促进和抑制因子的影响。抑制因子包括肌醇六磷酸（存在于全麦谷物或大豆里）、多酚（存在于茶、红酒里）、钙（存在于牛奶、奶酪里）及存在于植物（如大豆蛋白）中的肽。

测试和评估运动员的铁的状态应该依据其身体基础值，由运动医学专家测定，或者最好由一个拥有医生和营养师的专业团队测定。长期医治缺铁的措施可以治疗单纯的缺铁性贫血。血清铁蛋白低于 20 ng/mL 时表明铁的状态偏低，需要进一步的评估和治疗，补充铁剂是预防和治疗铁缺乏的方法之一。根据个体关于如何增加生物铁的摄入的咨询制订长期的饮食管理计划，同时运用合理的手段减少不必要的铁流失。

（五）运动员铁的代谢特点

研究表明，运动可加快铁在机体的代谢。早期运动训练使组织内储存铁的含量明显下降。有研究连续三年测定了进行大强度训练和比赛的曲棍球运动员的血清铁蛋白发现，其组织内储存铁含量明显下降，其下降幅度在第二和第三赛季尤为明显，分别达 37% 和 30%，这表明运动员的铁储备发生明显的下降。

运动使红细胞的代谢周转率也加快，有研究表明运动鼠红细胞的寿命为 32.3 天，比对照非运动鼠的 52.5 天减少了 40%；运动员高强度短时间全速跑（100 m）后，其红细胞渗透脆性增加，滤过率下降。这些结果均表明运动对红细胞有破坏作用。红细胞的代谢加快说明运动机体对铁的需要量增加，运动可使肌肉增大，肌肉中含铁酶的含量增加，都表明运动使铁的需要量加大。

汗液中含有一定量的铁，运动员从汗液丢失的铁也较普通人多。一般运动员从汗液丢失的铁量每日为 0.24 ～ 0.47 mg，如果按运动员在高温环境下出汗 4 L 推算，从汗液丢失的铁可达 1.54 ～ 3.70 mg。

运动员膳食铁的吸收率较低。运动员膳食中较多的脂肪和较少的维生素 C 是导致铁吸收率低的原因之一。另外，运动员膳食中的血红素铁含量较低，在 10% 以下，也是铁吸收率低原因。运动对铁的吸收也有影响：大鼠运动模型显示，游泳可导致铁的吸收率下降。人体研究发现，运动员在训练期膳食铁的吸收率为 8.77 ± 2.90%，显著低于停训期的吸收率（11.90 ± 4.74%）。

以上研究说明，运动可引起铁代谢的加快，使铁的吸收受到影响，并使铁的排出增多。这些都增加了运动员对铁的需要量。大部分调查研究显示，女子运动员的铁储备状况差于男子运动员。一般认为，女子运动员由于可经月经丢失铁，尤其是处于青春期的女子运动员又加上生长发育对铁的需要，更容易发生铁缺乏。成年妇女平均每日从月经中丢失的铁量约为 0.6 mg，大约 25% 的成年妇女每日可丢失铁 0.9 mg。

研究还发现，许多女运动员，特别是少年女子运动员和女子长跑运动员实际的铁摄入量低于推荐的供给量，从而导致机体铁处于缺乏的状态。但是，缺铁性贫血（血红蛋白＜ 120 g/L）的情况并不多见。此外，还有些需要运动员控体重和保持体形的运动项目如体操、花样滑冰等，女子运动员在减体重期间膳食总摄入较少，也容易造成铁的缺乏。对缺铁性贫血大鼠模型的研究显示，缺铁性贫血条件下运动可加重红细胞的损伤，使红细胞的寿命缩短。素食运动员由于摄入植物性食物较多，而这类食物中膳食纤维和植酸、草酸等物质较多，对铁的吸收可能有较大的影响。在高原进行训练的运动员对铁的需要量增加。因为运动员从低海拔来到高海拔运动训练，血液红细胞的含量将提高，铁是合成血红蛋白的原料，需要量也提高。因此在高原训练的运动员，要特别注意铁的营养状况，应摄入足够铁。

（六）运动员铁的需要量和供给量

普通成年男子平均每日损失铁约 1.0 mg，非经期妇女平均每日丢失铁 0.8 mg，个体之间的差异约 ± 15%。其中从肠道损失铁 0.6 mg/d，铁主要来自胆汁、脱落的肠黏膜细胞和少量的血；从汗液和脱落的皮肤细胞损失铁量为 0.2 ± 0.3 mg/d；从尿液丢失的铁少于 0.1 mg/d。如果加上在月经失血排出的铁，妇女平均每日损失铁约 1.36 mg，但因月经量的差异，有的女子可损失 3.12 mg/d。哺乳期从奶汁排出的铁每日约为 0.3 mg，乳母每日损失 1.1 mg，如果月经恢复，每日损失铁 1.69 mg/d。生长发育期对铁的需要也较大。我国对普通人群的每日膳食铁的供给量以膳食中铁的吸收率为 8% 计算而来，其中孕妇妊娠中期和妊娠晚期的膳食铁吸收率分别按 15% 和 20% 计算。一般来说，成年男子运动员每日从肠道丢失的铁为 0.5 ～ 1.1 mg，从尿道排出 0.11 ～ 1.8 mg，从汗液丢失的铁为 0.24 ～ 0.47 mg，如果不考虑在高温下运动因出汗丢失的铁为 1.54 ～ 3.70 mg，丢失的铁量为 0.85 ～ 3.37 mg，平均为 1.75 mg。女子运动员月经期每日从月经丢失的铁为 0.6 mg。

根据运动员的需要量和膳食铁 10% 左右的吸收率，我国对运动员（不分年龄）每日膳食铁的推荐的摄入量为：① 男子运动员在常温下训练或比赛时为 20 mg，在高温下训练或比赛时为 25 mg；② 女子运动员在常温下训练或比赛时为 25 mg，高温下训练或比赛时为 30 mg。研究显示，当运动员的铁营养处于缺乏的状态或已经发生缺铁性贫血，补充铁剂对改善铁营养状况、提高运动能力的效果非常明显。如果膳食铁的摄入量达到推荐的供给量，人体铁营养状态正常，补充铁则对运动能力的提高效果不明显。铁属于活跃金属，在体内可引起自由基反应。如果过量补充铁，有可能造成铁的毒性反应，对运动能力产生影响。铁的无副作用的摄入量水平为每日 65 mg。一般膳食铁不可能超过可耐受最大摄入量，运动员膳食外补铁时，应以同龄普通人铁可耐受最大摄入量为界，不可超出。膳食外补铁量加上膳食中铁量达到推荐量即可。

（七）比赛与铁的状况

与精细安排的训练相反，竭尽全力的比赛，特别是长时间或肌肉损伤性项目，由于激活急性阶段的反应，我们还不清楚体内铁状态如何。急性阶段的反应是天生的、使身体具有对感染及炎性损伤的拮抗反应。运动员肌肉损伤就可能开始出现激活代偿反应，并且激活中性白细胞和单核细胞释放细胞因子（即白细胞介素 1、白细胞介素 6 及肿瘤坏死因子）。这些细胞因子启动肌肉蛋白水解和肝脏蛋白合成（即 C－反应性蛋白、铜蓝蛋白、结合珠蛋白、纤维蛋白原和铁蛋白），这些组成身体对抗力。白细胞介素也激活淋巴细胞，引起适度的发热和嗜睡，还可减少血清铁水平。因此在急性阶段，如在美国军队的骑警训练（几周大强度训练、训练应激和剥夺睡眠）期间，血清铁降低（后来反弹），但血清铁蛋白升高。

（八）运动员低铁蛋白水平的原因

我们已清楚运动员训练有降低血清铁蛋白水平（即铁储存）的趋势，一些运动员，特别是女子长跑运动员可能易于出现缺铁性贫血。现在的问题是：为什么运动训练会降低铁的储存水平。理论上，训练至少以 7 种方式减少血清铁蛋白水平，这些都是生理因素而并非病理的因素。

（1）血液稀释。

（2）肌红蛋白增加。

（3）红细胞容积增加。

（4）铁摄入不足会导致胃肠出血。

（5）汗液中铁丢失。

（6）尿液中铁丢失。

（7）铁向肝脏转移。

三、钠与运动

运动员在热环境运动时，汗是排钠主要途径，每失汗 1 L 约失钠 1.4 g（0.2 ～ 2.6 g）。汗钠浓度随运动强度加大而增加，失钠也随之增多。当人体已适应热环境及运动量时，排钠量则会减少。一次大运动量的急性运动，可使血浆钠浓度明显增高，这与血液浓缩有关，因此在运动中不必补充钠盐。重复脱水的耐力训练可引起钠潴留，停训后钠排出则会增加。钠潴留可引起水的保留，这可能是引起血容量增加及“相对性”运动性贫血的原因。大量出汗引起钠丢失可高达 4 ～ 10 g，应及时补充。运动员采用饥饿来减体重的早期，尿会丢失一定量的钠。缺钠使细胞外液减少，严重时细胞内水分也有丢失，可出现食欲减退、恶心、肌肉无力、倦怠、头痛、心率加快、血压降低、精神淡漠及肌肉痉挛，严重时可致虚脱及呼吸衰竭。经常摄入过多食盐可引起高血压。钠主要来自食盐，每日供给量为 6 ～ 15 g。高温作业及热环境运动者，需要量相应增加。高血压、肾脏病、心脏病及肝硬化等患者要限制钠盐摄入。钠可以唤起饮水欲望，而且可以帮助维持血容量，因此，钠是运动饮料中的一种关键成分。维持血容量是影响运动能力的关键因素，与向细胞输送养分、清除细胞中的代谢副产物及维持出汗率有关。

钠和氯是膳食的主要成分，主要通过食盐摄入。它们在小肠上部被完全吸收，并由尿排泄。成年人体内钠总量为 1 g/kg 体重左右。正常情况下，成人每日摄入食盐（氯化钠）1.1 ～ 3.3 g 便可满足生理需要。人体很少缺乏钠和氯。但在热环境下工作，如人们在高温车间工作或运动员在炎热的夏天进行剧烈运动，都会因大量出汗而使盐分丢失较多。例如，运动员跑一次马拉松，汗中丢失的氯化钠可达 15 g 之多，如不及时补充就会出现缺乏现象。缺盐会出现软弱无力、易疲劳、眩晕、恶心、无食欲、心率加快等现象。严重时会出现肌肉痉挛、血压下降现象。因此，运动员在长时间运动中、运动后应适量补充含盐饮料。但是，长期摄入过多的盐分，易诱发高血压、水肿。

四、镁与运动

镁是多种细胞基本生化反应中必需的物质。因此，毫不奇怪，机体镁缺乏可导致严重的生化改变和症状。21 世纪 30 年代初，McCollum 及其同事首次在大鼠和狗中对镁缺乏做了系统观察。1934 年首次发表了关于在一些不同的疾病基础上少数患者发生镁缺乏的临床报道。实验研究和临床观察发现，镁离子与其他一些电解质、第二信使、激素受体、甲状旁腺激素的分泌和作用、维生素 D 和骨功能等之间存在相互关联。

镁作为辅助因子及许多酶的激活因子，在能量代谢反应中起重要作用。镁也与钙的能量代谢有关，具有维持神经和肌细胞膜之间的电梯度的作用。从事规律性运动可增加镁的流失量和需求量，因此近期人们开始关注运动员体内镁平衡问题。例如，汗液中丢失的镁浓度大于血液中镁浓度，人们不禁担心高温环境训练和比赛时，运动员因为大量流汗造成镁缺乏。人们常常认为镁缺乏是造成运动引起的肌痉挛的主要原因，但这一假设没有实验证据支撑。许多国家如德国此观点根深蒂固，运动饮料肯定定会添加镁元素，即使其他国家销售的同一产品没有添加镁盐。实验性镁元素缺乏可导致一系列症状出现，但不包括肌痉挛。

镁在多数食物中都存在，是人体代谢和维持神经与肌肉细胞电位差所必需的。镁参与 300 多种由食物合成新产物的反应，镁还是肌肉中糖、蛋白质与脂肪产生能量的关键性成分，因此镁与运动系统的正常运行息息相关。

【复习题】

1. 名词解释

矿物质、缺铁性贫血。

2. 简答题

（1）运动时铁离子的变化特点是什么？

（2）铁的生理功能是什么？

（3）钙是如何在体内代谢的？

（4）运动员低铁蛋白水平的原因是什么？

（5）钠的生理功能是什么？

（6）镁的生理功能是什么？

（7）铁的食物来源有哪些？

3. 论述题

（1）结合日常论述生活如何补铁。

（2）论述运动员铁的代谢特点是什么。

（3）论述钠和氯的补充与运动能力的关系是什么。

第六章

维生素与运动

第一节　维生素概论

一、维生素的概念

维生素又称维他命（vitamin），是人和动物为维持正常的生理功能而必须从食物中获得的一类微量有机物质，在人体生长、代谢、发育过程中发挥着重要的作用。维生素既不参与构成人体细胞，也不为人体提供能量。维生素是维持身体健康所必需的一类有机化合物。这类物质在体内既不是构成身体组织的原料，也不是能量的来源，而是一类调节物质，在物质代谢中起重要作用。维生素在体内含量很少，但却是维持人体正常功能所必需的一类营养素。维生素在体内主要是与蛋白质结合生成各种酶，催化体内各种化学反应。当体内维生素缺乏时，新陈代谢就不能正常进行，从而出现各种疾病。

二、维生素的特点

维生素种类虽然较多，但是它们一般都有以下共同特点：存在于天然食物中；在机体内不提供能量；一般不是机体的构造成分；机体只需要极少的数量即可满足维持正常生理功能的需要，但绝对不可缺少；机体的维生素含量一般不能充分满足机体需要，所以必须经常由食物来供给。

三、维生素的分类

维生素的家族很庞大，到目前为止，已发现的维生素有几十种，维生素根据其溶解性，通常分为两大类。

（一）脂溶性维生素

脂溶性维生素不溶于水，易溶于脂肪，包括维生素 A、维生素 D、维生素 E、维生素 K，其特点有以下几项。

（1）化学组成仅含碳、氢、氧3种元素。

（2）仅溶于脂肪和脂溶剂。

（3）在肠道随脂肪经淋巴系统吸收，大部分储存在脂肪组织，由胆汁少量排出体外。

（4）可以在肝脏等器官蓄积，排泄慢，过量可以引起中毒。

（5）短期缺乏用一般血液指标不易查出。

（二）水溶性维生素

水溶性维生素易溶于水，易被人体吸收，包括B族维生素和维生素C等。B族维生素包含维生素 B_1（硫胺素）、维生素 B_2（核黄素）、维生素 B_6（磷酸吡哆醛）、维生素 B_{12}（钴胺素）、烟酸（尼可酸）、泛酸、生物素等。其特点有以下几项。

（1）组成化学元素除碳、氢、氧外，还含有氮、硫、钴等。

（2）不在体内储存，当机体内这些维生素充裕时，多余部分便可通过尿液排出体外。

（3）是构成机体多种酶系的重要辅基或辅酶，参与机体糖、蛋白质、脂肪等多种代谢。

（4）正常膳食不会引起维生素过多而中毒，药物补充超出供给量标准数倍会引起过多症，严重时会出现中毒症状。

（5）血或尿样中的标记物可检测其代谢状况。

四、维生素缺乏的原因

1. **食物供应严重不足，摄入不足**　食物单一、储存不当、烹饪破坏等，如叶酸受热损失。

2. **吸收利用降低**　消化系统疾病或摄入脂肪量过少从而影响脂溶性维生素的吸收。

3. **维生素需要量相对增高**　妊娠和哺乳期妇女、儿童、特殊工种、特殊环境下的人群。

4. **不合理使用抗生素**　抗生素的不合理使用会导致对维生素的需要量增加。

五、维生素的生理功能

维生素是身体必需的有机成分，少量的维生素能够保证机体维持正常生命状态。人体无法自行合成这些有机成分，只能通过饮食获取。许多维生素，尤其是B族维生素，可辅助了人体能量代谢的反应，如糖酵解、三羧酸循环、脂肪酸的氧化反应及氧化磷酸化。维生素C可激活调节肉毒碱合成酶，将脂肪酸转运入线粒体，从而发生氧化反应。其他的B族维生素与血液和肌肉的氧运输有关，可作为亚铁血红素合成的辅助因子。这些维生素的严重缺失会影响到酶的活性，进而影响身体功能和健康。大部分维生素受到关注是因为饮食中维生素含量不足造成的维生素缺乏性疾病。轻微的维生素缺乏对于普通人来说影响不大，但是对于由几秒或几米决定成绩的高水平运动员来说却是至关重要的。

六、常见维生素

目前已发现的主要的维生素共有 20 多种，它们具有不同的化学结构。主要的维生素有维生素 A、B 族维生素、维生素 C、维生素 D、维生素 E 和维生素 K 等。维生素 A、维生素 D、维生素 E、维生素 K 都不溶于水，只溶于脂肪，称为脂溶性维生素。而 B 族维生素和维生素 C 可溶于水，称为水溶性维生素。

（一）维生素 A

1. 维生素 A 的概述　维生素 A（vitamin A）又名视黄醇，它和胡萝卜素都对热和酸碱稳定，胡萝卜素在小肠黏膜内可变为维生素 A，一般烹调和制罐头过程中两者不易被破坏，但易被空气中的氧所氧化，特别是在高温条件下，紫外线可促进此氧化过程。食物中含有磷脂、维生素 E、抗坏血酸或其他抗氧化剂时，维生素 A 和胡萝卜素较为稳定。

2. 维生素 A 的生理功能　维生素 A 是人体必需的微量营养素，它与视觉有重要的关系，当体内维生素 A 缺乏时，可出现夜盲症。维生素 A 在维持上皮完整、视觉发育、生长发育、脑发育等生理功能方面均有重要作用，维生素 A 及其类似物还有阻止癌前期病变的作用。

（1）维生素 A 对视觉的作用：维生素 A 与正常视觉有密切关系。眼的光感受器是视网膜中的杆状细胞和锥状细胞，在这两种细胞中都存在着对光敏感的色素，而这些色素的形成和表现出的生理功能均有赖于适量维生素 A 的存在。暗适应时间长短决定于照射光的波长、强度和时间。若将光照条件固定，则暗适应的快慢取决于机体内维生素 A 的充足与否。若维生素 A 充足，则视紫红质的再生快而完全；若维生素 A 缺乏，则视紫红质的再生慢而不完全，于是产生夜盲症。

（2）维生素 A 对上皮细胞形成的作用：维生素 A 的第二个重要生理功能就是与上皮细胞的正常形成有关。近年来，通过体外实验证明肝脏中存在着一种含视黄醇－磷酸－甘露糖的糖脂，这说明维生素 A 可能通过糖基转移酶的作用影响上皮细胞中糖蛋白的生物合成，因此维生素 A 不足可以影响上皮细胞的正常结构。

（3）维生素 A 的其他作用：有研究发现，维生素 A 与儿童感染性疾病关系密切，反复呼吸道感染、支气管肺炎和手足口病患儿普遍存在维生素 A 缺乏的现象。

3. 维生素 A 的需要量　根据我国人民营养素供给量建议成年男女和 5 岁以上儿童每天维生素 A 需要量为 2 200 U，相当 660 μg 维生素 A，或胡萝卜素 4 mg。对于那些视力要求高度集中的运动项目，如击剑、射击、摩托车、乒乓球、游泳等运动员，维生素 A 的需要量为 8 000 U/d，而一般运动员需要量为 5 000 U/d，在大运动量训练时维生素 A 需要量，每天可增到 10 000 ～ 12 000 U。

4. 维生素 A 失调

（1）维生素 A 缺乏病：如角膜软化、干眼病、皮肤粗糙、夜盲症及牙周溢脓、消化道及呼吸道感染等。首先出现暗适应能力降低及夜盲症。其次出现一系列影响上皮组织正常发育的症状，如毛囊角化症。再次皮肤出现棘状丘疹，异常粗糙。最后引起干眼病。此病进一步发展，则可成为角膜软化及角膜溃疡，还可出现结膜皱褶和比托斑。此外，呼吸道上皮细胞的角化和失去纤毛，可使呼吸道的抵抗力降低，从而易被细菌侵袭，特别是儿童可因此而引起支气管肺炎，严重时可导致死亡。

（2）维生素 A 过多症：主要症状为厌食、过度兴奋、长骨末端外周部分疼痛、肢端动作受限制、头发稀疏、肝大、肌肉僵硬和皮肤瘙痒症。维生素 A 中毒还可使肝脏造成不可恢复的损伤，导致肝细胞坏死、纤维化和肝硬化。每人每日摄入 75 000 ～ 500 000 U（22 500 ～ 150 000 μg）维生素 A 3 ～ 6 个月后，即可出现上述中毒现象，但大多数系摄入纯维生素 A 制剂引起，通过普通食物一般不会引起维生素 A 过多症。

5. **维生素 A 的食物来源** 维生素 A 最好的来源是各种动物肝脏、鱼肝油、鱼卵、全奶、奶油、禽蛋等。胡萝卜素的良好来源是一般的有色蔬菜，如菠菜、苜蓿、豌豆苗、红心甜薯、胡萝卜、辣椒、冬苋菜及水果中的杏子及柿子等。

（二）维生素 D

1. **维生素 D 的概述** 维生素 D（vitamin D）主要包括维生素 D_2 和维生素 D_3。前者是麦角固醇经紫外光照射后转变而成的，后者是 7 – 脱氢胆固醇经紫外光照射后的产物。肠中钙离子吸收需要一种钙结合蛋白。1, 25 – $(OH)_2$ – D_3 可诱导此蛋白合成，促进钙离子吸收，促进钙盐的更新及新骨生成，也促进磷的吸收与肾小管细胞对钙、磷的重吸收，故可提高血钙、血磷浓度，有利于新骨生成和钙化。此外，维生素 D 还有促进皮肤细胞生长、分化及调节免疫功能作用。

（1）维生素 D_2：麦角钙化醇（ergocalciferol）是维生素 D_2 的化学名，麦角钙化醇是甾体在光化学作用下发生化学键断裂所形成的开环甾体，特别是可以通过紫外线和麦角固醇作用下产生。麦角钙化醇也许可以作为饮食补充剂来补充维生素 D，麦角钙化醇和皮肤在紫外线照射下产生的胆钙化醇（维生素 D_3）同样有效。维生素 D_2 由小肠吸收，其吸收需胆盐与特殊 α – 球蛋白结合后转运到身体其他部位，储存于肝和脂肪。代谢、活化首先通过肝脏，其次为肾脏。作用开始时间为 12 ～ 24 h，治疗效应需 10 ～ 14 d。

（2）维生素 D_3：人和动物的皮肤和脂肪组织中都含有 7 – 脱氢胆固醇，故皮肤经紫外光照射后即可形成维生素 D_3，然后被运往肝、肾，转化为具有生理活性的形式后，再发挥其生理作用。纯制的维生素 D_3 为白色晶体，能溶于脂肪及脂肪溶剂，在中性及碱性溶液中能耐高温和氧化，在 130℃下加热 90 min，其生理活性仍然保存。其在酸性溶液中则逐渐被分解，故通常的烹调加工不会引起维生素 D_3 的损失，但脂肪酸败可引起维生素 D_3 的破坏。维生素 D_3 对骨骼形成极为重要，它不仅促进钙和磷在肠道的吸收，还作用于骨骼组织，使钙磷最终成为骨质的基本结构。

2. **维生素 D 的生理功能**

（1）维持血清钙、磷浓度的稳定：血钙浓度低时，诱导甲状旁腺素分泌，将其释放至肾及骨细胞。在肾中甲状旁腺素除刺激 1 位羧化酶与抑制 24 位羧基化酶外，还促使磷从尿中排出，钙在肾小管中再吸收。在骨中甲状旁腺素与 1, 25 – $(OH)_2$ – D_3 协同作用，将钙从骨中动员出来。在小肠中 1, 25 – $(OH)_2$ – D_3 促进钙的吸收。从这 3 条途径既可使血钙恢复到正常水平，又可反馈控制甲状旁腺素的分泌及 1, 25 – $(OH)_2$ – D_3 的合成。在血钙高时刺激滤泡旁细胞，产生降钙素，阻止钙从骨中动员出来，并促使钙及磷从尿中排出。小肠吸收磷为主动吸收，需要能量，钠、葡萄糖、1, 25 – $(OH)_2$ – D_3 及血清磷低时（8 mg% 以下），刺激 1, 25 – $(OH)_2$ – D_3 的合成，从而促进小肠对钙、磷的吸收。甲状旁腺素不参加反应，所以钙从尿中排出而磷不排出，从而使血钙略有上升，而磷上升较多，使血磷恢复正常值。

（2）促进妇女在妊娠期及哺乳期输送钙到子体：1 位羧化酶除受血清中钙、磷浓度及膳食中钙、磷供给量的影响外，还受激素的影响。停经后的妇女 1, 25 – $(OH)_2$ – D_3 浓度减低，易有骨质软化等症状，这是闭经后女性容易骨钙流失和骨质松散的主要诱因。

维生素 D 对于钙磷平衡和骨骼健康的意义众所周知，近年来维生素 D 在骨骼外的作用也逐渐被了解。许多横断面研究发现，维生素 D 缺乏患者常见肌痛、肌力减低、体能降低、跌倒增加、肌肉形态学改变等。关于维生素 D 调控肌细胞功能的机制研究从未停止，目前也开展了大量临床研究，但补充维生素 D 对于改善肌肉功能、减少跌倒与骨折等的结果并不一致。

3. 维生素 D 的需要量　目前，国内食物成分表缺少维生素 D 的数据，而皮肤合成量也难以估计，据此中国营养学会对我国居民推荐膳食维生素 D 的摄取量（1 μg = 40 U）是：7 ～ 10 岁儿童为 10 μg/d；11 ～ 17 岁和成年人均为 5 μg/d；50 岁以上的中老年人为 100 μg/d。

4. 维生素 D 失调

（1）维生素 D 缺乏：一般成年人经常接触日光不致发生缺乏病，婴幼儿、孕妇、乳母及不常到户外活动的老人要增加维生素 D 供给量到每日 10 μg（相当 400 U）。缺乏维生素 D 的儿童可患佝偻病；成人可患骨质软化症、体内钙磷代谢障碍、软骨病和骨质疏松性骨折等骨骼系统疾病，而且还可能引起癌症、免疫系统疾病、心血管疾病、代谢性疾病（2 型糖尿病和肥胖症）、肌肉功能障碍和跌倒等其他骨外系统疾病。

佝偻病是因为维生素 D 缺乏引起的典型疾病，多发于婴幼儿，主要表现为神经精神症状和骨骼的变化，主要临床表现为骨骼的软骨连接处及骨骺部位增大，在临床上可观察到肋骨串珠样改变和鸡胸，长骨的骨骺增大。婴儿的颅骨可因经常枕睡而变形；腿部因受全身重量的压力而弯曲。如果佝偻病发生较早，婴儿起坐又早，亦可出现脊柱弯曲，额骨及顶骨隆起则可出现方颅。另外，还可出现囟门闭合迟缓，胸腹部之间由于膈肌的拉力使下部肋骨内陷。

维生素 D 的缺乏在神经精神症状上表现为多汗、夜惊、易激惹。骨骼的变化与年龄、生长速率及维生素 D 缺乏的程度等因素有关。维生素 D 缺乏还可出现骨软化症。骨软化症多发生于成人，多见于妊娠多产的妇女及体弱多病的老人。最常见的症状是骨痛、肌无力和骨压痛。

（2）维生素 D 过多：摄入维生素 D 过多，可引起维生素 D 过多症，成年人每天摄入 100 000 U 或儿童摄入 400 000 U 即可发生。维生素D过多症的临床表现为食欲下降、恶心呕吐、腹泻头痛、多尿和由此引起的极度烦渴。慢性中毒会出现体重减轻、皮肤苍白、便秘和腹泻交替发生、发热及骨化过度。如每天摄入量超过 50 μg（相当于规定标准的 5 倍），则会产生高钙血症和肾结石。

5. *维生素D的食物来源* 食物来源以含脂肪高的海鱼、动物肝、蛋黄、奶油相对较多，鱼肝油中含量高。鱼肝油是维生素D最丰富的来源。天然食物的维生素D含量较低，相对而言，动物性食物中维生素D的含量较高，如海产鱼和鱼卵（500 U/100 g）、肝脏（炖鸡肝和烤羊肝分别为 67 和 23 U/100 g）、鸡蛋（49 U/100 g）、奶油（含脂肪 31.3% 为 50 U/100 g）；瘦肉、奶、坚果中含微量维生素 D；人奶和牛奶中维生素的含量较低；蔬菜和谷物几乎不含维生素 D。对一般成年人而言，经常接受光照就是取得维生素 D_3 最好的来源，一般不需要再行补充。

6. *维生素D对运动能力的影响* 规律的体育锻炼和平衡膳食营养能壮大肌肉和强健骨骼。维生素D有助于钙的吸收，从而维持骨骼的健康和肌肉的功能；有助于维持正常的血液钙磷平衡，维持神经肌肉兴奋、细胞代谢及蛋白质的合成等。研究发现，室内项目运动员容易缺乏维生素 D，尤其是体操、跳水等运动员，不合理的控制体重更容易加剧维生素 D 的缺乏；另外，生活在北方缺乏日照的运动员也容易缺乏维生素 D。运动训练的特殊应激往往对维生素D需要量增加。一些研究发现，运动员运动能力具有季节性，如一些运动员运动能力最好的时间在仲夏季节（也是阳光最充足的时间段），然后在初秋季节运动能力开始下降，同时血清 $1,25-(OH)_2-D_3$ 水平也降低，在寒冷的冬季，当阳光减弱时，$1,25-(OH)_2-D_3$ 处于最低水平，同样运动能力也较低。这种现象表明充足维生素 D 水平与最佳的运动能力是相呼应的。也有些研究表明，维生素 D 能增加骨骼肌Ⅱ型肌纤维的尺寸和数量，有助于提高运动能力。

（三）维生素E

1. *维生素E的概述* 维生素 E（vitamin E）由一组脂溶性化合物 α、β、γ 和 δ 型生育酚组成，通用名称为生育酚（tocopherol），目前已知有 8 种不同的生育酚和生育三烯酚，其均具有维生素E的活性，其中α–生育酚的效力最大。α–生育酚为黄色油状液体，溶于脂肪及脂溶剂，对热及酸稳定，对碱不稳定，可缓慢被氧化破坏，在酸败的脂肪中维生素 E 容易被破坏。α–生育酚广泛地分布于动植物组织中，特别良好的来源为麦胚油、棉籽油、玉米油、花生油及芝麻油，绿莴苣叶及柑橘皮 α–生育酚含量也很多。几乎所有绿叶植物都含有此种维生素。α–生育酚也存在于肉、奶油、奶、蛋及鱼肝油中。生育酚的吸收与其他脂溶性维生素相似，需要胆盐及脂肪存在。维生素 E 可维持细胞完整性，能保护红细胞的不饱和脂肪酸免受氧化破坏，可防止红细胞破裂造成的溶血；对线粒体及微粒体内的含硒蛋白、非血红蛋白的含铁蛋白等的氧化有抑制作用。

2. *维生素E的生理功能* 维生素 E 是动物机体内必需的一类脂溶性维生素，它具有抗氧化、抗应激、增强机体免疫力及繁殖力等生物学功能。

（1）维生素 E 是维持骨骼肌、心肌、平滑肌及外周血管系统的构造和功能所必需的。

（2）维生素 E 可维持细胞完整性，能保护红细胞的不饱和脂肪酸免受氧化破坏，可防止红细胞破裂造成的溶血；对线粒体及微粒体内的含硒蛋白、非血红蛋白的含铁蛋白等的氧化有抑制作用。

（3）维生素 E 还与动物生殖功能有关。

3. **维生素 E 的需要量** 美国建议膳食中维生素 E 的供给量成年男子为 15 U，成年女子为 12 U，老年人为 12 U。1 U 维生素 E 相当于 α-生育酚纯品 1.1 mg，每摄入 1 g 多不饱和脂肪酸应摄入 0.4 mg 维生素 E。

4. **维生素 E 失调**

（1）维生素 E 缺乏：维生素 E 将引起肌肉营养不良，同时伴有肌肉的耗氧量增高和化学成分及功能的改变。在动物研究中，缺乏维生素 E 时雄鼠睾丸萎缩不能生成精子，雌鼠胚胎及胎盘会萎缩而被吸收，引起流产，故临床曾用维生素 E 治疗先兆流产与习惯性流产，但效果不明确。早产儿易患维生素 E 缺乏，可有溶血性贫血。

缺乏维生素 E 可引起核酸代谢的紊乱，表现为尿囊素的排出量增高，组织中核酸含量下降。人类长期食用缺乏维生素 E 的膳食后，可发生巨细胞性溶血性贫血。体外试验显示，红细胞对 H_2O_2 引起的溶血比正常人敏感，红细胞的寿命也比正常人微短；但未观察到明显临床表现。维生素 E 缺乏还可引起细胞水肿、网状细胞增生症、血小板增多症。缺乏维生素 E 可影响胶原代谢，主要是影响胶原肽链中分子间及分子内交联的形成。缺乏维生素 E 可使某些分解代谢酶系统的活力增高，如脱氧核糖核酸酶、核糖核酸酶、芳香基硫酸酯酶、组织蛋白酶及磷酸肌酸激酶等。维生素 E 对人体的作用是多方面的，特别对竞技能力有很大的意义。

（2）维生素 E 过量：常规饮食一般不会引起维生素 E 摄入过多，但是过量服用维生素 E 可引起某些危害。过量服用维生素 E 可能引起血栓性静脉炎或肺栓塞，或两者同时发生，这是由于大剂量维生素 E 可引起血小板聚集和形成而造成的。过量服用维生素 E 还可能引起血压升高；引起激素代谢紊乱，男女性均可出现乳房肥大症状；可能会增加心血管疾病的发病几率；糖尿病或心绞痛症状明显加重。

5. **维生素 E 的食物来源** 维生素 E 广泛地分布于动植物组织中，含量最为丰富的是小麦胚芽。大部分压榨植物油，如麦胚油、棉籽油、玉米油、花生油、橄榄油、山茶油及芝麻油中含有维生素 E。此外，鱼肝油中也含有较多的维生素 E。维生素 E 也存在于坚果、肉、奶油、奶、蛋中，绿莴苣叶及柑橘皮含维生素 E 也很多。含有维生素 E 的果蔬包括猕猴桃、菠菜、卷心菜、莴苣、甘薯、山药。含有维生素 E 的坚果主要包括杏仁、榛子和胡桃。

（四）维生素 K

1. **维生素 K 的概述** 维生素 K（vitamin K）是一种脂溶性维生素，参与肝脏中凝血酶原及血液凝固系统中其他数种因子的合成，故又称抗出血维生素。化学结构的主体为萘醌。维生素 K 有 3 种基本形式：维生素 K_1 为叶绿醌，广泛存在于蔬菜等绿色植物中。维生素 K_2 可从动物体中分离出来，是带有异戊二烯支链的多异戊烯萘醌，简称萘醌

n（MK_n），n 代表戊二烯支链的数目，许多细菌产物属于这一类型。MK_4、MK_5、MK_7 与维生素 K_1 生物活性相等。MK_1 只有维生素 K_1 的 1% 活性。维生素 K_3 是人工合成的产物，在哺乳动物及鸟类体内可变成 MK_4。上述 3 种类型的维生素 K 都易被碱及光破坏。有些维生素 K 的衍生物如维生素 K_3 磷酸酯、琥珀酸酯或亚硫酸氢盐均具有水溶性，可作为肠外用制剂。甲基萘氢醌乙酸酯具有较高的维生素 K 活性且对光不敏感。

2. 维生素 K 的生理功能 维生素 K 在体内有着较为广泛的生理作用。维生素 K 主要是参与凝血作用，故又称凝血维生素。它的作用是在肝内促进凝血因子Ⅱ（凝血酶原）、凝血因子Ⅶ、凝血因子Ⅸ和凝血因子Ⅹ的形成，并能促进纤维蛋白原转变成纤维蛋白。由于维生素 K 在凝血作用中的重要性，维生素 K 在体内缺乏时可引起凝血障碍。临床表现为凝血酶原减少、凝血时间增长、易于发生出血。除新生儿外，人类原发性维生素 K 缺乏较为罕见。维生素 K 广泛存在于食物中且肠道细菌也能合成，单纯因膳食中供应不足极为少见，但下述情况可发生继发性缺乏：① 黄疸，特别是阻塞性黄疸，因肠内缺乏胆汁而影响了脂肪和维生素 K 的吸收。② 肝脏病，如肝癌、肝硬化及其他肝损害，使维生素 K 无法发挥作用，合成凝血酶原的能力降低。③ 消化机能障碍，如慢性肠炎、痢疾、脂肪痢等，使肠黏膜吸收功能减退。④ 长期服用磺胺等药物和广谱抗生素，抑制了肠道细菌生长，从而影响维生素 K 的生物合成。

3. 维生素 K 的需要量 根据《中国居民膳食营养素参考摄入量》（2013 版）的建议，不同年龄段及人群的维生素 K 的适宜摄取量分别为：0 ～ 0.5 岁为 2 μg/d、0.5 ～ 1 岁为 10 μg/d、1 ～ 4 岁为 30 μg/d、4 ～ 7 岁为 40 μg/d、7 ～ 11 岁为 50 μg/d、11 ～ 14 岁为 70 μg/d、14 ～ 18 岁为 75 μg/d、18 岁以上为 80 μg/d；孕妇为 80 μg/d、哺乳期女性为 85 μg/d。

4. 维生素 K 失调

（1）维生素 K 缺乏：如果缺乏维生素 K，肝脏所产生凝血酶原就会减少，血中几种有助于凝血的因子的含量就会降低，从而使出血后血液凝固发生障碍，轻者凝血时间延长，重者可有显著出血情况，如皮下可出现紫癜或瘀斑、齿龈出血、创伤后流血不止。

（2）维生素 K 过量：常规饮食一般不会引起维生素 K 入过多，但是过量服用维生素 E 可引起某些危害。服用过量维生素 K，孕妇可产生溶血性贫血，新生儿会出现高胆红素血症，甚至黄疸；可诱发老年人的溶血性贫血、过敏性皮炎等。

4. 维生素 K 的食物来源 肠道（回肠）细菌合成占 50% ～ 60%，使用抗生素抑制回肠细菌生长能影响维生素 K 来源。食物来源占 40% ～ 50%，主要是绿叶蔬菜（苜蓿、菠菜等），其次是奶类，肉类及动物肝中含量较丰富，水果及谷类含量低。

（五）维生素 B_1（vitamin B_1）

1. 维生素 B_1 概述 维生素 B_1（vitamin B_1）又称硫胺素或抗神经炎维生素或抗脚气病维生素，为白色晶体，在有氧化剂存在时容易被氧化产生脱氢硫胺素，后者在紫外光照射时呈现蓝色荧光。维生素 B_1 有微弱的特臭，味苦，有引湿性，露置在空气中，易吸收水分。维生素 B_1 在碱性溶液中容易分解变质。pH 在 3.5 时可耐 100℃高温，pH >

5 时易失效。其遇光和热效价下降，故应置于遮光，凉处保存，不宜久储。其在酸性溶液中很稳定，在碱性溶液中不稳定，易被氧化和受热破坏。还原性物质亚硫酸盐、二氧化硫等能使维生素 B_1 失活。

维生素 B_1 对氧气稳定，比较耐热，在酸性介质中极其稳定，在 pH 为 3 时，即使高压蒸煮至 140℃经 1 h 也很少破坏；在碱性介质中则对热极不稳定，在 pH ＞ 7 的情况下煮沸，可以使其大部分或全部破坏；甚至在室温下储存，亦可逐渐破坏。故在煮粥、煮豆或蒸馒头时，若加入过量的碱，维生素 B_1 会大量损失。酸盐在中性及碱性介质中能加速维生素 B_1 的分解破坏。

2. 维生素 B_1 的生理功能 维生素 B_1 的主要生理功能是促进成长；帮助消化，特别是糖类的消化；改善精神状况；维持神经组织、肌肉、心脏活动的正常；减轻晕机、晕船；可缓解有关牙科手术后的痛苦；有助于对带状疱疹的治疗。

维生素 B_1 参与细胞中糖的中间代谢，以维生素 B_1 焦磷酸酯的形式作为脱羧酶系统的辅酶，参与 α－酮酸（如丙酮酸或 α－酮戊二酸）脱羧反应；维生素 B_1 还可刺激胃的收缩，促进胃内容物的排空。

3. 维生素 B_1 的需要量 由于维生素 B_1 的需要量与机体热能摄入量成正比，所以一般认为维生素 B_1 的供给量应按照热能总摄入量来考虑，以每千卡热能相应供给若干毫克维生素 B_1 较为合理。每千卡热能所需维生素的毫克数称为营养密度。世界卫生组织资料表明，膳食中维生素 B_1 低于 0.3 mg/kcal，即可引起脚气病，大多数脚气病患者膳食中维生素 B_1 含量低于 0.25 mg/kcal。目前多数国家供给量标准皆为 0.5 mg/kcal。维生素 B_1 的上限值为 50 mg/d。我国最近发布的正常男、女的膳食参考摄入量分别是 1.4 mg/d 和 1.3 mg/d。在体育运动时，糖代谢增强，维生素 B_1 的需要量也增加，因此，运动员要多补充一些维生素 B_1，推荐的运动员维生素 B_1 的适宜摄入量是 3 ～ 5 mg/d，或 1 mg/kcal。

4. 维生素 B_1 失调

（1）维生素 B_1 缺乏：若机体中维生素 B_1 不足，可出现水肿、脚气病、神经性皮炎等。人类长期大量食用碾磨过分精白的米和面粉，而又缺乏其他杂粮和多种副食品的补充，就容易造成维生素 B_1 的缺乏而患脚气病。在高能量膳食中由于绝大部分能量又来自糖类，这将更加速缺乏病的发展。成人脚气病临床表现特征是多发性神经炎、肌肉萎缩及水肿。首先出现体弱及疲倦，然后出现头痛、失眠、眩晕、食欲不佳及其他胃肠症状和心动过速。正常人群中，也可出现许多轻度的维生素 B_1 缺乏，但容易被忽略。它的主要症状包括食欲缺乏、肌肉软弱无力、肢体疼痛和感觉异常、易水肿、血压下降和体温降低。通过仔细研究病人的饮食情况及测定红细胞转酮醇酶的活性便可明确诊断。它的生理功能是能增进食欲，维持神经正常活动等。

（2）维生素 B_1 过量：常规饮食一般不会引起维生素 B_1 入过多，但是过量服用维生素 B_1 可能引起头痛、眼花、烦躁、心律失常、浮肿和神经衰弱。临床上，若女性大量使用维生素 B_1 会引起出血不止。大量服用维生素 B_1 还会引起另外一种 B 族维生素（烟酸）的缺乏。

5. 维生素 B_1 的食物来源 含维生素 B_1 丰富的食物有谷类、豆类、酵母、干果及硬果、动物心脏、肝、肾、脑、瘦猪肉及蛋类；蔬菜较水果含维生素 B_1 稍多，尤其是芹菜叶及莴苣叶含量较为丰富；谷类食物中，全粒谷物富含维生素 B_1，杂粮的维生素 B_1 也较多；根茎类中甘薯及马铃薯的维生素 B_1 含量虽不突出，但若作为主食用，也是维生素 B_1 的重要来源。

（六）维生素 B_2

1. 维生素 B_2 的概述 维生素 B_2（vitamin B_2）又称核黄素（riboflavin）为橙黄色结晶化合物，溶于水，水溶液呈现黄绿色荧光，对热稳定，在中性和酸性溶液中，即使短期高压加热，亦不至于破坏；在 120℃下加热 6 h，仅有少量破坏。在碱性溶液中则较易破坏，游离维生素 B_2 对光敏感，与磷酸和蛋白质等结合而成的维生素 B_2 复合化合物，此种结合型维生素 B_2 对光比较稳定。维生素 B_2 转化为 FMN、FAD，从而作为生物体中许多重要酶类的组成成分。这些辅酶与特定蛋白质结合，形成黄素蛋白，黄素蛋白是生物氧化过程中不可缺少的物质。维生素 B_2 形成的活性辅基通常为 FAD 和 FMN，与各种酶蛋白结合形成各种黄素蛋白，并且作为电子转移系统参与机体中复杂的生物体内的氧化还原反应。维生素 B_2 为很多呼吸酶系统的组成部分，所以与能量代谢有着密切的关系。

2. 维生素 B_2 的生理功能

（1）参与体内生物氧化与能量代谢，与碳水化合物、蛋白质、核酸和脂肪的代谢有关，可提高肌体对蛋白质的利用率，促进生长发育，维护皮肤和细胞膜的完整性。具有保护皮肤毛囊粘膜及皮脂腺的功能。

（2）参与细胞的生长代谢，是肌体组织代谢和修复的必须营养素，如强化肝功能、调节肾上腺素的分泌。

（3）参与维生素 B_6 和烟酸的代谢，是 B 族维生素协调作用的典范。黄素腺嘌呤二核苷酸（FAD）和黄素单核苷酸（FMN）作为辅基参与色氨酸转化为尼克酸，维生素 B_6 转化为磷酸吡哆醛的过程。

（4）与机体铁的吸收、储存和动员有关。

（5）还具有抗氧化活性，这可能与黄素酶 – 谷胱甘肽还原酶有关。

3. 维生素 B_2 的需要量 世界卫生组织建议维生素 B_2 供给量标准为 0.5 mg/1 000 kcal。美国成年男、女的推荐量分别为 1.5 ～ 1.7 mg/d 和 1.2 ～ 1.3 mg/d。我国居民膳食维生素 B_2 推荐摄入量正常男、女分别为 1.4 和 1.2 mg/d，儿童的推荐量为 1 ～ 1.2 mg/d，少年男、女的推荐量分别是 1.4 和 1.2 mg/d。维生素 B_2 的最高吸收的上限值为 27 mg，肾脏对维生素 B_2 的重吸收也有一定的阈值，超过阈值的摄入量会大量排出。运动员比一般人要多服一些维生素 B_2，维生素 B_2 适宜摄入量为 2 ～ 2.5 mg/d，大运动量训练时和儿童、青少年业余运动员更应该关注维生素 B_2 的营养状况。

4. 维生素 B_2 失调

（1）维生素 B_2 缺乏：机体轻微缺乏维生素 B_2 不会出现明显症状，但是严重缺乏维生素 B_2 时会出现口腔、唇、皮肤、生殖器的炎症和机能障碍，称为核黄素缺乏病，又称为口腔－生殖综合征（orogenital syndrome），常伴有其他 B 族维生素缺乏症状。长期缺乏维生素 B_2 会导致儿童生长迟缓，轻中度缺铁性贫血。

（2）维生素 B_2 过量：过量服用维生素 B 可能引起瘙痒、麻痹、流鼻血、灼热感、刺痛等，还会减少氨甲喋呤（methotrexate）等抗癌药的药效。

5. 维生素 B_2 的食物来源　维生素 B_2 主要存在于动物内脏中（如肝、肾、心等），酵母、牛奶及蛋类含核黄素也较多，坚果类食品（如核桃、栗子、松子、花生、瓜子等）含量也较。许多绿叶蔬菜和豆类含量也多，谷类和一般蔬菜含量较少，但有些野菜中也含有丰富的维生素 B_2，某些调味品和菌藻类食物虽然含量很高，但由于食用量少或不常吃，不能作为供给维生素 B_2 的主要来源。

（七）维生素 B_6

1. 维生素 B_6 的概述　维生素 B_6（vitamin B_6）在组织中经磷酸化成为磷酸吡哆醛，并作为生物机体内很多重要酶系统的辅酶，参与的生化过程有氨基酸的脱羧基作用、氨基转移作用、色氨酸代谢、含硫氨基酸代谢和不饱和脂酸代谢等。其与蛋白质和脂肪代谢的关系非常密切，有人观察到在治疗某些皮炎时，若以维生素 B_6 与多不饱和脂酸合并应用，则疗效更加显著。调节中枢神经系统，维持皮肤健康。

2. 维生素 B_6 的生理功能　维生素 B_6 是 60 多种酶系的组成成分，它还与血红蛋白、肌红蛋白细胞色素的生成有关，维生素 B_6 还能促进运动时糖异生作用，防止运动性低血糖的发生，维生素 B_6 能提高人体的有氧耐力。维生素 B_6 还有调节中枢神经系统、维持皮肤健康的作用。

3. 维生素 B_6 的需要量　一般而言，人与动物的肠道中微生物（细菌），可合成维生素 B_6，但其量甚微，还是要从食物中补充。其需要量与蛋白质摄食量很有关系，吃大鱼大肉的人，应记住要大量补充维生素 B_6，以免造成维生素 B_6 缺从而导致慢性病的发生。因此男性成人摄入量为 2.0 mg，妇女为 1.6 mg，婴儿为 0.3 ～ 0.6 mg。

4. 维生素 B_6 缺乏

（1）可能引起脂溢性皮炎。皮疹可能出现在头皮、面部、颈部和胸部上部，可能会引起肿胀或白色斑块。

（2）可能引起嘴唇疼痛、红肿、嘴角开裂，破裂的区域可能会流血并感染。除了非常疼痛，嘴唇开裂和疼痛还会让吃饭和说话等活动变得困难。

（3）可能引起舌炎，表现出舌头肿胀、疼痛、发炎或发红，引起咀嚼、吞咽和说话困难。

（4）可能引起抑郁、焦虑、易怒和增加疼痛感。

（5）可能引起对抗感染所需的抗体减少，机体免疫功能下降。

（6）可能引起疲倦和乏力。维生素 B_6 参与血红蛋白的制造，缺乏有可能引起血红蛋白含量下降，进而降低血液运输氧气能力，导致有氧氧化供能不足，机体容易疲倦和乏力。

（7）可能引起周围神经病变，手臂、腿、手和脚有灼烧和刺痛感，描述为“如坐针毡”的感觉。周围神经病变也可能导致动作笨拙、平衡失调和行走困难。

（8）可能引起癫痫发作。缺乏维生素 B_6 就不能产生足够的镇定神经递质 GABA，因此大脑可能会受到过度刺激，诱发癫痫发作。

5. 维生素 B_6 的食物来源 维生素 B_6 的食物来源很广泛，动物性、植物性食物中均含有。通常肉类、全谷类产品（特别是小麦）、蔬菜和坚果类中含量较高。动物性来源的食物中维生素 B_6 的生物利用率优于植物性来源的食物。在动物性及植物性食物中含量均微，酵母粉含量最多，米糠或白米含量亦不少，肉类、家禽、鱼、马铃薯、甜薯、蔬菜中的含量次之。

（八）叶酸

1. 叶酸的概述 叶酸（folic acid）是一种水溶性维生素，1941 年首次从菠菜叶中提取纯化的，故而命名为叶酸。叶酸具有促进骨髓中幼细胞成熟的作用，人类如果缺乏叶酸可引起巨红细胞性贫血以及白细胞减少症，其对孕妇尤其重要。

2. 叶酸的生理功能 参与遗传物质和蛋白质的代谢；影响动物繁殖性能；影响动物胰腺的分泌；促进动物的生长；提高机体免疫力。

3. 叶酸的需要量 世界卫生组织推荐的叶酸摄取量：成人为 200 μg/d，孕妇和哺乳期妇女为 400 μg/d。

4. 叶酸缺乏 由于叶酸与维生素 B_{12} 在生成健康的红细胞过程中共同起作用，所以缺乏叶酸会导致巨幼红细胞贫血，其他缺乏症状包括胃肠不适（腹泻、吸收障碍、疼痛）及舌头肿胀、发红。尽管如此，运动员要参加各种高强度体育活动，所以组织更新速度大于普通人，而且有证据表明，运动员的红细胞更新速度大于非运动员，所以有充分的理由证明，运动员摄入足量叶酸是必要的，而且最好的办法是通过经常进食新鲜的水果与蔬菜来获取。如果这种途径无法实现，依照膳食参考摄入量（400 μg/d）的推荐进行日常补充也是维持叶酸正常状态的有效途径。

5. 叶酸的食物来源 叶酸广泛存在于食物中，叶酸含量丰富的食物有肝脏、酵母、多叶蔬菜、水果与豆类。目前，美国的谷物产品（面包、麦片粥、意大利面条）中也进行了叶酸的强化。家庭食品通常的制作方法与长时间的储存，很容易破坏叶酸，因此新鲜食物通常是最富含叶酸的。

（九）生物素

1. 生物素的概述 生物素又称维生素 H、辅酶 R，是水溶性维生素，也属于 B 族维生素（维生素 B_7）。它是合成维生素 C 的必要物质，是脂肪和蛋白质正常代谢不可或缺的物质，是一种维持人体自然生长、发育和正常人体功能健康必要的营养素。

2. 生物素的生理功能 生物素是人体内多种酶的辅酶，参与体内多种生理生化反应进行，主要生理功能如下有以下几种。

（1）帮助脂肪、糖类和蛋白质在人体内进行正常的合成与代谢，还参与维生素 B_{12}、叶酸、泛酸的代谢。

（2）促进汗腺、神经组织、骨髓、男性性腺、皮肤及毛发的正常运作和生长，减轻湿疹、皮炎症状。

（3）预防白发及脱发，有助于治疗斑秃。

（4）缓解肌肉疼痛。

（5）促进尿素合成与排泄、嘌呤合成和油酸的生物合成。

（6）用于治疗动脉粥样硬化、脑卒中、脂质代谢失常、高血压、冠心病和血液循环障碍性的疾病。

3. **生物素的需要量** 成人建议每天生物素的摄取量为 40 μg/d。

4. **生物素缺乏** 如果机体缺乏生物素，则会引起以下症状。

（1）缺乏生物素会使头皮屑增多，容易掉发，少年白发。

（2）缺乏生物素会引起肤色暗沉、面色发青、皮肤炎。

（3）缺乏生物素易导致忧郁、失眠、容易打瞌睡等神经症状。

（4）缺乏生物素会令人容易疲倦、慵懒无力、肌肉疼痛。

（5）缺乏生物素会引起感觉过敏，厌食和轻度贫血。

5. **生物素的食物来源** 奶、肝、蛋黄、动物肾脏及草莓、柚子、葡萄等水果中含有生物素。此外，瘦肉、糙米、啤酒、小麦中也都含有生物素。

第二节 维生素对运动的影响

一、维生素影响运动的概述

在进行运动时，机体能量消耗增加，新陈代谢迅速加快，各种酶的活动变得异常活跃，维生素消耗也因此大量增加。同时，运动后出汗使得水溶性维生素流失更加严重。另外，肌肉生长需要大量的蛋白质，而维生素则是肌肉生长的催化剂，它对肌肉组织有保护、修复和促进生长的作用。如果缺乏维生素，肌肉生长不仅会减缓或受阻，还会增加运动损伤的发生概率。因此，对于运动人群，为了增强运动效果，提高运动成绩，防治运动损伤，应该主动科学地补充维生素。

二、不同维生素对运动的影响

不同维生素的生理功能不同，因此，它对于运动的影响也不尽相同。我们应该根据不同运动项目、不同运动水平，科学补充相应营养素。

（一）维生素 C 对运动的影响

维生素 C 主要参与肌肉组织的生理氧化过程，能促进新陈代谢，对提高机体的运动能力起着重要作用。另外，维生素 C 不仅是连接组织间润滑液的主要成分，还是保护细胞免遭毁坏和防止衰老的有效屏障。维生素 C 是一种强有力的抗氧化剂，参与肌肉组织的生物氧化过程，促进物质代谢；另外，维生素 C 还有助于非血红素铁的吸收、转运和储存，可提高免疫功能，降低疲劳和肌肉酸痛，对提高机体的运动能力有重要作用。研究发现，维生素 C 对降低可的松水平很有帮助。可的松是一种分解代谢激素，降低它就能提高合成代谢水平，并能提高运动人群的恢复能力。

维生素 C 的补充应是长期的。维生素 C 推荐摄入量为 100 mg/d，最少量是 90 mg。我国关于维生素 C 推荐摄入量标准比国际标准低，关于维生素 C 摄入量的国际标准是人体每日摄取 500 ～ 1 000 mg，人体最高耐受量为 2 000 ～ 3 000 mg。因此，普通人群摄入量不要超过 2 000 mg/d，但是极少数大运动量的人的摄入量可以超过 2 000 mg/d，可分成 2 ～ 3 次摄入。

（二）维生素 E 对运动的影响

维生素 E 是一种重要的抗氧化营养素，有消除自由基、减少脂质氧化的作用。运动人群补充维生素 E 可以促进蛋白质的合成，改善肌肉的血液供应和营养，可提高肌肉质量，对肌肉有抗疲劳作用；摄入维生素 E 可以提高抗氧化还原反应和维持生殖功能的作用，维生素 E 和 β－胡萝卜素等是自由基清除剂；维生素 E 作为抗氧化剂还可对酶的活性起到保护作用，防止运动升高肌肉温度或产生代谢产物引起的酶活性下降。

特殊条件下进行运动后补充维生素 E 还有提高最大摄氧量、减少氧债和血乳酸的作用。经实践和研究发现，运动之后食用维生素 E 有助于减轻肌肉酸痛。维生素 E 供给量标准是每天 8 ～ 10 mg。维生素 E 最丰富的来源是植物油、麦胚、硬果类及其他谷类食物。

尤其需要注意的是，维生素 C 与维生素 E 协同作用效果最佳，维生素 C 和维生素 E 都是抗氧化剂，维生素 C 在细胞液中抵御自由基，而维生素 E 则在脂环境中发挥作用。维生素 E 很容易与氧结合，被氧化，而维生素 E 受到氧化后，使氧化后的维生素 E 还原的则是维生素 C，而维生素 E 的存在也能防止维生素 C 的氧化，所以两种维生素结合食用时能增强它们的抗氧化效果，起协同作用。

（三）维生素 B_1 对运动的影响

维生素 B_1 在体内充当酶，调节能量代谢、神经传导等功能，保证人体主要内脏器官的能量供给。维生素 B_1 不但可刺激胃的收缩，促进胃内容物的排空，增进食欲和消化功能，而且还能保证大脑能量的供给，控制能量转化的多少。其中，维生素 B_1 在运动中最重要的作用则是作为辅酶参加糖代谢，是恢复体力的补剂。因此，维生素 B_1 缺乏时，糖的氧化供能首先会受阻，导致能量供给不足；糖代谢的中间产物丙酮酸堆积会影响神经功能，使神经传导减慢；乳酸堆积会导致疲劳过早出现，损害有氧运动能力。来自美国运动医学界的一项研究结果表明：同等运动量下，运动后食用维生素 B_1 的人，其体内乳酸积累值比不食用维生素 B_1 的人群要低 45%。所以，维生素 B_1 被认为是可能限制运动能力的营养素。

运动人群中经常会发生维生素 B_1 缺乏现象，一方面是由于消耗增加。增加运动量和高强度的脑力活动都会使能量消耗增加，对维生素 B_1 的需求也相应增加。另外，随气温越来越高，运动出汗较多，维生素 B_1 随汗液排出体外增加，有时候职业运动员体内可能缺乏的维生素 B_1。另一方面，容易造成维生素 B_1 缺乏的饮食原因：偏食、减重或减肥时节食，都会造成维生素 B_1 的摄入减少；食入含抗硫胺素物质使维生素 B_1 吸收和利用减少的食品，这些食品会改变维生素 B_1 的结构，例如大量摄入鲤鱼、蓝色浆果、黑加仑、红甜菜根、球芽甘蓝、红色圆白菜、浓茶、酒等都会加重维生素 B_1 缺乏；烹调米面时，加入碱会破坏食物中的维生素 B_1；过度洗米和粗粮细作含维生素 B_1 减少；不喜欢吃粗粮、豆类的不良饮食习惯也会造成维生素 B_1 的摄入减少。鉴于运动引起的维生素 B_1 需要量增加，通常每摄取 1 000 kcal 能量，需要摄取维生素 B_1 为 1 mg，即每天 3 ～ 6 mg。

（四）维生素 B_2 对运动的影响

维生素 B_2 与人体细胞呼吸有关，是构成体内线粒体呼吸链中黄素酶的辅酶成分，在线粒体电子传递系中起重要作用，是促进氧化还原的重要物质之一，在有氧耐力运动中起重要作用。它对运动量大的人来说更有用，还具备抗氧化功能，可以防止自由基袭击肌肉组织和关节，使运动实效倍增。此外，维生素 B_2 作为辅酶参与体内能量代谢，协助食物能量的释放，可以减少脂肪，避免动脉硬化。鉴于以上作用，当运动人群缺乏维生素 B_2 时，肌肉无力，肌肉的耐久力下降，容易疲劳。

维生素 B_2 是同电子转移有关的两种辅酶（FAD、FMN）的组成成分，维生素 B_2 与维粒体中发生的氧化反应关系最大，而且对于有氧性耐力运动也很重要。有人观察到机体对维生素 B_2 的需求似乎同能量的消耗或肌肉活动有关。维生素 B_2 缺乏主要发生在吃素食的运动员身上。世界卫生组织推荐的维生素 B_2 的摄取量为通常每摄取 1 000 kcal 能量，需要摄取维生素 B_2 为 0.5 mg。维生素本身并没有热量，有的还能帮助热量代谢。例如，B 族维生素里的维生素 B_1、维生素 B_2、维生素 B_6 和维生素 B_{12} 都能够促进脂肪、蛋白质、糖类的代谢，具有燃烧脂肪、避免脂肪囤积的功效。

（五）维生素 B_6 对运动的影响

维生素 B_6 与人体的 80 多种生化反应息息相关，人体内大大小小的代谢由它指挥完成，维生素 B_6 被誉为人体建筑师。维生素 B_6 帮助蛋白质的代谢和血红蛋白的形成，更重要的是促进血红细胞的生成，帮助人体适量吸收蛋白质。肌肉在运动和代谢过程中需要氧气，血红蛋白便是氧的运输工具，血液的血红蛋白含量越多，其载氧能力就越强，肌肉的供氧来源就越充足，从而减轻心脏负担。反之，心脏的压力就很大。因此，维生素 B_6 对于有氧耐力项目运动员尤为重要。此外，维生素 B_6 是糖原合成和糖原分解过程中起作用的糖原磷酸化酶的一种成分，能促进运动时糖异生作用，防止运动性低血糖的发生。

经常食用高蛋白食物的人群很容易获得充足的维生素 B_6，它参与肌肉、血红蛋白和其他蛋白质的合成，这些因素对于提高运动成绩是至关重要的。维生素 B_6 不但参与能量的合成，而且能保证肌肉的微创伤恢复。因此，维生素 B_6 作为一种合法天然物质由衷地受很多运动员的青睐，其作为一种生长素，有助于肌肉量的增加。对运动人群来说，不注意补充B族维生素会对运动效果有很大的影响。例如，缺乏维生素B_1，人体就无法顺利地将葡萄糖转为热量；缺乏燃脂必需的维生素B_2会影响体内脂肪的代谢，使脂肪囤积从而造成肥胖；没有维生素B_6的帮助，体内蛋白质就无法顺利代谢；而缺乏维生素B_{12}则无法顺利代谢脂肪酸，且会导致脂肪、蛋白质及糖类无法被身体适当运用。尤其是部分女运动员（如低体重的体操、摔跤、花样滑冰等项目运动员）食谱蛋白质含量较低，从而易造成维生素B_6摄入不足。因此，应鼓励运动员靠饮食补充维生素B_6，这样一般不需要额外补充维生素B_6补充剂。维生素B_6的供给量为男性2 mg/d，女性1.6 mg/d。当膳食中摄入蛋白质超过100 g时，维生素B_6的参考摄入量应为2 mg/d以上。大剂量摄入维生素B_6有可能造成毒性反应，专家建议长期补充维生素B_6不宜超过每日200 mg。运动会加强维生素B_6的代谢途径，因此经常锻炼的人要适当增加维生素B_6的摄入量。

（六）维生素D对运动的影响

维生素D又被称为“阳光维生素”，其本质上是一种前类固醇激素，维生素D体内的主要活性形式是1, 25 - $(OH)_2$ - D_3，其主要功能是维持钙磷的平衡，调节骨代谢和促进多种组织细胞的生长、分化等功能。但最近的一些研究发现，维生素D除了参与骨钙的代谢之外，与骨质疏松症有关，还参与骨骼肌代谢。

机体通过暴露于阳光下、膳食摄入和维生素D补充等途径补充维生素D。富含维生素D的食物并不多，乳类、蛋黄、动物肝脏（如鱼肝油）和富含脂肪的海鱼（如三文鱼）等含少量维生素D，而植物性食物如谷类、蔬菜和水果几乎不含维生素D。所以，与其他营养素不同，维生素D在饮食中很有限。阳光中只有波长为290 ～ 315 nm的紫外线B能穿透皮肤，由此将皮肤中的7 - 脱氢胆固醇转化为维生素D_3，但阳光照射的效果难以确定。冬季阳光照射减少，通过大气层的紫外线B也大为减少；而在高纬度地区，有效的阳光照射亦大为减少。尤其是现代人生活方式的改变，如缺少户外活动、使用防晒产品等都会影响皮肤有效合成维生素D_3的量。大部分人需要额外补充维生素D来达到推荐的摄入量，国外通常使用的是维生素D_3（胆骨化醇）。至于维生素D的推荐剂量，各国不同，但过去都较为保守：在欧洲，维生素D的推荐剂量仅为0 ～ 400 U/d；在美国，51 ～ 70岁妇女的推荐剂量为400 U/d，70岁以上妇女的推荐量为600 U/d；而加拿大的骨质疏松协会建议，成人至少应摄入800 U/d维生素D。

（七）维生素E对运动的影响

（1）维生素E可以促进蛋白质的合成，改善肌肉的血液供应和营养，可提高肌肉质量，对肌肉有抗疲劳作用，因此可以提高运动员，尤其是爆发力项目运动员的竞技能力。

（2）维生素E可以提高抗氧化还原反应和维持生殖功能的作用，并使人体组织细胞获得较多的氧气供应，能有效地提高肌肉中氧的利用率，减少氧债，增强耐力，对耐力项目尤为重要。

（3）维生素E作为抗氧化剂可以清除自由基，对酶的活性起保护作用。因为大强度运动产生的自由基明显增多，从而导致红细胞溶血发生和某些酶活性下降。所以，对于运动员来说，维生素 E 的需要量要远远高于一般人。

三、补充单种维生素和复合维生素

对于维生素的缺乏，我们可以选择单种维生素或者复合维生素进行补充，究竟应该选择哪一种要根据实际情况进行判断。如果是很明显的某种维生素缺乏，应补充单种维生素，这种情况下，不能用复合维生素来补充，因为复合维生素不能达到单种维生素所需补充量。而在营养不良的情况下，往往缺乏多种维生素，应补充复合维生素，因为很多维生素具有复合效应，如 B 族维生素具有“木桶效应”，还有一些营养素具有协同作用和拮抗作用。如果缺乏多种营养素却仅补充一种，会干扰其他维生素和矿物质的吸收和代谢。此外，对于运动人群来说，由于代谢增加造成大量的、多种维生素流失，此时应注意补充复合维生素，尤其是与能量代谢密切相关的 B 族维生素。同时还要注意，补充维生素的品种和数量也并非越多越好，长期过量摄入某种维生素和矿物质有发生中毒的危险。也不主张同时食用几种单一补充剂，以免造成某种维生素摄入过量。总之，普通人群在获得良好平衡膳食的情况下，一般不会出现维生素缺乏情况。但是对于运动人群来说，尤其在控制体重、减轻体重或进食紊乱等情况下，应注意适量额外补充维生素，但在补充维生素时应注意供给量建议，避免过量补充造成的副作用。

四、维生素补充原则

维生素的补充，应本着“缺什么补什么，缺多少补多少”的原则，有针对性地选用相关的品种，不要盲目补充。运动人群存在多种维生素缺乏现象，可以选择补充复合维生素。由于受体质、饮食习惯和土壤水质的影响，各国人的营养状况不尽相同，所以也应该选择适合自己特点的维生素。

维生素补充原则为以下几点。

（1）尽量从日常饮食中摄取。

（2）补充维生素不能过量。

（3）日常饮食不能完全补充的营养素可服用维生素制剂。

（4）遵从专业医生、营养师指导。

【复习题】

1. 名词解释

维生素、生育酚。

2. 简答题

（1）维生素 E 的功能是什么？

（2）容易造成维生素 B_1 缺乏的饮食原因是什么？

（3）维生素是怎样分类的？

（4）维生素的补充原则是什么？

（5）天然维生素 E 的保健功效有哪些?

（6）简述水溶性维生素的生理功能。

（7）维生素 D 的生理功能是什么?

3. 论述题

（1）论述补单种维生素好还是补复合维生素好。

（2）论述如何补充维生素，为什么补充维生素。

（3）论述维生素 K 的缺乏对人体造成的危害。

第七章

水与运动

第一节　水概论

人体含量最多的成分是水，水是维持人体正常生理活动的重要营养素之一。体内的水大部分是以蛋白质、多糖等结合在一起的结合水的形式存在的，结合水与蛋白质、黏多糖、磷脂等大分子相结合，均匀分布在体液中，发挥其复杂的生理功能；小部分是自由状态存在的水，称为自由水。各种组织器官中结合水和自由水的比例不同。例如，血液含水量为83%，主要是自由水，故可流动循环，而心脏含水量为79%，比血液仅少4%，但主要含结合水，故形态坚实。机体内的一切化学变化都必须有水的参与。

人体体液总量随着年龄的增长而减少，新生儿的体液约占体重的80%，婴儿占70%～75%，学龄前儿童约占65%，成年人约占60%，老年人约占50%。人体体液总量也随体内脂肪增加而减少，因为脂肪组织含水较少（脂肪组织的含水量占10%～30%，而肌肉组织的含水量占75%～80%），因此，若按体重百分比计算，肥胖人的体液量比瘦人的少。体脂较少的人体液相对含量大，因此对脱水或失水较为耐受；相反，因体液相对含量低，肥胖者对脱水的耐受程度较差。

一、水的营养功能

（一）参与和促进人体的物质代谢

人体内的营养物质和代谢产物多数能溶解于水，并在水溶液中完成各种化学反应，因此，水是人体内良好的溶剂。水能促进营养物质的消化、吸收和代谢，还直接参与物质的代谢，如水解反应、加水反应、加水脱氢反应等均需有水参加。

（二）协助体内的物质运输

水是体内运输营养物质的载体，也是排泄代谢废物的中介。溶解在水中的营养物质和代谢产物可输送到全身各部位。

（三）参与调节体温

在人体的体温调节中，水起着不可替代的作用。其原因主要有：① 水的比热容高。水能较多地吸热或放热，而其自身温度变化较小。② 水的蒸发热大。少量汗液的蒸发就能散发大量的热量，这在高温环境或体内产热过多时尤为重要。③ 水的流动性大。水可随血液循环在体内快速流动。④ 水的导热性强，可使代谢中产生的热量在体内迅速分布均匀并通过体表散发，从而使人体保持恒温。

（四）润滑作用

水是一种天然的润滑剂，可滋润组织，减少组织间的摩擦。例如，唾液有利于食物的咀嚼和吞咽，关节腔滑液能减少关节活动时的摩擦，泪液可防止眼球干燥等。维持组织器官的形态。体内大量的结合水无流动性，故在保持组织器官的形态中有一定的作用。

二、水的代谢

（一）水的需要量

水的需要量随体重、年龄、气候、运动和劳动强度、膳食、代谢情况而异，变化较大。正常成人每日需水 2 400 ～ 4 000 mL 且正常人的需水量随年龄阶段的不同而异，年龄越大，每千克体重需水量则相对越少，到成年后相对稳定。一般情况下，正常人每日水的出入量保持平衡。我国尚无水的推荐摄入量。美国提出正常人的推荐摄入量为：每消耗 1 kcal（4.184 kJ）能量，需要水 1.5 mL，此量包括一般性的活动、出汗及溶质负荷等的变化。

（二）体内水的来源

1. *饮料水*　每日饮料的摄入量可随运动或劳动强度、气候、各种生理情况的不同而异。例如，运动员因高强度训练大量出汗，饮料水的摄入量就会增加。

2. *食物水*　各种食物都含有水分，但含水量却不同，因此，食物水的量因所摄入食物种类的不同而不同。

3. *代谢水或体内氧化水*　糖、脂肪和蛋白质等营养物质在体内氧化时产生的水称为代谢水或体内氧化水。每 100 g 糖在体内完全氧化可产生 55 mL 代谢水，100 g 脂肪完全氧化可产生 107 mL 代谢水，100 g 蛋白质完全氧化可产生 41 mL 代谢水，一般混合性食物在体内每产生 100 kcal（418.4 kJ）热量，可生成 12 mL 代谢水。

（三）体内水的去路

1. *呼吸蒸发*　由肺部呼出的气体湿度大，含水量高。每日经肺脏蒸发水分的多少随气候干湿度的大小、基础代谢率的高低和呼吸的频率和深浅度而异。正常成年人一般经呼吸蒸发的水分每日约为 350 mL。

2. *皮肤蒸发*　经皮肤蒸发的水分称为非显性出汗，这是指正常成年人在气温适宜的环境中进行轻微的日常工作和不出汗的条件下由皮肤蒸发的水分，每日约为 500 mL。非显性出汗的汗液中主要是水分，含电解质很少。而显性出汗的汗液是一种低渗溶液，含 0.2% 的氯化钠、少量的钾和其他电解质。

3. **经粪便排出**　粪便中的一定水分可保证肠道功能的正常和排便的顺利。正常成年人每日从粪便中排出的水分为 50 ～ 150 mL。

4. **经尿液排出**　经肾随尿液排出的水分是体内水分的主要去路，受神经体液的调节，成年人每日排出的尿液为 600 ～ 1 500 mL。正常成年人每日必须排出 500 mL 的尿液才能清除体内的代谢废物，因为成年人每日尿液中的固体溶质（主要为非蛋白质含氮物和电解质）一般不少于 35 g，而溶解 35 g 固体溶质的最低尿量为 500 mL，否则不足以完全排出体内的代谢废物，代谢废物在体内蓄积从而引起中毒。

三、运动员水代谢的特点

日常性大量的运动训练和比赛使运动员的水代谢速率高于普通人。剧烈或大量运动可使运动员因排出体热而大量出汗，同时因通气量增加而从呼吸道丢失大量水分。此外，人在剧烈或大量运动时，体内能量产生增加，所产生的能量只有少部分（25%）用于机械做功，而大部分（75%）则转化为热的形式，尤其是运动员经常进行大运动量的训练和比赛，并且经常在高温和高湿环境下进行训练和比赛。这些运动中产生的热需要排出体外以保持体温的恒定。水的重要功能之一是维持体温，正常体温的维持是机体产热和散热两个过程动态平衡的结果。机体热产生的来源是组织细胞的各种代谢活动，安静时产热的部位主要是深部脏器，劳动或运动时产热的部位主要是肌肉和皮肤。机体有多种散热方式，当外界温度低于体温时，机体有辐射、传导和对流 3 种散热方式；当外界温度高于或等于体温时，机体的散热方式只有蒸发，即以出汗的形式从体内散热，在此过程中，机体就会不同程度地丢失水分。每蒸发 1 L 汗水，可排出 2.4 MJ（575 kcal）的热量。机体的产热散热过程受下丘脑的体温中枢和外周温度感受器的调控，引起代谢变化的各种神经体液因素也可对调控过程产生影响。长期运动训练使得运动员机体从以下 3 方面产生一系列适应性变化，运动员散热能力提升，这有利于维持体温的恒定，防止体温过高引起生理生化反应的异常，而这些生理生化功能的变化会进一步降低运动员的训练和比赛水平。

（一）出汗速率大，出汗量大

运动员在高温、高湿环境下进行高强度运动训练或比赛时，为排出体内产生的热机体会大量出汗。运动强度是影响出汗速率的主要因素，运动员的出汗速率与运动强度成正比，运动强度越高，出汗速率越大。出汗速率还与运动的持续时间、运动环境的温度和湿度及热辐射强度、运动员的适应程度等因素有关，环境的温度、湿度和热辐射强度越大，出汗速率越大。高强度、大运动量的训练，特别是在高温、高湿环境下的训练，会大量出汗，致使机体失水量增多，加上运动时肾血流量和肾小球的滤过率都减少，因此常常导致少尿或无尿。

高强度、大运动量的训练可使运动员的出汗量大大增加。一次高强度、大运动量的训练可使运动员丢失 2 ～ 7 L 汗液。在 25 ～ 35℃温度下，进行 4 h 长跑训练，平均出汗量达到 4.51 ± 0.30 L。运动员在温度为 37.91℃、相对湿度为 80% ～ 100% 的环境下踢足球 70 min，出汗量高达 6.4 L，达体重的 6% ～ 10%；在马拉松比赛中的出汗量可达 5 L。

（二）呼吸道排水量大

人在休息时的耗氧量为 250 mL/ min，运动时耗氧量大大增加，如马拉松跑步时的耗氧量可达 4 L/min。运动可引起机体组织细胞代谢速率增加，对氧的需求和二氧化碳的排出都增大，因此运动时人呼吸的频率会加快和幅度会加深。这就致使从呼吸道丢失的水分增加，可达平时的 10 ～ 20 倍。

（三）代谢水产生增多

由于运动的需要，为提供足够的能量，组织细胞的代谢过程会加速，糖、脂肪和蛋白质分解代谢产生的代谢水的量也增多。

四、脱水

当液体损耗量大于摄入量时，会发生脱水。根据定义，脱水意味着体内水分含量低于最佳含量。导致机体脱水的常见危险因素有呕吐、腹泻、液体补充量不足、出汗率高（如在桑拿浴中）、节食、发热等。补水在理论上最好的方法就是在水分不断流失的同时不断补充等量水分。运动员补水时了解脱水的征兆十分重要。口渴是明显的征兆之一，同时运动员还应学会检测尿液排出的量与颜色。尿液排出量减少和尿液颜色变深可能先于口渴感觉的脱水征兆。一些运动员通过脱水来获得更好的体形或达到具有竞争优势的体重等级，所以当他们可以轻易获得液体时，也不会补充液体（称为自愿脱水）；而其他运动员进行高强度训练时的脱水，尤其在湿热的环境中，是他们因很难补充足量液体而导致脱水（称为非自愿脱水）。不论什么原因引起的脱水都会造成运动员的运动成绩不理想、心理状态不佳。

（一）运动性脱水的原因

运动性脱水是指人们由于运动引起体内水分和电解质（特别是钠离子）丢失过多。运动性脱水的常见原因是运动员在高温、高湿环境下训练、比赛大量出汗而未及时补水。也可见于某些运动项目如举重、摔跤等运动员为参加低体重级别的比赛而采取快速减体重措施，这样可造成机体严重脱水。运动员在低温环境下运动，如登山运动，虽无大量汗液丢失，但因寒冷导致交感－肾上腺系统兴奋，尿液增多，从呼吸道呼出的水分和从皮肤蒸发的非显形出汗也较多，也可能造成机体的脱水。

（二）运动性脱水的表现

根据丢失水分的多少，运动性脱水可分为轻度脱水、中度脱水和重度脱水。

1. *轻度脱水*　失水量为体重的 2% 左右时为轻度脱水，以细胞外液即血液和细胞间液的丢失为主。血容量减少造成运动时心脏负担加重，因此运动能力受到影响。轻度脱水时，人会感到口渴，出现尿少，尿钾丢失增多。

2. **中度脱水** 失水量为体重的 4% 左右时为中度脱水，不仅有细胞外液的丢失，还有细胞内液的丢失，两者的丢失量大致相等。此时可表现为脱水综合征，如严重的口渴感、心率加快、体温升高、血压下降、容易疲劳、运动能力下降。

3. **重度脱水** 失水量达到体重的 6% 以上时为重度脱水，此时，细胞内液的丢失量大于细胞外液的丢失量。重度脱水除了有中度脱水的表现外，还可出现呼吸频率增加、恶心厌食、容易激怒、肌肉抽搐，严重时可出现幻觉、谵妄甚至昏迷。

发生脱水时，除了有心血管负担加重和体温升高的各种表现外，还可导致肾缺血及肾损害，可出现少尿、无尿、血尿，还可引起尿道结石的形成。脱水对呼吸系统的影响可导致最大摄氧量减少，维持最大摄氧量的时间缩短。运动员重度脱水时可发生中暑，表现为体温升高、面色潮红、肌肉痛性痉挛、头痛、脉搏加快、虚弱、晕厥等症状。中暑极严重时可引起死亡。

（三）运动性脱水的预防

1. **提高对运动性脱水的耐受性** 运动员经常在各种环境中进行各种强度和运动量的训练和比赛，脱水量经常达到体重的 4% 以上，但是，出现中度脱水的情况在优秀运动员身上并不多见。这除了与运动员及时补充水分有关外，还与运动员对脱水的适应性有关。

运动员长期处于热环境下运动，对高温和脱水可产生一定的适应性或耐受性。研究显示，一般训练水平的运动员当失水量为体重的 2% ～ 3% 即轻度脱水时，其机体的循环功能、体温调节能力、最大摄氧量和运动能力都受到明显的影响。而对脱水已有适应性的高训练水平运动员失水量达体重的 5% 即中度脱水时，机体各种功能和运动能力仍无明显的影响。有耐受性的运动员受热后，体温变动较小，心血管的紧张性较低，机体代谢率和酶及激素的反应性也较低，而运动员的出汗排热能力加强，汗液中电解质的含量也减少，过多换气的状况有所改善。研究表明，接受过系统高强度训练的运动员可以较好地耐受运动时间大于 2 h、产热率为 80 kJ/min 的运动训练。耐力性运动训练可使细胞内液和血容量增加，血容量的增加可能与运动训练提高血浆蛋白含量即提高胶体渗透压有关。血容量的扩充可能是运动训练促进机体对运动性脱水适应的机制之一。

可见，增强训练水平和提高在高温、高湿环境下运动的适应能力对运动性脱水的预防具有积极的作用。

2. **主动进行补水，防止运动性脱水** 防止运动性脱水的关键是及时主动地补充水分，使机体水分达到平衡。应根据运动员的个人情况和运动的特点，在运动前、运动中和运动后补充水分。补水的原则是少量多次的补充，同时注意要主动进行补水，不要等到出现口渴等脱水症状时再进行补水。运动过程中一旦出现脱水症状，应该尽快进行少量多次饮水来纠正脱水。运动员脱水的原因主要是大量的汗液丢失，而汗液中含有一定量的电解质，因此补水或纠正脱水的同时还应适量地补充无机盐。

五、运动饮料

运动员常用的运动饮料一般含有电解质和糖，也有人喜欢电解质含量较低的矿泉水。多数研究资料显示，含有一定量甘油的运动饮料对维持血容量和散热具有较好的作用。含有电解质和糖的运动饮料比矿泉水或白水的复水效果好得多。研究显示，运动中补充含电解质和糖的运动饮料可以节约肌糖原的消耗。大运动量训练和比赛常会造成运动员运动后免疫功能下降，出现 3 ～ 72 h 免疫防御“开窗期”，使得病毒和细菌很容易乘虚而入，从而引发临床或亚临床感染。研究发现，运动前和运动中通过运动饮料补充糖，可有效地阻止免疫功能的下降，降低感染的发生。

依据国家标准 GB / T 10789–2015《饮料通则》的规定，运动饮料是其营养成分及含量能适应运动或体力活动人群的生理特点，能为机体补充水分、电解质和能量，可被迅速吸收的制品。标准规定：可溶性固形物（20℃时折光计法）含量为 3.0% ～ 8.0%、钠含量为 50 ～ 1200 mg/L、钾含量为 50 ～ 250mg/L。

（一）运动饮料的渗透压

运动饮料中电解质和糖的浓度越大，渗透压越大，则饮料在胃的排空越慢。汗液中电解质含量或渗透压低于血浆，因此汗液的大量丢失，使血浆中的水分丢失相对电解质来说较多，所以补充的饮料应该是低渗性的。

（二）运动饮料中的糖

运动饮料中糖含量应为 4% ～ 8%，可使用葡萄糖、蔗糖、低聚糖、短链淀粉等。低聚糖一般由 3 ～ 8 个单糖组成，吸收速度比单糖和多糖慢，可延长耐力运动中糖的供应时间。

（三）运动饮料的酸度和口味

微酸的运动饮料可增加口感，摄入饮料的口味很重要，研究发现，运动员摄入口味和气味较佳的运动饮料的量明显高于无味道的纯水。沁人的口味对儿童青少年运动员摄入足够量的运动饮料更重要。

（四）运动饮料中的钠盐

运动饮料中含少量钠盐有利于糖和水分的吸收。运动饮料中的钠盐含量一般低于汗液中的钠盐含量，钠含量为 20 ～ 60 mmol/L。另外，补钠盐时最好不要直接补充钠盐片，这是因为钠盐片可刺激胃肠道，加重脱水，并可由此导致腹泻。如果饮料的盐浓度过大，可在稀释后使用。

（五）运动饮料的温度

高温环境下运动饮料的温度应低于环境温度。5 ～ 13℃的饮料除了有降低体温的功能外，口感上也有利于摄入。但是要注意，过凉的饮料可能会刺激有些运动员的胃部，引起不适。

（六）运动饮料中的二氧化碳

一般不主张在运动前和运动中饮用含二氧化碳气体的运动饮料，因为饮入后二氧化碳在胃部可产生气涨的感觉，对运动不利。

第二节　运动中水的代谢

一、水在机体代谢中的作用

水是血液的主要组成部分，是体内各种物质的载体，可运输氧气、营养素、激素及其他成分以供细胞代谢的需要，同时将机体器官、细胞的代谢废物带出体外，水与电解质共同维持着机体渗透压的平衡，任何电解质浓度的改变都会不同程度地影响细胞的功能。水也是许多有机物与无机物质良好的溶剂，可参与体内的化学反应。一些脂肪和蛋白质也能在适当条件下分散于水中构成乳浊液或胶体溶液，以利营养素的消化、吸收、代谢和排泄。由于水具有比热容高、蒸发热大及导热性强的特性，在机体中水的另一主要功能是参与体温的调节。水作为汗液的主要成分，通过汗液的蒸发可以从皮肤表面带走多余的热量，致使机体在运动或高温条件下体温不致过高而保持运动能力。

二、水的动态平衡

人体与外界环境交换的物质以水为最多，机体通过使水的摄入量等同于水的排出量以达到水的动态平衡，影响水代谢机制的因素主要是肾脏功能和激素（如抗利尿激素）水平。渗透压的反馈机制及钠离子的平衡等，这些机制的正常运行保证了机体水的动态平衡以满足身体在不同条件下对水分的需求。在运动和训练中，体内新陈代谢可比安静时新陈代谢增加 5 ～ 15 倍来支持骨骼肌的收缩，而机体内能源物质燃烧时所释放的能量，绝大部分以热能的形式积蓄在体内，机体为使体温不致过度升高，必须强化散热机制。出汗是机体在运动时保持低温的主要机制，对于加大热量的散发，限制体温的上升是非常有效的。在运动和高温条件下，皮肤排水在机体水分的排出量中占很大比例。

三、水对运动能力的影响

充分的水代谢对运动员最大程度地发挥运动水平及防止热损伤来说是非常重要的。水代谢失衡会导致不同程度的脱水，运动员的脱水基本上分为主动脱水和被动脱水。运动员无论是为降体重采取的主动脱水，还是高温、高湿环境运动中为调节体温而排汗发生的被动脱水，都会对身体产生不良的影响。秦劭斐在水、电解质与运动饮料的研究中指出，脱水和体温升高可成为疲劳的一个重要因素。例如，丧失 1 000 mL 水会使心率增加 8 次 /min，心输出量减少 1 L/min，中心体温可增加 0.3℃。由此造成细胞内液和外液丢失，血容量受影响，心脏负担加重，运动能力下降，从而对健康造成威胁，还可导致肾脏损害，引起肾缺血、少尿、无尿、血尿。

第三节　运动中水的补充

一、运动前补水

运动员在开始训练或比赛之前身体处于最佳的水合状态至关重要。所有研究均表明，轻微的脱水（脱水量低至体重的 2%）可导致运动员出现明显的耐力下降，而且，脱水程度越大，负面影响越明显。此外，可能需要 24 h 或更长时间才能使脱水运动员恢复到良好的水合状态。因此，直到训练或比赛前才让运动员处于良好的水合状态，或者未采取任何措施以确保运动员处于最佳水合状态，将导致运动员的训练或比赛表现不佳。

在一些体育项目中，运动员需要保持特定的“外形”或减轻体重至规定体重。艺术体操的标准体形要求修长、优雅的曲线，本质上说，没有第二性征。比赛之前，艺术体操运动员通常限制水分的摄取量，通常认为限制水分摄取有助于他们获得理想体形。摔跤运动员采用众所周知的体液控制方法，以便达到特定的体重级别。然而他们在比赛之前约 24 h 可补充水分。除了健康危害（具有充分的证据证明脱水与死亡相关）之外，脱水的摔跤运动员在 24 h 内不可能补充到足够水分，所以也会影响到比赛表现。

一些运动员试图在训练前补充过量水分。这是长跑运动员的典型策略，他们在比赛中的水分流失量将大于补水量。在比赛快要结束时仍具有良好水合状态的长跑运动员，比水合状态差的对手具有更明显的优势。补充水分较多的运动员可能在运动中保持更高的血（血浆）容量，核心温度和心率较低，该运动员显示出良好的耐力和成绩提高的潜力。摄入大量液体同样会导致尿频，但是可通过补充含钠液体进行调节。同样，补水会提高训练中的出汗率，降低心率。

甘油是一种含有 3 个碳元素的甘油三酸醇，是膳食中最常见的油脂形式，也是人体中最常见的脂肪储存形式。在消化过程中，脂肪酸被分解为含 3 个碳元素的甘油。脂肪酸不仅可以像脂肪一样进行代谢，还可以像糖一样进行代谢。由于它可以像保湿剂一样吸收水分，通常用于帮助耐力运动员保存更多的水分。有限的证据表明，在训练前所补充的液体中，以每千克体重补充 1 g 甘油的比例添加甘油，可提高极度湿热环境中运动员的耐力表现。能力提高的原因在于甘油可储存更多摄入体内的液体。但个体由于存在差异性，不一定都能接受此方法。一些运动员发现使用甘油时补充过多的水分，会让他们感觉僵硬和不适，而大部分运动员则感觉很舒适。使用甘油的运动员应尽量保持电解质平衡，以免出现低钠血症。

通常运动员应当在训练前遵循如下饮水指南。

（1）运动员应习惯于不口渴时饮水。实际上如果运动员随时携带水瓶，就能轻易做到这一点。如果液体无须寻找即可随时获得，更应经常喝水，尤其是在还没有感到口渴的时候。

（2）运动员应在训练前饮用足量液体，保持尿液清澈（运动员水合状态良好的迹象）。深色尿液是运动员产生脓尿的征兆，是由身体需要尽可能保留液体造成的，是水合状态不良的前兆。

（3）训练前 1 ～ 1.5 h，运动员应在相对较短的时间内摄入大量液体（超过 0.5 L），以确保充足的身体水含量，并促使胃排空。此后，运动员应在训练或比赛开始之前持续补水（大约每 10 min 喝 0.5 杯水）以维持水合状态。运动员应该尽可能频繁且大量地摄入液体以补充流失的水分。

（4）运动员应避免进食具有利尿作用的食品和饮料。例如，咖啡、茶、巧克力、苏打（无水碳酸钠）及与咖啡因相关的物质，大量进食这类物质可加快尿液的排泄速度，这些物质可能会对训练前水合状态的优化造成负面影响。

二、运动中补水

运动员在运动中补充水分益处明显，包括保持良好的运动状态、降低运动引起的心率和防止体温上升。此外，还能改善和保持流向皮肤的血流量，防止发生脱水。脱水将直接影响到运动员抵抗心血管疾病和维持热量的能力。运动中不能补充足量的水分是导致中暑发生的重要因素之一。

医生一般会为腹泻的婴儿输入葡萄糖水（糖水），是因为人体对糖水的吸收较单纯水更快，从而能更快地为脱水的婴儿补水。因此，在训练中，可以考虑以糖水溶液的形式补充水分，但是此时应重点考虑糖的摄入量。如果摄入过多过快，会引起胃肠不适，短时间内会将肌肉和皮肤中所必需的液体吸走，以稀释肠道中过浓的溶液。运动员应尝试在训练中保持每分钟摄入约 1 g 糖的补充速度。例如，通过每 1 h 饮用 0.6 ～ 1.2 L 浓度为 6% ～ 8% 的糖溶液来补水。此时肠道对该饮料的吸收率大于对单纯水的吸收率，能更有效地保持身体水分含量，并提高将糖传送到血液和肌肉的效率。有些运动饮料的糖浓度正好在此范围内，而另一些运动饮料的糖浓度则不在此范围内，因此要注意选择正确的运动性饮料。在训练中，饮用糖浓度超过 8% 的饮料可能会引起胃排空延迟，不一定能实现更快、更好地代谢糖的目的。

三、运动后补水

经过 1 h 或 1 h 以上强化训练的运动员，可能会出现一定程度的体内水分不足。对于那些经常进行训练的运动员（如大多数优秀运动员）而言，训练后补充水分可以让运动员在训练后的一天都保持良好的水合状态，补水是其强化训练中非常重要的环节之一，需要重点考虑的是，脱水后水分的补充需要时间。脱水的时间越长，在开始新一轮训练之前，运动员恢复到良好水合状态的可能性就越小。

运动员在运动中很少能补充超过其损失汗液 70% 以上的水，大多数运动员补充的水分远远低于损失的汗液量。因此大部分运动员需要在运动后适量补水，以便在下一次运动开始前能达到较好的水合状态。现实生活中，由于训练和比赛后心态的放松，运动员往往容易忽视身体对水分补充的需求，即便能轻易获得补液，他们也仍使身体处于缺水状态中。运动员在运动后补水应遵循以下几点原则。

（1）在训练刚刚结束后，运动员应摄入大量水分（在身体可以承受的范围内尽量摄入大约 5 L 的水）。大量的水分摄入可使胃胀大，提高水离开胃进入小肠后的吸收效率。

（2）在摄入大量液体后，运动员应每隔 15 min 摄入约 1/4 L 的液体，方可在 3 h 内达到约 3 L 的液体摄入量。运动员体型越大，在运动中出汗越多，需要摄入的液体量也越多。

（3）糖和钠均有助于运动员恢复到良好的水合状态，运动员所摄入的液体中应同时含有糖和钠。此外，饮料中所含的糖有助于肌肉中糖原（能量）的再储备，为下一次比赛做好准备。

（4）每升运动饮料中含有 10 ～ 25 mmol 电解质（主要是钠）。但是，恢复身体水平衡的饮料中最佳钠浓度约为 50 mmol/L。然而在液体中加入更多的钠可能使液体口味不佳，从而降低运动员所摄入的液体量；应鼓励运动员在训练结束即刻补充一些咸味小吃（如椒盐饼干或咸味饼干）。

（5）运动引起的体重下降是确定在下一次训练之前应补充液体总量的关键。作为一般性的指导原则，摄入 1 品脱（470 mL）的液体对应体重下降 0.5 kg。所摄入的水并不都能保留在体内，若补充与体重减少等量的水分，应摄入 2 倍于体重丢失量的液体。

（6）含有咖啡因及相关物质的饮料（如咖啡、茶、可乐、巧克力等）会增加尿液中的水分流失，应避免饮用上述饮料。

综上所述，不同项目运动员在运动前期、中期和后期都需要补充适量水分，且补水时间点和方法不尽相同。因此，有必要依据不同类型运动项目制订补水计划，保障运动员在运动训练过程中水分的补给，防治运动性脱水的出现（表 7－1）。

表 7－1　竞赛中不同运动项目补液的时机

运动项目与持续时间	补充液体的时机	对液体和糖类的需求
持续时间小于 30 min 的项目（短跑、跳高、投掷运动）	在项目间歇摄入液体，但不要在项目结束 15 min 后再补充液体	在进行比赛时不要补充，但是在比赛前及比赛间歇时可补充
持续时间小于 60 min 的项目（10 km 跑、自行车赛、赛艇比赛）	在比赛间歇补充液体赛跑运动员应该在不超过 5 km 时（3.1 英里）摄入一些液体。进行此类项目的运动员应随身携带一个饮料瓶	在比赛开始之前、比赛中及比赛后都需要补充液体；但只需要在比赛之前和之后补充糖。运动中糖可以帮助液体的吸收，因此饮料中应含有糖
耐力项目[马拉松、网球（5 局）]	马拉松长跑运动员应该在不超过 5 km（3.1 英里）时摄入一些液体。网球运动员在换场地时及第三局之后可以饮用一些液体	在这些项目中建议补充水、电解质（钠）及糖。补充的量根据环境条件、糖原储备及运动强度而定

续表

运动项目与持续时间	补充液体的时机	对液体和碳水化合物的需求
超耐力项目 （铁人三项运动、公路自行车赛）	一有机会就应该补充液体，并且应每 10 min 摄入一些液体。如果比赛组织方未提供液体，则应该制订液体补充计划，并自行携带液体	建议在此类比赛中补充水、电解质（钠）及糖。补充的量根据环境条件、糖原储备及运动强度而定
持续时间约 90 min 的团体项目 （曲棍球、篮球、足球、排球、棒球）	在比赛休息时补充液体，但摄入频率不应低于 15 min。最理想的摄入频率是 10 min/ 次。休息时间较长时（中场休息、两局之间及两节之间休息），可借机补充液体	建议在此类比赛中补充水、电解质（钠）及糖。补充根据环境条件、糖原储备及运动强度而定

【复习题】

1. **名词解释**

代谢水、呼吸蒸发、运动性脱水、非自愿脱水。

2. **简答题**

（1）简述水的营养功能。

（2）简述运动性脱水的预防。

（3）简述如何进行运动中水的补充。

（4）简述运动员水代谢的特点。

3. **论述题**

（1）结合自身论述为什么运动后应该补水。

（2）结合自身论述运动中缺水的危害。

第八章

膳食纤维与运动

第一节　膳食纤维概论

纤维（fiber）是一类存在于植物中、不能被人体消化吸收的多糖。一般存在于食物中的各类纤维被统称为膳食纤维。膳食纤维的早期定义是指在哺乳动物的消化系统内未被酶消化的植物细胞残余物。这种生理学的定义是企图将纤维与在消化道内的消化过程相联系。按此定义，膳食纤维可理解为包括植物细胞壁的物质，如纤维素、半纤维素、果胶和木质素，此外还包括细胞内的多糖（如树胶和胶浆）。另一种化学的定义是将膳食纤维描述为植物的非淀粉多糖加上木质素。这两种定义都是指那些不同的植物成分的混合物。

近年来又提出了将另外一些不可消化的物质归入膳食纤维。例如，植物细胞壁的蜡、角质和不能被消化的细胞壁蛋白质。还有其他一些非细胞壁的化合物，包括抗性淀粉（resistant starch）（即哺乳动物的酶不能消化的淀粉）、美拉德（Millard）反应的产物及动物来源的抗消化物质（如氨基多糖），其在人类的食物中含量虽少，却可能具有生理学活性；很难从传统的膳食纤维所具有的生理活性中将这类物质的作用区分出来。在研究膳食纤维的生理学作用中一个基本的矛盾就是难于辨别膳食纤维及富含纤维食物中其他物质的作用。解决此难题的一种常用方法是用纯纤维来研究各种纤维的单独作用。然而这种纯品可能已不具有纤维原有的物理性状，因而也就改变了它的生理学作用。例如，植物细胞壁的发酵性能与同样的纯纤维的发酵性能不同，因而有必要继续采用这两种方法，即用单独的纤维和用富含纤维的食物做实验。

膳食纤维的主要成分是非淀粉多糖类，包括纤维素、混合键β–葡聚糖、半纤维素、果胶及树胶。各个成分的特点在于所含糖的残基及各个糖基之间的键合方式。纤维素和混合键β–葡聚糖是由β–1, 4–键合的葡聚糖，在混合键的葡聚糖中还间夹杂有以β–1, 3–键连接的键合形式。纤维素存在于所有的植物细胞壁中。燕麦和大麦中尤其富含混合键的葡聚糖。半纤维素由各种带不同支链的多糖组成。其根据主链上的单糖（如木聚糖、半乳聚糖和甘露聚糖）及侧链上的单糖（如阿拉伯糖和半乳糖）的种类而分类。果胶主链上的糖是半乳糖醛酸，其典型的侧链上是半乳糖和阿拉伯糖，其在糖醛酸基上甲氧基化作用的程度不同。树胶的化学结构因来源不同而有差别。然而在大多数食物中，树胶是含量很少的多糖。但某些树胶（如瓜尔豆胶和角豆胶）常用于许多研究中。膳食纤维的大多数定义中所包括的非糖成分是指木质素，它具有很复杂的三维结构。一般而言，木质素不是人类食物中的重要组成部分，因为它经常与质地坚硬的或是木质样的组织联系在一起；除非是人们所吃的食物中含有完整籽粒。按来源，膳食纤维分为可溶性纤维和不可溶性纤维两类。可溶性纤维的多糖是指可分散于水中，而不是真正的化学上的可溶性。不可溶的多糖在水中难分散。原来认为，这种纤维分类法能简单预测其生理学功能，然而事实却并非如此。不同纤维由于在化学和物理特点方面的多样性，因而难于找到一种简单的预测指标。

由于膳食纤维不能消化吸收，更不能转化成能量供给机体，因此，过去很多年一直没有引起营养学界的足够重视。近年来，伴随着生活水平的提高，人们饮食结构的变化，高血压、高血糖、高血脂、肥胖症、癌症、冠状动脉粥样硬化等慢性病的发病率逐年大幅度增高，且流行病学研究中发现膳食中的纤维高摄入量与某些慢性病（如心血管病及大肠癌）的低发病率有关，膳食纤维作为营养素的重要性在膳食中地位越来越重要。然而，在流行病学研究中，纤维摄入量高与慢性疾病发病率降低的相关性结果并不一致，且判定这种相关性比较复杂，其部分原因是难测定人群的纤维摄入量。在纤维摄入量与慢性疾病关系的研究中，大多数流行病学研究的目标是结肠癌。Trock 等的一篇报道认为，把纤维的作用与食物基质中其他化合物的作用进行区分则仍是尚未解决的问题。Block 等指出，蔬菜与水果的消费量与患结肠癌的危险性降低有关，而支持谷类和豆类可降低危险性的证据较少。可是，因为蔬菜和水果的纤维种类与豆类和谷类的纤维不同，仍然还不了解两者在降低危险性上的差别是由于纤维的类型不同，还是蔬菜和水果中的非纤维成分在起作用。另一混杂因素是在决定人群的结肠癌危险性中总能量的摄入可能起重要作用，因为纤维摄入量高可能使能量的摄入减少。显然，膳食因子与疾病的危险性之间的关系是多因素的，现有的知识尚难以将纤维独立地作为影响危险性的单一因素，而必须以总的膳食模式概念来评价膳食纤维的作用。

一、膳食纤维含量的测定方法

膳食纤维的测定方法可分为两大类：重量法和成分（或化学）分析法。重量法较简单而快速，但仅限于测定总的纤维或可溶性纤维和不可溶性纤维。成分分析法则可定量地测定其中每一种中性糖和总的酸性糖（即糖醛酸）。总纤维含量是各个糖的总和。如果需要，可单独测定木质素，并加至各个糖的总和中。成分分析法受专业知识与仪器设备制约，因而不大适用于常规的膳食纤维分析。

1. ***重量法*** 最早应用并成为第一个官方认可的膳食纤维测定方法为粗纤维测定。此方法是将样品用有机溶剂提取后又经稀酸和稀碱消化，从其所剩余的残渣总重量中减去灰分的重量。虽然自 1955 年起此方法成了美国分析化学家协会（Association of Official

Analytical chemists，AOAC）官方方法，但此方法不能准确测定膳食纤维。在测定中，可溶的纤维全部丢失，还有些不可溶性纤维也丢失，因而低估了食物中纤维的真实含量。由于损失的量不等，粗纤维值与其他方法测定的总膳食纤维的结果之间无可比性。

用中性洗涤剂方法测定不可溶性纤维的结果重复性高。将食物样品在 pH 中性的洗涤剂中煮沸，然后收集过滤后的残渣。然而，在中性洗涤剂处理的过程中可溶的纤维可被丢失，从而致使低估了许多食物（如水果和蔬菜）中纤维的含量。

意识到可溶性纤维的潜在重要性，以及需要一种简单而又可靠的测定膳食纤维的方法，因此建立了现行的 AOAC 官方方法，一般称为“总膳食纤维测定法”。取双份样品，用酶水解蛋白质和淀粉，再用乙醇沉淀。将沉淀物收集于滤纸上，将其干燥后称重。将其中一份残渣灰化以校正灰分量；另一份残渣用以测定总氮量以校正残留的蛋白质。上述沉淀物的重量减去灰分和残留蛋白质重量后即为总膳食纤维。此方法发表以后又建立了几种用于测定总膳食纤维的改良方法，使操作步骤简化并误差减少。

测定总膳食纤维的重量法经改良后可分别测定可溶性纤维和不可溶性纤维。即在用乙醇沉淀以前先过滤经酶消化的样品，此纤维残渣即含有不可溶性纤维部分；然后于滤液中加乙醇后用滤纸收集其沉淀物，经干燥后称重，此即为可溶性纤维部分。玛丽埃塔指出，由于食物样品的处理与制备方法不同，所测出的可溶性纤维的量也有差异。

2. *成分分析法*　重量法与成分分析法之间的主要区别在于测定消化后纤维残渣的方法不同及收集纤维残渣的方法不同。成分分析法是指用强酸（通常用硫酸）水解残渣然后定量测定单个糖。可用高效液相色谱法或比色法，或更经常在衍生作用后用气相色谱法测定中性糖。酸性糖可用比色法定量测定。单个糖的总和即是总膳食纤维。将此方法稍加修改即可测定可溶性纤维、不可溶性纤维及非纤维素多糖（基本上是半纤维素）。

食物中的某些淀粉，尤其是热加工食品，在小肠内不被消化，因而称为抗性淀粉。抗性淀粉是直链淀粉在回生过程中形成的。因此含直链淀粉多的食物（如马铃薯）就会形成大量的抗性淀粉。抗性淀粉有抗淀粉酶的作用，因而不能用重量法除去，如在总膳食纤维测定中用此方法，则膳食纤维中也包含抗性淀粉。关于抗性淀粉是属于膳食纤维，还是应看作另一类物质，观点并不一致。

一些新的成分分析法，如 Englyst 和 Hudson 的方法，与 AOAC 官方方法中总的膳食纤维法的相关性很好，但结果略偏低。其差别很可能是由于残留的（抗性）淀粉，或许还有木质素的少许影响。总膳食纤维的测定方法中包括抗性淀粉和木质素，而 Englyst 和 Hudson 的测定法中则不包含这两种成分。

二、膳食纤维的物理特性

从对膳食纤维的化学成分的了解，按其各个糖的含量，几乎没有提示其任何生理学作用。进一步了解不同类型的膳食纤维在小肠内的作用，主要是从它们的物理特性来推断的。因此，测定膳食纤维的容水量、黏度、对酵解的敏感性、与胆酸的结合能力、对消化酶的抑制、与阳离子的交换能力等物理作用，似乎比用成分分析法所提供的详细化学成分更有利于了解膳食纤维的生理学作用。

1. *容水量*　是指膳食纤维的基质内能保留的水分量。对纤维制品容水量的兴趣是因为容水量大的纤维可以增加粪便重量。容水量的测定方法是用水使纤维饱和后，用离心法、过滤法或渗透吸引法除去多余的水后再测定。可溶性纤维（如果胶和树胶）的容水量比不可溶性纤维素的容水量大得多。蔬菜纤维的容水量介于以上两者之间。可是，在试管内测出的容水能力并不能预测这种纤维使粪便量增加的能力，因为纤维在结肠中发酵和结肠中的细菌团块对粪便的量有影响。纤维的潜在容水量法是把这些因素都考虑在内的一种测定方法。潜在容水量法基本上是在体外发酵后，纤维残余物和细菌团块用渗透吸引法所测定的容水能力。如按各种纤维的容水量不同和发酵能力不同进行排序，则潜在容水量与使粪便量增加能力的排序相同。虽然潜在容水量的测定比容水量的测定困难得多，但这是一种具有生理学意义的测定方法。

2. *黏度*　某些膳食纤维能形成高黏度的溶液，这些膳食纤维包括果胶、各种树胶、混合键β–葡聚糖和海藻多糖（如琼脂和鹿角菜中的多糖）。这类纤维黏度的大小与该类物质的化学结构十分有关。例如，果胶的黏度取决于它的分子量和甲酯含量；两者中减少任何一种就会降低其黏度。可溶性纤维具有伪塑现象（切变现象）；如切变率增加则表观黏度减小。在小肠内发生的切变率是未知的，故不能准确测出摄入的黏性纤维在小肠内的黏度。然而，瓜尔豆胶在体内能明显地增加小肠内容物的黏度。可能影响肠内容物黏度的另一个因素是胃排空率。排空较慢则可能导致小肠内容物中的纤维浓度降低，因而也就降低了黏度，且下降幅度可能较大，因为黏度与黏稠物质的浓度呈乘方曲线关系，即很小的浓度变化就可导致很大的黏度改变。

3. *对发酵的敏感性*　膳食纤维虽能抗哺乳动物的酶的消化作用，但它却易被大肠内的微生物所酵解。发酵的程度和速度受纤维的类别、纤维的物理形状或食物内容（如含于食物中或单独摄入的纤维及其颗粒的大小）的影响，且与宿主肠道中的菌相有关。一般来说，分离的纤维较在食物基质中的纤维易被酵解。颗粒度较大的纤维则不能被完全酵解，而同一来源颗粒度较小者则易被酵解。不可溶性纤维的纤维素最不易被酵解，而可溶性纤维（如果胶和瓜尔豆胶）则可被完全酵解。然而，可溶性并非是表示其发酵程度的唯一因素。例如，有几种可溶性纤维如车前草、黄原胶及改性纤维素（如甲基纤维素）既是不完全可酵解的，又不是完全不可被酵解的。不论何种类别的纤维，经发酵作用后均可生成短链脂肪酸，主要是乙酸、丙酸和丁酸及氢气，个别的还产生甲烷。

4. *与胆酸的结合能力*　膳食纤维能在体外和体内结合胆酸。一般而言，纤维素结合的胆酸较少，麦麸和苜蓿结合的胆酸稍多些，果胶和瓜尔豆胶结合胆酸量中等，而木质素的结合能力最大。应该注意的是，在这些研究中所用的木质素制剂往往来自木头，与食物中的木质素很不相同。膳食纤维结合胆酸的能力随pH改变而改变，酸性条件下结合能力最强，随pH增加而结合能力降低。木质素能结合胆酸的性质首次被提出时，认为是纤维的木质素对胆酸有疏水性吸引作用，当除去木质素后，此结合能力就下降了。还有人提出，这些物质由于存在皂角苷才具结合胆酸的能力，但未能被再次证实。另外，Selvendran等报道红花、菜豆荚细胞壁的物质能结合胆酸，若除去其中的果胶成分或使其氢化后，其则结合能力下降。他们的实验表明其结合的胆酸是亲水性的，而果胶是起作用的主要成分。这种互相矛盾的结果尚无法解释，但这两种结合形式彼此并不相互排斥。结果的不一致可能是由测定胆酸结合力的条件和所用的纤维制剂不同所致。

三、膳食纤维的生理学作用

现有的知识表明，膳食纤维的物理特性（如黏度及与胆酸结合能力）对胃和小肠的影响是了解各种纤维降低血浆胆固醇、减弱血糖生成反应和降低营养素吸收等作用机制的重要因素。除了这些在肠道上部的作用外，不同的膳食纤维在大肠内的代谢对了解膳食纤维的全面生理学反应也是重要的。与膳食有关的生理学作用包括降低血浆胆固醇水平、改善血糖生成反应、改善大肠功能及降低营养素利用率等。膳食纤维在调节这些生理学反应时，主要是通过其物理性状影响胃肠道功能及影响营养素的吸收速率和吸收部位。因此我们在讨论对这些生理学作用的理解时，需要考虑膳食纤维的物理特性和它对胃肠道功能的影响。膳食纤维主要有以下几项生理学作用。

1. *膳食纤维可以降低血浆胆固醇*　已进行了大量人体和动物实验研究不同膳食纤维对降低血浆胆固醇的效果。这些研究可得到一般性的结论：大多数可溶于水的膳食纤维可降低人血浆胆固醇水平和降低动物血浆和肝的胆固醇水平。这类纤维包括果胶、欧车前及各种树胶。摄入富含水溶性纤维的食物，如燕麦、大麦、荚豆类和蔬菜等的膳食纤维后，一般都可降低血浆总胆固醇，有报道其可使总胆固醇降低 25%，但大多数报道为 5% ～ 10%。几乎都是降低低密度脂蛋白胆固醇，而高密度脂蛋白降低得很少或不降低。相反，分离的纤维或不溶于水的膳食纤维则很少能改变血浆胆固醇水平。这类纤维包括纤维素、木质素、玉米和小麦。

能降低胆固醇的膳食纤维是如何发挥作用的尚待定论。其假说之一是由于纤维引起胆酸排泄增加而需要增加胆酸的合成，从而增加了从胆固醇到胆酸的转换率。如果胆固醇合成的速度不足以补偿其转变为胆酸的损失，则胆固醇的浓度就会下降。然而，并不是所有能降低胆固醇的纤维都增加胆酸的排泄。按此假说推论，降低胆固醇的纤维因与胆酸发生特异性结合而改变胆酸的模式，从而导致对胆固醇的吸收或合成减少。有几项研究注意到给实验动物喂降胆固醇的纤维可使胆酸库的模式改变。有一项研究发现，瓜尔豆胶可延缓胆固醇在小肠内的吸收，但另一项研究却未能证实其对吸收有影响。同样，有一项实验表明，果胶可降低胆固醇的吸收，但这在另一个实验中却未被证实。用一种不能发酵但具高黏度的变性纤维素，即羟丙基甲基纤维素进行实验，结果表明其降低胆固醇吸收的程度与小肠内容物黏度的对数呈线性关系。另一假说是纤维能改变胆固醇的合成。用一种能降低胆固醇的纤维（果胶）喂大鼠，用 14C – 乙酸盐掺入胆固醇的量或用肝中 3 – 羟基 – 3 – 甲基戊二酰 CoA 活性的增加来测定胆固醇的合成，结果两者均增加。这无疑是由于食入果胶的大鼠胆固醇的吸收减少或是胆酸排出增加。一些用离体肝细胞的实验研究证明，由可溶性纤维发酵而产生的丙酸盐可抑制脂肪酸的合成和 14C – 乙酸盐掺入胆固醇，但并不抑制胆固醇的合成。一项人体实验的初步报告中指出，食用富含复杂糖类，包括淀粉和膳食纤维的高糖膳食，可抑制受试者体内的脂肪合成。因此，可以又进一步研究可发酵的纤维对肝脂肪合成和排泄的作用。另外由肝脏合成的富含三酰甘油的脂蛋白是低密度脂蛋白的前体。总之，现有证据提示膳食纤维降低胆固醇的作用机制不止一种。纤维的各种物理性质与其结合（或捕获）胆酸的能力及黏度最为相关。

2. *膳食纤维可以改善血糖水平* 许多研究证明，食入某些水溶性纤维可降低餐后血糖和防止血胰岛素升高。这种现象发生于正常受试者或糖尿病患者在同时摄入纤维和葡萄糖负荷或将纤维作为膳食的部分后。膳食纤维对胃排空率的影响与其在葡萄糖负荷试验时减轻其血糖生成反应和减缓营养素吸收的能力有关。检测食用瓜尔豆的人和动物的糖化血红蛋白也证明，瓜尔豆可长期改善机体对血葡萄糖的控制。另外，瓜尔豆胶可减轻动物因糖尿病所致的肾肿大。糖尿病的肾肿大与血糖浓度高度相关。

补充各种纤维可使餐后血葡萄糖曲线变平的作用与这些纤维的黏度高度相关。这种作用可解释为纤维可延缓胃排空速率、延缓淀粉在小肠内的消化或减慢葡萄糖在小肠内的吸收。这些机制显然均不互相排斥。有报道指出，具有黏性的多糖可延缓胃的排空，而不可溶性纤维（如纤维素）则无此作用。将含瓜尔豆胶的膳食经口服与直接投入肠道的结果相比较，Ledere 认为减缓胃排空速率是使餐后葡萄糖曲线变平的主要因素。他们的研究还指出，瓜尔豆胶可降低淀粉的消化速率，但不影响葡萄糖的吸收。用一种小肠恒定灌流技术证明瓜尔豆胶可延缓人体摄取葡萄糖的速率上述的各种机制都有一定证据，并且其主导作用与多种因素有关。例如，纤维的来源与类别、它们的水合率及其最后的黏度等。

3. *膳食纤维可以改善大肠功能* 改善大肠功能膳食中的纤维影响大肠功能的作用包括缩短食物在大肠的通过时间、增加粪便量及排便次数、稀释大肠内容物及为正常存在于大肠内的菌群提供可发酵的底物。所有这些因素均受膳食中纤维类别及其他膳食和非膳食因素的影响。多个实验结果表明，膳食纤维可使食物在大肠中的通过时间缩短，在膳食中添加水果和蔬菜也能缩短食物在大肠的通过时间。也有一些实验报道利用果胶进行类似实验，但是未发现果胶影响食物在大肠中的通过时间。

食物在大肠的通过时间与粪便重量有关，但不呈简单的线性规律。通过对健康人群的调查结果表明，粪便重量轻与食物在大肠的通过时间延长有关，粪便重量随食物在大肠的通过时间缩短而相应增加。然而，一旦食物在大肠的通过时间达 20 ～ 30 h，粪便重量进一步增加而食物在大肠的通过时间并没有明显缩短。粪便重量的增加与纤维的来源之间有剂量关系。膳食中非淀粉多糖和抗性淀粉是增加粪便量的主要膳食成分。Cum mings 的文献综述中评估了摄入的膳食纤维量与粪便量的关系。含不可溶性纤维的食物使粪便重量增加最多。水果和蔬菜及树胶可使粪便量中度增加，而豆类和果胶只稍增加粪便量。粪便重量增加特别与粪便中微生物细胞的量、未消化的粪便残渣或粪便中的非细胞物质的增加有关。所以，膳食纤维引起粪便量的增多均与上述因素之一或全部有关。例如，麦麸在使粪中未消化的残渣增加方面最有效，而水果和蔬菜中的纤维及可溶性多糖最易被酵解，因此更可能使粪便中的细菌量增加。对麦麸纤维的粒度大小也做过研究，粒度减小则粪便量也减少。

纤维对粪便重量和食物在大肠的通过时间的影响虽有不同，但其对维持大肠的生理学功能具有重要意义。一致认为，膳食纤维在大肠功能中起重要作用。人们纤维在大肠中的其他代谢作用知之较少，故难于确定这些作用的生理学意义。例如，膳食纤维中的多糖发酵时，细菌产生短链脂肪酸，主要为乙酸酯、丙酸酯和丁酸酯。丁酸酯可被大肠细胞用作能源。体外实验表明，丁酸酯可使转化的细胞发生分化。然而，体内所有的短链脂肪酸均可引起大肠肥大。已发现喂实验动物容易发酵的纯纤维可以刺激大肠细胞生长，而有些实验表明在用致癌剂的动物中，纤维可以促进肿瘤的形成，但这未被其他实验所证实。反之，另一些研究者推测所产生的某些短链脂肪酸可预防结肠癌的发生。在大肠中产生短链脂肪酸显然是摄入可酵解纤维的一种重要结果；然而，对短链脂肪酸的代谢作用目前尚不清楚。

4. *膳食纤维可以降低营养素的利用率* 膳食中可消化的成分在小肠内被水解，并且营养素通过肠黏膜细胞被吸收。体外实验结果表明，各种纤维均能抑制消化糖类、脂质和蛋白质的胰酶的活性。此种抑制作用的机制目前尚不清楚，但已知某些非纯化的纤维中有某些酶的抑制剂。对这种抑制作用的生理学重要性目前尚难以评价。一些实验表明，某些纤维可以减少水解小肠内容物如三酰甘油、淀粉和蛋白质的酶。Gal－laher 和 Schneeman 报道，一种含高纤维素的膳食（占重量的 20%）在小肠中延缓了标记三油酸甘油酯的消失，但不延迟标记胆固醇的排出。此结果表明，膳食中高含量纤维素干扰了三油酸甘油酯的分解，但不影响总脂质的吸收。Lairon 等报道在小麦麸和麦胚中有一种胰脂酶的抑制因子。这种抑制因子在小肠中能延缓三酰甘油的消化。据报道，豆类含有的淀粉酶抑制因子能降低淀粉在小肠中的水解。也有报道，木聚糖、纤维素、瓜尔豆胶和车前草对人体胰液或十二指肠液中的淀粉酶有抑制作用。许多谷类和豆类含有能降低蛋白质消化率的胰蛋白酶抑制因子。这些抑制因子通常可经加热处理而失活；然而，某些抑制因子的活性在一般加工条件下不能被破坏，并在肠内仍有活性。对有胰腺功能不全的患者用胰腺替代疗法后，其淀粉酶、胰蛋白酶、胰凝乳蛋白酶及脂肪酶在食入含果胶和麦麸的食物后表现为活性降低；这表明这些纤维能明显降低小肠消化酶的作用。食物中的植物细胞壁成分除了直接抑制消化酶的作用外，还可成为消化作用的物理屏障。完整的细胞壁会减缓消化酶进入植物性食物内。将纤维磨成很细的颗粒可破坏细胞壁的结构从而使可消化的营养素更容易被水解。

5. *膳食纤维对维生素吸收的影响* 已有人研究了膳食纤维对各种维生素吸收的影响。虽然不同的研究中所用纤维的种类不同，且测定吸收的方法也不同，以致难于对不同的研究结果进行横向比较，但总体看来，纤维对维生素的吸收几乎没有影响，即使有影响也很小。纤维对某些元素吸收的影响则尚不清楚。天然纤维（如谷类和水果中的纤维）有抑制某些元素吸收的作用，如影响钙、铁、锌和铜等元素的吸收。但这种作用至少部分是由食物中的植酸所致，而已知植酸可干扰元素的吸收。用分离的各个纤维，如纤维素、果胶和树胶等做实验，大多数研究都未发现其对矿物质的吸收或平衡有不利作用。

6. *膳食纤维对其他肠内容物的影响* 肠内容物的物理特性可随膳食中纤维的物理特性的不同而改变。小肠内容物的体积会因有不可消化的纤维存在而增大，从而使通过小肠的消化残留物的量增加。小肠内容物的体积可因纤维的容水量而增加。Sandberg 等报道，将麦麸或果胶加至低纤维膳食中，可使回肠造口流出液的容积增加 20% ～ 30%。此外，动物实验表明，在实验饲料中加入纤维可影响肠内容物的湿重及干重。膳食纤维中含有的黏多糖可使肠内容物的黏度增加，特别是使营养素被吸收部位的肠内容物水相的黏度增加。肠内容物中水相的黏度越大，则肠上皮表面的不动水层的厚度越大，这是阻碍肠道中脂质吸收的理论屏障。肠内容物的体积、容量或黏度的增加均可能降低酶、底物和营养素扩散到吸收表面的速度，所有这些都可使餐后营养素在血浆中的出现减慢。各种纤维与胆酸和磷脂的结合力都可能影响小肠中胶粒的形成，从而影响了脂质在小肠中的吸收速率和吸收部位。Vahouny 及其同事曾证明将纤维补充到大鼠饲料中，能影响脂肪酸和胆固醇在淋巴中的出现。可溶性纤维能降低脂肪酸的吸收和干扰胆固醇的吸收，无疑也能影响血浆的脂质水平。

实验证据提示某些纤维，特别是含黏多糖的纤维，通过不同的机制可减慢消化和吸收过程，尽管总的营养素吸收不一定减少。由于纤维影响了吸收速率，高纤维膳食中的大部分营养素无疑会在小肠的下段被吸收。这种吸收方式有可能影响不同种纤维的生理学反应。例如，营养素的吸收速率会影响激素分泌模式对膳食的反应，同时也会影响将营养素输送至组织的速率。实验还证明回肠中的营养素能影响饱腹感、食物摄入、胃的排空，以及乳糜微粒的成分和粒度大小。肠中的膳食纤维通过调节营养素的吸收速率和吸收部位而在维持胃肠系统的功能中有重要作用。Sigleo 等已证明长期补充膳食纤维会改变小肠的组织形态，影响营养素在小肠中的吸收部位、小肠容积和小肠细胞的更新。

四、纤维的适宜摄入量

目前，多个研究团队展开人群的膳食纤维推荐摄入量的相关研究，营养学家在提出这种建议时面临的挑战是根据对膳食中各种纤维的生理学作用的现有知识来评价纤维的适宜摄入量。有两种方法可以用来评价纤维的适宜摄入量。其一是根据有发生不同慢性疾病危险的人群的不同纤维摄入量来确定膳食纤维的适宜摄入量；其二是采用一个生理学指标来评定其适宜量。此两种方法在根据现有的知识建议膳食纤维摄入量方面都有其局限性。

Binham 指出，在比较不同人群的纤维摄入量方面，必然存在两种系统性偏差，即估计食物摄入量的方法不同及估计食物中纤维含量的方法不同。除膳食纤维摄入量外，还有其他膳食因子可能影响疾病的危险性。例如，日本和英国非淀粉多糖的摄入量相似，但是日本人患结肠癌和憩室病的危险比英国人小，肉类和脂肪摄入量不同、膳食纤维的来源不同及膳食中非营养素因子的不同等都可造成人群间疾病危险性的差异。由人群的数据可提出膳食纤维摄入量的安全范围，但不适于确定营养上适宜的纤维摄入量。

膳食纤维在胃肠道中的生理学作用主要有 4 种，包括降低血浆胆固醇、改善血糖水平、改善大肠功能及降低营养素的生物利用率。以血浆胆固醇水平和血糖水平作为评定在营养上的纤维适宜摄入量的指标是不合适的，因为正常人空腹血浆胆固醇水平或血浆葡萄糖和胰岛素水平可能不会因摄入纤维而改变。结果可能是纤维摄入量的变化范围虽较大而其反应却相似。这些指标在监测膳食干预高血脂和高血糖的效果时可能更有用。评价与营养素生物利用率有关的矿物质的营养状况对建立纤维或是富含纤维的膳食的最大摄入量可能有用，因为过量的纤维摄入能损害矿物质的营养状况，在评价时用这 3 种生理学作用都具有局限性，因为这些都是针对疾病状况的指标，而不是针对正常生理功能的指标。膳食纤维对正常大肠功能有一种重要的生理学作用，即为发酵作用提供容积和底物。有几种建议用粪便的重量和食物在大肠的通过时间作为大肠功能的指标，并认为这些指标对评定膳食纤维的适宜摄入量很有用。这样就可用正常的生理学功能作为评定膳食纤维适宜摄入量的指标。Cum mings 等证明每日摄入非淀粉多糖不超过 32 g 时，其摄入量与粪便重量间呈剂量反应关系。每日粪便重量低于 150 g 时伴有疾病的危险性增加。英国卫生部根据这些事实，建议膳食中非淀粉多糖的摄入量为每日 18 g。此数值也是用粪便重量作为预测适宜纤维摄入量的生理学指标。对于消费者，最好以含纤维的食物量作为推荐量,因为纤维的有益作用来源于提供纤维的多种食物成分,而不仅仅是纤维本身。这些建议鼓励人们选择高纤维的食物（如选择水果而不是果汁、选择全谷类而不是经过碾磨的谷物），鼓励在膳食中用含纤维较多的食物。

第二节　膳食纤维对运动的影响

膳食纤维有助于预防肥胖、动脉粥样硬化、冠心病、结肠癌等疾病，但关于膳食纤维对体力和运动能力的影响如何的研究较少。有研究结果显示，进食由水果组成的素食 2 周后，长距离跑的运动能力既无改善也无损害，同样 8 名进食奶类食品的半素食运动员 6 周后对耐力运动能力也无负面影响，男女素食者的有氧运动能力和无氧运动能力与非素食者并没有差别。虽然现有的资料既不支持素食对运动能力的有益作用，又不支持对运动能力的损害作用，运动量大的个体在尝试极端膳食（吃水果和坚果的素食）时应当充分了解素食膳食的特点并注意执行素食的相关膳食指南。

有些世界级健将运动员是素食者，他们中有人把成功归于他们进食的素食。另外，大量的世界级运动员是进食包括动物食品的平衡膳食者。这两种膳食都可以供给机体活动所需要的营养素。食素的女耐力运动员应当注意保证摄入大量的铁和钙。据报道，非运动员、女耐力运动员的运动性贫血和男耐力运动员睾酮水平降低与素食膳食有关。素食中肌酸含量低，可能对运动能力的发挥有一定影响。如果膳食中含有充足的营养素，无论是世界级运动员还是运动能力很弱的一般锻炼跑步者的运动表现都不会因此而受到影响。

素食运动员具有以下优势：素食运动员通常摄入的糖较多，能量来源于糖的比例较高。由于运动员尤其是耐力运动员需要摄入较多的糖类以保证体内的糖原储备最大化，因此，增加膳食糖对运动员的耐力有益。

如果你想改变现有的饮食习惯而吃素，首先要了解素食的特点，然后遵循循序渐进的原则进行。在逐步转向素食的过程中，要注意身体的反应，如活动时的感受、精力是否变得旺盛、耐力是否增强等。这些表现和身体的其他反应可以告诉你膳食的改变是否对你有益。但切记，素食膳食并没有增加运动表现的“魔力”。

如果运动员采取素食的生活方式，那么其必须要了解素食膳食的不足与局限性，保证营养需要足够，防止因营养问题而对运动能力造成损害，不主张运动员采取严格的素食方式，除非他或她以前曾经是严格的素食者。尤其不鼓励处于生长发育期的青少年运动员采取严格的素食方式，因为这可能抑制其身体生长发育，限制运动能力的发挥。

无论采取哪种素食方式，运动员都应当注意选择广泛的不同的食物，保证能量和铁、钙、维生素 B_{12} 的摄入。建议素食者或准备食素的运动员应当做到：尽童少吃低营养密度的食物，如甜食和含油多的脂肪食物；多选择全谷类或非精制的粮食产品，如可能，可以选择强化的谷类产品；多吃不同种类的水果、蔬菜，尤其是维生素 C 含量高的果蔬；如果食用奶和奶制品，应选择低脂或无脂奶。

【复习题】

1. 名词解释

膳食纤维、纤维的适宜摄入、水溶性纤维。

2. 简答题

（1）膳食纤维改善大肠功能的生理学作用是什么?

（2）膳食纤维物理特性有哪些?

（3）膳食纤维的主要成分包含哪些?

3. 论述题

（1）论述膳食纤维生理学作用。

（2）结合自身所学知识谈谈怎样科学地摄入膳食纤维。

（3）论述膳食纤维测定的方法及其特点。

第九章

能量与运动

第一节　能量概论

热能（thermal energy）是生命的能源。人们每日进行工作活动、体育运动、上课学习和从事其他一切活动，以及人体维持正常体温、各种生理活动都要消耗能量，不仅体力活动需要能量，而且机体处于安静状态下也需要消耗能量。每日所吃的食物是机体的热能来源，但并不是所有的营养素都可以产生热能，只有糖类、脂肪、蛋白质这三大营养素会产生热能，三者在人体内氧化成水和二氧化碳，释放大量的能量供机体利用。供给热能的营养素在膳食中所占的比例随各自的特点、在机体中的作用、饮食习惯和各地食品的种类的不同而有所差异，一般情况下，人们膳食中总热量的60% ～ 70%来自糖类，16% ～ 25%来自脂肪，10% ～ 14%来自蛋白质，可根据具体情况调整，特殊情况者可以超越该范围，如减脂降重者，膳食中蛋白质的比例可以达到18%以上，脂肪的摄入可以降到10%以下。

摄取的热量与消耗的热量之间的关系决定热量的平衡状态，以摄取的热量扣减消耗的热量，用公式表示：热量平衡=摄取的热量－消耗的热量。平衡关系分为正平衡、负平衡和平衡3种状态。若差值＞0，为正平衡状态，若＜0，为负平衡状态，若=0，就是平衡状态。正平衡状态下，摄取的热量过多，多余的热量储存在体内，体重增加。机体摄入热量小于消耗的能量为负平衡，此时摄入的热量不能满足机体的需求，机体可通过自身组织成分进行供能，从而导致体重下降。所谓能量平衡就是机体消耗和摄入的能量趋于相等，体重维持不变，这种能量平衡状态能够使机体保持充分的体力活动和维持健康状态。

人体每日所需热量和体重有关。若要较准确计算自己的基本热量，可以采用以下的公式（表9－1）。

一、能量单位和能量系数

能量是食物中的产能营养素（糖类、脂肪和蛋白质）在机体中代谢产生的，营养素

表 9-1 人体基本热量计算公式

性 别	年 龄	国际单位	英 制
男 性	11～17 岁	体重（kg）×105=基本热量（kJ）	体重（lb）×11=基本热量（kcal）
	18～30 岁	体重（kg）×63+2 850=基本热量（kJ）	体重（lb）×7+680=基本热量（kcal）
	31～60 岁	体重（kg）×48+3 500=基本热量（kJ）	体重（lb）×5+830=基本热量（kcal）
	60 岁以上	体重（kg）×56+2 050=基本热量（kJ）	体重（lb）×6+490=基本热量（kcal）
女 性	11～17 岁	体重（kg）×84=基本热量（kJ）	体重（lb）×9=基本热量（kcal）
	18～30 岁	体重（kg）×61+1 880=基本热量（kJ）	体重（lb）×6.5+450=基本热量（kcal）
	31～60 岁	体重（kg）×36+3 500=基本热量（kJ）	体重（lb）×4+830=基本热量（kcal）
	60 岁以上	体重（kg）×44+2 050=基本热量（kJ）	体重（lb）×5+600=基本热量（kcal）

可在人体内氧化成水和二氧化碳，释放大量的能量供机体利用。糖类和脂肪在体内体外的燃烧产物是二氧化碳和水、能量物质（ATP）。蛋白质在体内燃烧最终的产物是二氧化碳、水、尿素和肌酐及其他含氮物质，体外燃烧的最终产物是二氧化碳、水、氨和氮。消化道内一般的混合性食物吸收率：糖类为 98%，脂肪为 95%，蛋白质为 92%。

机体摄入和消耗的能量通常用热量单位“calorie”或“kcal”表示。营养学上一般多采用“kcal”，1 kcal=4.184 kJ，1 kJ=0.239 kcal。每克产能营养素在体内氧化所产生的能量，称为能量系数，又名食物的热价或食物的能量卡价。3 种营养素在体内产生的实际生理卡价是：

（1）1 g 糖类：17.15 kJ×98%=4.0 kcal。

（2）1 g 脂肪：39.54 kJ×95%=9.0 kcal。

（3）1 g 蛋白质：18.2 kJ×92%=4.0 kcal。

机体能量的代谢情况大致是机体摄取食物，吸收营养素，氧化分解，释放能量，用于做功，同时放出热量维持体温，多余的能量以体脂和糖原形式储存，可用能量平衡公式表示：能量摄入=能量消耗（热量+做功）+能量储存。

人体能量消耗量的测定通常是采用公式预测法利用人体能量消耗量与某些生理指标之间存在相关性建立数学模型从而得出预测公式，多以性别、体质量、身高、年龄等生理指标来预测能量消耗量。常用预测公式有以下几个：

Harris-Benedict 公式：

$$\text{BEE（男性）}=66.473+13.7516W+5.0033H-6.755A$$

$$\text{BEE（女性）}=655.0955+9.5634W+1.8496H-4.6756A$$

Shizgal-Rosa 公式：

$$\text{BEE（男性）}=88.36+4.8H+12.34W-5.68A$$

$$\text{BEE（女性）}=447.6+3.05H+9.25W-4.33A$$

式中，BEE 为基础能量消耗；W 为体质量（kg）；H 为身高（cm）；A 为年龄（岁）。

二、能量平衡

食物就像燃料，用来维持生命中能量需求的生理过程。能量用以维持整体动物的物理化学环境——所谓的内环境（internal milieu），以及用以支持有机体的电机械活动。生命是生物不断做功的过程，人体进行各种活动就是做功的过程，都需要消耗能量。人体能量的消耗需要从摄取的食物中获得。能量的消耗与身体活动成正比。正常情况下，人体能量的摄入与消耗保持动态平衡。一般来说，人体的能量消耗包括基础代谢、对食物的代谢反应及各种身体活动等 3 个方面。需要注意的是，孕妇、乳母、幼儿、儿童青少年等群体的能量消耗还包括生长发育的能量消耗。

基础代谢（basal metabolism，BM）是维持生命最基本活动所必需的能量需要。具体地说，它是机体处于清醒、空腹（进餐后 12 ～ 16 h）、静卧状态，环境温度为 18 ～ 25℃时所需能量的消耗。其包括维持肌肉的紧张状态和体温、血液循环、呼吸活动，以及与生长有关的腺体分泌和细胞代谢活动等。基础代谢的意义主要是维持体温、心跳、呼吸、各组织器官和细胞的基本功能。确定基础能量消耗（basic energy expenditure，BEE），必须首先测定基础代谢率。基础代谢率（basal metabolic rate，BMR）就是指人体处于基础代谢状态下，维持生命活动所需消耗的能量。基础代谢率的单位为“$kJ/(m^2 \cdot h)$”，表征每小时每平方米体表所散发的热量。最常用的计算公式：基础代谢率 %＝（脉率＋脉压）－111。

影响基础代谢的因素主要有体表面积、年龄、性别、环境温度、甲状腺功能等因素。同一性别、体重和年龄组的正常人基础代谢率很接近，其中约 90% 以上的人的基础代谢率与平均值相差不超过 15%。故临床上以此百分值作为正常值的界限。超过这一界限就被认为基础代谢异常。例如，甲状腺功能亢进的患者，其基础代谢率可比正常值高 20% ～ 80%；而甲状腺功能低下者则比正常值低 20% ～ 40%。基础代谢率的测定是临床上诊断甲状腺疾病的简便而有效的方法。其他如肾上腺皮质和垂体前叶激素分泌不足时，也可表现为基础代谢率降低。体温升高时，基础代谢率也升高。通常体温每升高 1℃，基础代谢率就升高 13%。人在长期饥饿或营养不足时，会出现基础代谢降低。此外，测定基础代谢率和在不同活动强度下的能量代谢率也是合理制订营养标准，安排人们膳食的依据。

对食物的代谢反应即食物特殊动力作用（specific dynamic action），是指人体摄入食物后，由于要对食物中的营养素进行消化、吸收、代谢转化等，需要额外消耗能量，同时引起体温升高和散发的能量。不同的产能营养素的食物热效应不同。一般来说，糖类消耗本身产生能量的 5% ～ 6%；蛋白质消耗本身产生能量的 30%；脂肪消耗本身产生能量的 4% ～ 5%。

食物的特殊动力作用的计算公式为

$$A = C + 6A/100$$

式中，A 为一天热能需要量；C 为生活观察一天热能消耗量；6A/100 为食物特殊动力作用。

身体活动又名体力活动，是指由骨骼肌收缩引起的且导致能量消耗的身体运动，日常生活的身体活动可以分为工作、家务、体育运动、娱乐活动等。体力活动所消耗能量的多少与 3 个因素有关：① 肌肉越发达者，活动时消耗能量越多；② 体重越重者，做相同的运动所消耗的能量也越多；③ 身体活动强度越大，持续时间越长，需要的能量就越多。体力活动的能量消耗也称为运动的生热效应，是构成人体总能量消耗的重要部分，其主要的影响因素是劳动强度、持续时间及数量程度等。2001 年，中国营养学会建议将我国人群的劳动强度由 5 级调整为轻、中、重 3 级，按单位时间内单项职业活动的能量消耗大小来区分活动强度，从而分时间段来计算一天的总能量消耗。这种单项职业活动的能量消耗量，可用体力活动比（physical activity rate，PAR）表示：

$$PAR = 单项职业活动的每分钟能量消耗量 / 每分钟基础代谢能量消耗量$$

式中，PAR＝1.0 ～ 2.5，活动强度为轻；PAR＝2.6 ～ 3.9，活动强度为中；PAR ≥ 4.0，活动强度为重。

处于生长发育期的婴幼儿、青少年、孕妇和乳母、康复期的患者等还要额外消耗能量来维持机体的生长发育。例如，对于新生儿来说，按千克体重计算，其生长发育所消耗的能量相当于成年人的 2 ～ 4 倍，3 ～ 4 个月的婴儿，每日摄入能量的 15% ～ 23% 用于生长发育，机体每增加 1 g 的新组织需要约 4.78 kcal 的能量。不同的人群组织的能量消耗是有很大差异的。例如，有研究显示，营养状况良好的人可以将更多的富裕能量转变为脂肪而非蛋白质，因此更容易发胖；而体形消瘦的人可能将富裕的能量转化为蛋白质，而这种过程更耗费能量，因此这类人不容易发胖。

值得注意的是，身体活动产生良好健康效益的关键是维持合理体重和体脂。运动不足或缺乏可引起体重超重或肥胖，成年人保持恒定体重的基本原理是能量摄入量与消耗量之间的平衡。国外研究提出，人的体重为一个定点调节，人体内的生理系统为维持已定体重发挥调节作用。能量不平衡时，人体为获得内环境稳定，必须重建总能量和常量营养素的新平衡。有研究观察到，在两周时间内，增加一餐膳食的糖，即可使体内糖的氧化程度增加；但如变动膳食的脂肪摄入量，使脂肪的氧化量有些改变，但变化程度仍很小，短时间内不能实现脂肪平衡的调节，多数需要改变身体的脂肪量后，才能使机体在新的体脂肪水平下获得新的平衡。

三、能量消耗的测定

（一）简易的能量消耗计算方法

1. 公式推算法

$$热量消耗量（E）=（RMR + 1.2）\times（RMR \times BSA \div 60）\times T$$

式中，RMR 为相对代谢率；BMR 为基础代谢率，单位为 kcal/（m^2 · h）；BSA 为人体体表面积，单位为 m^2；T 为时间，单位为 min。

2. 活动观察计算法 计算某人的一天的能量需求。需详细地记录其一天的各项活动，或者根据工作性质确定其活动强度，从而计算出一天的能量消耗，在算出一天的能量消耗基础上再加上 10% 的食物特殊动力作用所消耗的热能，就是一天的热能需求量。

例如，人体休息时能量消耗大约 1 RMR；当人体进行很轻的活动时，身体能量消耗达到 1.5 RMR；当人体进行轻体力活动时，身体能量消耗达到 2.5 RMR；当人体进行中等强度活动时，身体能量消耗达到 5 RMR；当人体进行重体力活动时，身体能量消耗可以达到 7 RMR。

3. **体重平衡法** 可以计算出不少于 15 d 所摄取食物的热能，并同时观察在此期间的体重变化，可以确定热能消耗。体重不变说明热能消耗量与摄入量相等；如果观察结果时发现体重比开始变化了，可按每克体重相当于盈亏 6.8 kcal 进行校正。

（二）科学计算能量消耗的方法

1. **直接测热法** 是在一种隔热严密的测热室进行，室外围有吸热水管。被试者在室内进行各种动作，借室外水管内循环水的量及温度差，计算出机体在一定时间内，向外发散的能量。直接测热的方法虽然精确，但需要特殊的装备及人力，不适用于短时间的运动。

2. **间接测热法** 是指由于食物在人体内氧化时，需消耗吸入空气中的氧，生成二氧化碳，释放出能量，因此，从测定人体消耗掉的氧气量和生成的二氧化碳量可以计算出人体所生成的热能的方法。测定时用气袋收集一定时间内受试者的全部呼出气，分析呼出气中的含氧量和二氧化碳量，将呼出气与吸入的空气对比，即可算出此段时间内机体所消耗的氧气量和二氧化碳生成量。同一时间内二氧化碳生成量与氧耗量之比，称为呼吸商（respiratory quotient，RQ），呼吸商不同，每消耗 1 L 氧气所产生的热能也不同。根据不同呼吸商的氧热价计算单位时间内运动的能量消耗。也有的学者直接采用氧消耗量计算能量消耗。目前国内外已有采用先进仪器研究劳动能量代谢的报告，可在劳动中测量出气体体积，并能做到气体自动取样。

运动的能量消耗测定，应在空腹或饭后 2 ～ 3 h 后进行。实验前受试者不能做剧烈的体力活动或吸烟。一般步骤如下：

（1）使受试者在实验前了解要求，适应各种实验器材，并在实验前有 30 min 以上的休息时间。

（2）测定安静坐位时 10 min 内的气体代谢。

（3）测定各种不同运动时的气体代谢。

（4）测定运动恢复期的气体代谢。恢复期采气时间的长短根据偿还氧债所需要的恢复时间而定。运动强度较小、气体代谢可维持稳定状态者，不需要测定恢复期气体代谢，因为运动时氧的吸收量已满足需要，机体不负氧债。

运动时的氧消耗率及能量消耗率可按下列公式计算：运动的氧消耗率（mL/ min）=［运动时氧消耗量（mL）+ 恢复期氧消耗量（mL）– 安静时氧消耗率 × 恢复时间（min）］/运动时间（min）；运动的能量消耗率（kcal/ min）=［运动时能量消耗（kcal）+ 恢复期总能量消耗（kcal）– 安静时能量消耗率（kcal/min）× 恢复时间（min）］/ 运动时间（min）。

凡是运动时间极短（几秒）或运动当时基本上处于闭气状态的运动项目，在测定能量消耗时，可以不收集运动时的呼出气体，运动的能量消耗完全以恢复期偿还氧债时所消耗的能量为准。

另外，还可以采用心率间接测定法测定氧消耗率及能量消耗率。在采用间接测热法的同时，进行运动全过程的心率（心率测定可采用无线电遥测法或用 PE 3000 Sport tester 记录心率）和能量消耗量的测定，从测出运动的能量消耗率与心率求出相关系数和回归方程式，以后则可用心率间接推算能量消耗量。心率监测对受试者干扰较少，但在实验室测试的数据与实际生活环境之间存在一定的差异，因而会造成一些误差；而且心率易受环境和心理因素的影响，因此在采用本法进行能量消耗测量时，应尽可能控制有关的影响因素。

（三）膳食调查法

膳食调查法是营养调查的基础，是人体营养状况评价的重要手段。通过对群体或个体每日进餐次数、摄入食物的种类和数量等调查，再根据食物成分表计算出每人每日摄入的能量和其他营养素，然后与推荐供给标准进行比较，评价出膳食质量能否满足人体所需，并了解膳食计划，发现食物分配和烹调加工过程中存在的问题，提出改进措施。

调查天数一般为 5 ～ 7 d，其中不包括节日。若居民有星期日吃得较好的习惯则应包括星期日在内的 7 d 调查。调查的天数也随膳食管理方法及调查方法而定。例如，在包伙制的机构（托幼机构）可用记账法进行调查，调查天数可长达一个月到半年，应用询问观察法可以对儿童一个月内的膳食情况做出比较准确的估计，为研究癌症患者不同膳食组分（如脂肪、膳食纤维等）作为不同部位的癌肿的危险因子时则常用膳食史的方法，调查期可长达数年。

1. **称重法** 即称量法，指通过准确称量掌握调查对象在调查期间（4 ～ 7 d）每日每餐各种食物的消耗量，计算每人每日的营养素摄入量。称量食物烹调前后的重量并计算生熟比值及调查对象实际所摄入的熟食重量；按生熟比值计算所摄入各种食物原料的生重；整理资料、计算、分析评价并撰写报告。调查过程与膳食的加工、烹调和进餐过程同步，该方法可获得可靠的个人食物摄入量，准确计算和分析营养素摄入量及变化状况，测试结果较为准确。

2. **记账法** 是通过记录一定时期内的食物消耗总量，并根据同一时期进餐人数，计算每人每日各种食物的平均摄入量。通过建立膳食管理账目（记录食物消耗量，登记进餐人数）计算平均每人每日各种食物的摄入量，然后进行资料的整理计算、分析评价并撰写报告。该方法操作简单、费用低、人力少，可调查较长时期的膳食，膳食管理者容易掌握。

3. **24 h 回顾法** 是通过问卷或者询问的方式，让调查对象尽可能准确地回顾调查前一天 24 h 内食物消耗情况的方法。调查前要做好调查前准备工作（了解食物价格、生熟比值、体积关系等）；入户调查要详细询问 24 h 内进餐次数、食物种类、数量、剩余量，进食地点、时间及膳食习惯；最后进行资料的整理计算、分析评价并撰写报告。该调查方法具有时间短、方便、面对面调查、应答率较高的优点。

4. **食物频率法** 是通过问卷或者询问的方式，让调查对象尽可能准确地回顾调查前一天 24 h 内食物消耗情况的方法。以问卷形式调查，问卷的设计决定调查结果的准确性。

该方法工作量小且费用较低，可迅速得到平时摄入的食物种类和数量，反映长期营养素摄入模式，也可作为慢性病研究的依据。

四、日常食品热能

糖类、脂肪和蛋白质3种产能营养素普遍存在于各种日常食物中，并且，动物性食物与植物性食物相比，含有较多的脂肪和蛋白质。随着经济发展和居民生活水平的提高，我国居民膳食结构发生了迅速的变化，人们倾向于食用更多的动物性食物。部分居民膳食中肉类、油脂的消费大幅度增加，从而导致居民膳食向高脂肪、高热能、低谷类的不正确方向发展。这种“西方化”或“富裕型”的膳食提供的脂肪和能量过高，与之相关的一些慢性病如心脑血管病、高血脂、糖尿病、肥胖症、恶性肿瘤的发生率也随之增高。工业食品中含能量的多少是营养学方面的一项重要指标，但是不管是哪种食品，都应有一定的营养密度，而且从总的情况来看，在人体所需热能和各种营养素之间应保持一定的平衡关系，认识整体合理营养膳食的重要性。不同能量膳食的各类食物参考摄入量见表9－2。

表9－2　不同能量膳食的各类食物参考摄入量（g/d）

食　物	低等能量膳食（约1 800 kcal）	中等能量膳食（约2 400 kcal）	高等能量膳食（约2 800 kcal）
谷类	300	400	500
蔬菜	400	450	500
水果	100	150	200
肉、禽	50	75	100
蛋类	25	40	50
鱼虾	50	50	50
豆类及豆制品	50	50	50
奶类及奶制品	100	100	100
油脂	25	25	25

第二节　膳食营养

合理营养是决定机体体能和健康水平的一个重要因素。食物中含有6种营养素，包括糖类、脂肪、蛋白质、矿物质、无机盐和水。合理膳食的基本要求包括以下4点。

1. *膳食平衡*　人们每日的膳食应满足人体所需，能够为机体提供充足的热能和营养素。应保持各种营养素之间的平衡以便机体的吸收和利用，从而达到机体所需的动态过程的最佳状态。人体对食物的反应及适应，食物被机体的吸收和利用的过程就是膳食平衡的过程。机体的各种生理功能决定了人体需要用多种营养素来维持，任何一种单一的食物都不能完全满足人体的需求，因此，需要多种营养物质来满足膳食平衡。

2. **食物对人体无毒无害**　食物中有害因素很多，包括有毒动植物、微生物病原体、化学毒物和农药残留、食品添加剂、细菌等，这些有害物质对机体的伤害很大，有的甚至致命，因此，应该重视食物的卫生状况，不符合卫生标准的食物不应食用。

3. **合理的膳食应该是易于消化吸收的**　合理的加工与烹饪可以提高机体对食物营养的吸收，促进食物的消化。需要注意的是，食物的加工过程需要注意营养素的损失问题。

4. **正确的膳食制度**　热能与各种营养素的摄入应满足机体的生理需求，使摄入的食物能够被消耗吸收利用。膳食制度是根据不同人群的劳动情况及生理状态而制订的，主要是进食的时间与食物分配。

一、《美国膳食指南》

美国于1977年发布第一版《美国膳食目标》，又于1980年更名为《美国膳食指南》，从“目标”到“指南”的转变，体现出了它的实用性。1992年美国农业部发布了膳食金字塔（food pyramid），膳食金字塔希望向美国公众普及以下知识：选择多种食品来满足营养需求；注意能量摄入以维持适当体重；控制脂肪的过量摄取。但膳食金字塔发布10年来却没有收到预期的效果，因此，美国农业部于2005年迅速发布了新的膳食金字塔（图9－1），美国新版膳食金字塔把旧版膳食金字塔的横向分割改成了纵向分割，用横幅的广度来表示各种食物群的重要性。在金字塔边增加了攀登台阶的人形来突出运动的重要性。“MyPyramid”表明膳食金字塔的个性化；“Steps to a healthier you”以期唤起公众对健康的关心；网站 www.foodpyramid.com/mypyramid 则提供更多、更具体的健康膳食的信息。《美国膳食指南》每5年修订再版1次，包括1980版、1985版、1990版、1995版、2000版、2005版、2010版，以及于2015年发布的最新版。

图9－1　美国农业部于2005年发布的膳食金字塔

美国之前的几版指南主要强调食物种类的摄入与营养元素的摄入量，但居民每日的饮食是由多种食物混合而成的，其产生的相互作用也应该被重视，因此2015版的《美国膳食指南》以“健康摄食模式”为主线，意在强调膳食的整体搭配，具体为以下5个条目和4项推荐意见。

5个条目：

（1）一生遵循“健康摄食模式”。

（2）集中关注食物品种、营养素密度与摄入量。

（3）限制来自添加糖与饱和脂肪的能量，减少钠的摄入。

（4）转向更健康的食物与饮料。

（5）支持全民采用健康摄食模式。

4 项推荐意见：

（1）在适宜的摄入能量水平，从全部食物饮料中选出适合的品种组成健康摄食模式。

（2）健康摄食模式包括：① 多种蔬菜包括深绿色、橘黄色蔬菜，豆类（干豆与鲜豆），淀粉类及其他。② 水果，特别是全果。③ 谷类，至少一半是全谷。④ 无脂或低脂乳类。⑤ 蛋白质食物，包括海产品、瘦肉与禽类、蛋类、豆类及大豆制品、坚果、籽仁。⑥ 食用油。

（3）健康摄食模式限制饱和脂肪、添加糖每日摄入量均应小于总能量 10%。钠每日摄入量应小于 2 300 mg，尽量限制反式脂肪的摄入。

（4）各年龄期均应按《2008 美国体力活动指南》进行活动，达到能量平衡与维持健康体重，以利于降低慢性病风险。

（一）2015 年《美国膳食指南》健康的饮食模式

2015 版《美国膳食指南》的第一条核心推荐即“一生遵循‘健康摄食模式’”。摄食模式是指在一天、一周或一年的时间内，个人摄入的所有食物和饮料的总和。既往的《美国膳食指南》主要集中在食物组和营养素等个体膳食组成陈述上。但是，人们日常摄入的食物并不是单个的食物组和营养素，而是组合不同类型食物，并且这些组合的食物对健康有协同作用。例如，降高血压饮食模式（dietary approaches to stop hypertension，DASH）可有效降低高血压。因此，强调饮食模式的概念，是该版《美国膳食指南》的核心内容。

（二）我的餐盘

美国联邦政府在《美国膳食指南》中建议通过食品、营养、健康政策和计划及公众营养教育材料，应用《美国膳食指南》来满足美国人和特定人群的需要。虽然《美国膳食指南》为联邦机构制订营养和健康计划提供了基础，但每个联邦机构的职权和责任将决定如何最好地执行《美国膳食指南》，以服务于其特定的受众。例如，美国农业部和其他联邦机构实施《美国膳食指南》的一种方式是通过“我的餐盘（MyPlate）”，它提醒人们通过在不同的食物群体中做出健康的选择来建立健康的饮食模式。联邦机构和非联邦机构的项目都可以将“MyPlate”作为一种资源，帮助美国人在日常饮食选择上做出调整，以符合《美国膳食指南》（图 9－2）。通过我的餐盘执行膳食指南，提醒人们通过在不同的食物组中做出健康的选择来建立健康的饮食模式。

总体来说，2015 版《美国膳食指南》侧重推荐健康的饮食模式，包括多摄入蔬菜、水果、全谷类、低脂奶制品、坚果及海产品；减少红肉和加工肉制品、含糖饮料、盐和精制糖类的摄入；强调脂肪的种类选择比限制摄入总量更为重要；取消了胆固醇的摄入上限；强调用高营养度的食物取代不健康的选择；并强调各行业、多层面均进行改变，以创造一个有利于居民选择健康饮食的社会生态环境。这些新观点在专业和社会上引起了较大的反响，影响深远。

图 9－2　我的餐盘（2015 版）

二、中国居民平衡膳食宝塔

中国初次发布《中国居民膳食指南》是在 1989 年，并在 1997 年、2007 年、2016 年进行了三次修订，目前我国最新版的《中国居民膳食指南（2016）》是 2016 年发布实施的。随着时代的发展，我国居民的膳食营养结构与慢性疾病发生率都发生了较大的变化，因此，及时修订新的膳食指南势在必行。从频率上来说，我国的膳食指南基本上每 10 年左右修订 1 次，且每一版内容都是以当时的社会状况为基础，进而提出的切实可行的建议方案。

（一）2007 版中国居民平衡膳食宝塔

2007 版中国居民平衡膳食宝塔共分 5 层（图 9－3），包含我们每日应吃的主要食物种类。膳食宝塔各层位置和面积不同，这在一定程度上反映出各类食物在膳食中的地位和应占的比重。水和谷类、薯类及杂豆位居底层，每人每日应该吃谷类、薯类及杂豆 250 ～ 400 g，每日需水 1 200 mL；蔬菜类和水果类居第二层，每日应吃 300 ～ 500 g 蔬菜和 200 ～ 400 g 水果；畜禽肉类、鱼虾类及蛋类等动物性食物位于第三层，每日应该吃 125 ～ 225 g（鱼虾类 50 ～ 100 g，畜禽肉类 50 ～ 75 g，蛋类 25 ～ 50 g）；奶类及奶制品和大豆类及坚果合居第四层，每日应吃 300 g 的奶类及奶制品和 30 ～ 50 g 的大豆类及坚果；第五层塔顶是油和盐，每日应摄入油 25 ～ 30 g，食盐不超过 6 g。膳食宝塔没有建议食糖的摄入量，因为当时我国居民现在平均吃糖的量还不多，对健康的影响还不大。

该膳食宝塔图较之前增加了水和身体活动的形象，强调足量饮水和增加身体活动的重要性。建议在温和气候条件下生活的轻体力活动的成年人每日至少饮水 1 200 mL（约 6 杯）。在高温或强体力劳动的条件下，应适当增加。饮水不足或过多都会对人体健康带来危害。饮水应少量多次，要主动，不要感到口渴时再喝水。目前，我国大多数成年人身体活动不足或缺乏体育锻炼，应改变久坐少动的不良生活方式，养成天天运动的习惯，坚持每日多做一些消耗体力的活动。建议成年人每日进行累计相当于步行 6 000 步以上的身体活动，如果身体条件允许，最好进行 30 min 中等强度的运动。

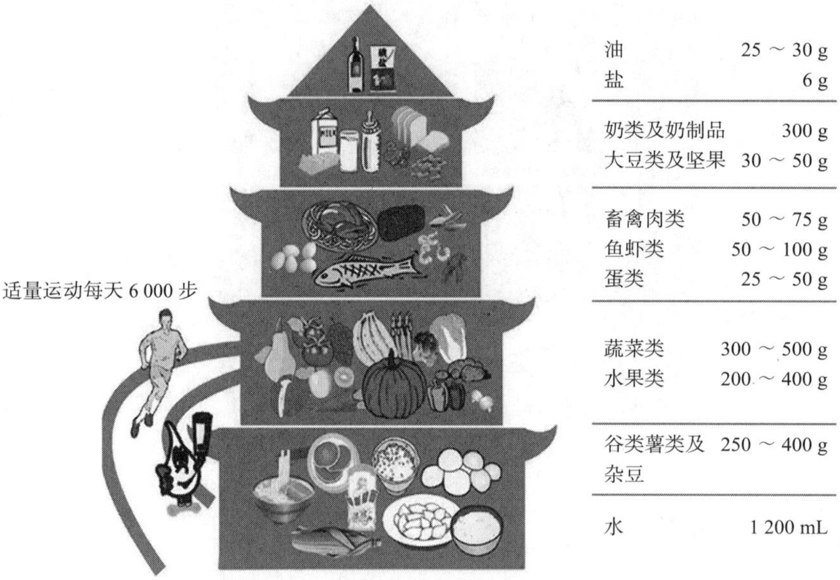

图 9－3 中国居民平衡膳食宝塔（2007 版）

（二）2016 版中国居民平衡膳食宝塔与餐盘

1. 2016 **版中国居民平衡膳食宝塔** 最新版的中国居民平衡膳食宝塔以科学证据为基础，依据《中国居民膳食指南（2016）》，结合中国居民的膳食结构特点和身体活动建议设计而成，是促进我国居民健康的指导性文件。《中国居民膳食指南（2016）》突出强调平衡膳食模式和食物量化指导，它把平衡膳食的原则转化各类食物的重量，并以宝塔形式直观地表现出来，通俗易懂，便于在日常生活中应用。平衡膳食宝塔包含我们每日应吃的主要食物种类（图 9－3）。平衡膳食宝塔各层位置的面积不同，这在一定程度上反映出各类食物在膳食中的地位和应占的比重。在教育居民采用平衡膳食、改善营养状况及增强健康素质方面有着重要的作用，能帮助我国居民改善膳食模式、引导食物生产与消费、增强人们的体质健康、促进社会的可持续发展。

中国居民平衡膳食宝塔（2016 版）建议的各类植物的摄入量一般是指食物的生重，各类食物的组成是根据全国营养调查中居民膳食的实际情况计算的，因此每一类食物的重量不是指某一种具体的食物的重量（图 9－4）。

（1）谷薯类：是面粉、小麦、大米、玉米粉和高粱等的总和。它们是膳食中重要能量来源。多种谷薯类掺着食用更佳，加工的谷类食品如面条、烙饼、切面等应折合成相当的面粉量来计算。

（2）蔬菜类和水果类：两者经常放在一起，因为它们有许多共性。但蔬菜和水果终究是两类食物，各有优势，不能完全相互代替。一般来说，红、绿、黄等较深颜色的蔬菜和深黄色水果含营养素比较丰富，所以应该选用深色蔬菜和水果。

（3）畜禽肉、水产品、蛋类：这三者可以归为一类，主要提供蛋白质、维生素及矿物质等，三者也有区别，水产品脂肪含量很低，有条件可以多吃一些。畜禽肉包含畜肉、禽肉及内脏，这类食物脂肪含量较高，所以应该注意摄入的量不宜过多，蛋类胆固醇含量较高，因此每日不要超过一个为好。

（4）奶及奶制品和大豆及坚果类：对于奶及奶制品，如鲜牛奶和奶粉，由于中国居民普遍存在缺钙的现象，奶类正好是补钙的首选，很难被其他事物取代。对于大豆及坚果类，建议是 25 ～ 35 g。

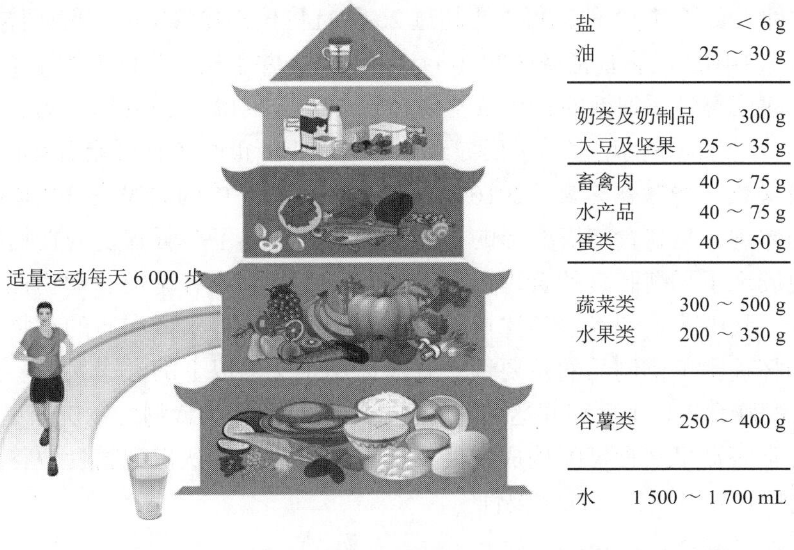

图 9－4 中国居民平衡膳食宝塔（2016 版）

中国居民平衡膳食宝塔（2016 版）应根据个人的年龄、性别、身高、体重、劳动强度等情况适当调整，年轻人、劳动强度大的人对能量的需求量大，应适当多吃一些主食，年老、活动少的人需要能量少，可少吃主食。一般来说人们的进食量可自动调节，中国居民平衡膳食宝塔（2016 版）建议的各类食物摄入量是一个平均值和比例。各类食物的比例也应该基本与中国居民平衡膳食宝塔（2016 版）一致。《中国居民膳食指南（2016）》主要是为我国居民的膳食平衡、合理营养来提供指导，从而促进人们的健康。

近几十年来，随着经济的高速发展，人民生活水平的改善，我国居民的饮食习惯和消费观念都发生了很大转变，整体健康状况在不断提高，人均预期寿命也逐年增长。然而，在膳食结构方面依然存在一些不合理的地方，表现为优质蛋白质的摄入量偏低，而饱和脂肪的摄入量偏高，从而引发一些慢性疾病，体重超标也与此有关。另外，一些地区还存在营养不良的情况。对此，《中国居民膳食指南（2016）》提出了 6 条核心建议。

（1）食物多样，谷类为主。

（2）吃动平衡，健康体重。

（3）多吃蔬菜、水果、奶类、大豆。

（4）适量食用水产品、瘦肉、禽类、蛋类。

（5）少盐少油，控糖限酒。

（6）杜绝浪费，兴新食尚。

《中国居民膳食指南（2016）》充分考虑了我国的现实需要，并根据《中国居民营养与慢性病状况报告（2015）》中指出的我国居民面临营养缺乏和营养过剩双重挑战的情况，提出了合理的膳食指导建议。与以前的旧版指南相比，《中国居民膳食指南（2016）》核心建议由10条减少到了6条，主要变化为水的每日建议量略有提升，豆类及坚果、动物性食物、水果的摄入量稍稍下降，盐则从6 g变为小于6 g。此外，旧版指南只是建议食物摄入要丰富、多样化，《中国居民膳食指南（2016）》则给出了具体的量化标准：每日摄入的食物种类要超过12种，每周要超过25种且将核心建议中的“健康体重”从旧版第六条提到了《中国居民膳食指南（2016）》第二条，并于核心建议中增添了“控糖限酒”这一条款，建议每日添加糖的食用量不要超过50 g，维持在25 g以下为宜。摄入过多的添加糖常会引起总能量的增多，进而导致体重增加，严重时还有可能引发心血管疾病。

2. **中国居民平衡膳食餐盘（2016版）** 同样是《中国居民膳食指南（2016）》的核心内容的体现，是膳食宝塔图形的补充说明。其描述了一餐膳食的食物组成和大致比例，直观地展现了平衡膳食的合理组合与搭配。餐盘分成谷薯类、动物性食品、蔬菜、水果4部分，其中蔬菜和谷薯类比重所占的面积最大，提供蛋白质的动物性食品最少。餐盘旁牛奶杯提示了奶制品的重要性。餐盘适用于2岁以上的健康人群。按照膳食餐盘的比例来搭配膳食，易于理解并达到营养需求。餐盘的各类食物的比例图更简单、直观，便于指导日常餐盘里膳食搭配构成比例，还有助于消费者认识到膳食中谷薯类、蔬菜和水果等植物性食物及奶制品的重要性。

（三）体育运动与营养

体育运动与营养都是维持和促进人体健康的重要因素，营养素是构成机体组织的物质基础，营养用来给机体补充能量，合理的营养供给能够提供运动适宜的能源物质，是机体代谢平衡的保障，合理的营养有利于预防运动损伤，有助于剧烈运动后的恢复，减轻运动性疲劳程度。运动能够消耗身体的营养物质，增强机体的代谢功能，合理的运动可以使运动员具有适宜的体重和体脂成分，便于解决运动训练中的特殊问题。营养与运动的科学配合并保持两者的动态平衡，可以更有效地促进机体的生长发育，新陈代谢，两者相辅相成，是维持和促进人体健康的重要因素。

运动与热能代谢的水平及对营养的需求取决于运动强度、密度和持续时间及运动者年龄、运动的水平和体重等多种因素。单纯地注重营养，却不运动，就会使人体肌肉松弛、体重增加，身体运动能力下降；单纯的体育运动，但是缺乏营养的补充，会使体内消耗的营养物质得不到补偿，从而影响健康。

一般来说，运动促进多种营养素的利用和消耗，同时也促进了人体对营养素的需求，通过运动的方式，机体的供能转换关系及代谢速度可加快。同时，运动可以增强骨骼的坚固性，提高心肺耐力，使机体细胞获取充足的营养物质和氧气，使生理功能更加完善合理，可以改善神经系统的兴奋性和灵活性，提高对外界环境的适应能力，提高机体的抵抗力。所以，运动与膳食的平衡可以改善机体的各器官系统的功能，促进身体健康。

三、谷类及其制品的营养

谷类主要包括大米、小麦、高粱、青稞、玉米和荞麦等，在我国居民膳食中是不可缺少的部分，是机体最主要热能来源，是我国基民的主食，占膳食重量百分比的50%以上，能提供热能的50%～70%。我国的谷类包括稻类、麦类、豆菽等。

谷类的种子除了形态大小不一样外，其结构基本相似，最外层是谷皮，谷皮内是糊粉层，再内层为占谷粒绝大部分的胚乳和一端的胚芽，其中谷皮、胚乳、胚芽3个部分分别占谷类重量的13%～15%、83%～87%、2%～3%。谷皮主要是由纤维素、半纤维素等组成，含较高的矿物质和脂肪。糊粉层介于谷皮与胚乳之间，含有较多的磷和丰富的B族维生素及无机盐。胚乳是谷类的主要部分，含有大量的淀粉和一定量的蛋白质。胚芽中富含脂肪、蛋白质、无机盐、B族维生素和维生素E，胚芽在加工时因易与胚乳分离而损失。

（一）糖类

谷类中主要含有淀粉，占70%～80%，经过胃肠的消化吸收之后变成葡萄糖，是人体的主要能量物质。

（二）蛋白质

谷类中的蛋白质的含量一般占7.5%～15%，主要由谷蛋白、醇溶蛋白、球蛋白组成。一般谷类蛋白质的必需氨基酸组成不平衡，如赖氨酸含量少，苏氨酸、色氨酸、苯丙氨酸、甲硫氨酸含量偏低，因此蛋白质的营养价值低于动物性食物。谷类中的蛋白质含量虽不高，但在膳食总量中谷类所占的比例较高，因此谷类是膳食中蛋白质的重要来源。如果每人每日食用300～500 g谷类，就可以获取35～50 g蛋白质。

（三）脂肪

谷类中的脂肪含量很低，大米、小麦中脂肪的含量为1%～2%，玉米和小米可达4%。主要集中在糊粉层和胚芽，因此在谷类加工时易损失脂肪或将其转入副产品中。食品加工业中常将其副产品用来提取与人类健康有关的油脂，如从玉米中提取胚芽油。这些油脂含不饱和脂肪酸达80%，其中亚油酸约占60%，这类油脂作为功能油脂可以替代膳食中富含饱和脂肪酸的动物油脂，能够降低血清胆固醇，从而起到预防动脉粥样硬化的作用。

（四）矿物质

谷类中矿物质占1.5%～3%，主要包括钙和磷，并多以植酸盐的形式集中在谷皮和糊粉层中，消化吸收率较低。

（五）维生素

谷类是膳食中B族维生素的主要来源。维生素B_1、维生素B_2、烟酸、维生素B_3、维生素B_6等含量较多，主要分布在糊粉层和胚部，但是容易随着加工损失。例如，小麦加工成面粉后，面粉中的B族维生素只有原来的10%～30%，因此要注意其他副食的补充。

四、蔬菜和水果的营养

随着人们的生活水平的提高，食物中脂肪及蛋白含量较高，从而增加了人体器官的负担，使体重大大增加，所以，蔬菜和水果的重要性越来越突出。蔬菜和水果中蛋白质和脂肪的含量较少，其主要成分是人体所必需的一些糖类、维生素、无机盐、生物酶及植物纤维等。蔬菜和水果种类繁多，含有人体所需要的多种营养成分，是膳食维生素和无机盐的主要来源，还含有丰富的纤维素、果胶和有机酸等，能刺激胃肠蠕动和消化液分泌，对促进人们的食欲和帮助消化起着很大作用。

（一）糖类

糖类主要包括糖、淀粉、纤维素和果胶物质。大部分的蔬菜和水果中糖类含量较少，仅为2%～6%，几乎不含有淀粉。但是储藏器官类的蔬菜和水果的糖类含量较高，如马铃薯和藕的含量分别为16.5%、15.2%。蔬菜和水果种类不同，其所包含的营养成分的种类和数量也不同。

（二）维生素

新鲜的蔬菜和水果是抗坏血酸、胡萝卜素、核黄素和叶酸的重要来源。胡萝卜素的含量与颜色有关，深绿色和橙黄色的果蔬中胡萝卜素的含量较高，每100 g中含量为2～4 mg；每100 g蔬菜和水果的维生素C含量为10～90 mg。

（三）无机盐

蔬菜和水果中含有丰富的钙、磷、铁、钾、镁、铜等，这些元素是无机盐的重要来源，在维持机体的酸碱平衡中具有重要作用。例如，每100 g绿叶类蔬菜中，铁的含量是1～2 mg，钙的含量在100 mg以上。

（四）芳香物质、有机酸及色素

蔬菜和水果中含有各种芳香物质、有机酸及色素，他们赋予蔬菜和水果较好的感官性状、给人们视觉上的美感。水果中的有机酸以苹果酸、柠檬酸和酒石酸为主，此外还有乳酸、琥珀酸等，有机酸因水果种类、品种和成熟度不同而异。有机酸能够促进食欲，有利于食物的消化。

另外，在蔬菜和水果的加工烹饪方面，不同的制作方法对蔬菜和水果的营养价值的影响不同。例如，水果中的维生素 C 含量丰富，但是不稳定，具有水溶性，因此在烹饪过程中要注意其方式方法。建议水果最好以生吃为主，这样就不会受到加工烹饪的影响。

五、水产类和肉类的营养

肉类食物包括畜和禽的肌肉、内脏及其制品。畜肉主要有猪肉、牛肉、羊肉、兔肉等。禽肉有鸡肉、鹅肉等。畜和禽的内脏主要为心、肝、肾、胃、肠等。水产品包括鱼、虾、蟹、蛤、海参、贝、藻等各种水生动植物。该类食物营养丰富。

（一）蛋白质

水产类和肉类含有丰富的蛋白质，肉类食品蛋白质含量占 10% ～ 20%，其中肝脏中蛋白质含量占比最高，可达 21% 以上，其次是瘦肉，约 17% 为蛋白质，肥肉中蛋白质含量较低，肉类蛋白质含有人体各种必需的氨基酸，是机体必需的食物之一。鱼类是人们食用最多的水产品，其蛋白质的含量占 15% ～ 25%。鱼类的氨基酸组成较为平衡，人体的利用率较高，更易消化。

（二）脂肪

水产类和肉类中含有丰富的脂肪，畜肉中的脂肪多以饱和脂肪酸为主，熔点较高，其中 90% 为中性脂肪，即三酰甘油。另外，肉类还含有少量的卵磷脂、胆固醇和游离脂肪酸。值得注意的是，家畜内脏中的胆固醇含量远远高于畜肉。水产类主要以不饱和脂肪酸为主，通常呈液态，人体的吸收率为 95% 左右，熔点较低，且富含二十五碳五烯酸、三十二碳六烯酸。

（三）维生素

维生素含量在动物内脏尤其肝脏最多，肝脏不仅含有丰富的维生素 A，还含有大量的 B 族维生素，是维生素 B_2 的极好来源。水产品中维生素 A、维生素 D、维生素 E 含量均高于畜肉，是维生素 B_2 的来源。但是，出血性疾病患者、痛风患者、肝硬化患者等不宜食用鱼肉。

（四）矿物质

畜肉中矿物质含量占 0.8% ～ 1.2%，是钾、铁、锌等矿物质的重要来源。肉类中的铁主要是以血红素铁的形式存在。肝脏是铁的存储器官，含量很高。例如，每 100 g 猪的肝脏中，含铁量高达 22.6 mg。但是对于血脂异常、胆固醇含量较高的人群来说，日常膳食摄入中需要尽量减少动物内脏的摄入。与畜肉相同的是，禽肉中的矿物质的含量也很高。除此之外，水产品含有丰富的矿物质，鱼类的矿物质含量为 1% ～ 2%。鱼类中含有丰富的碘，一般海水鱼每 100 g 中含碘为 50 ～ 100 μg，淡水鱼每 100 g 中含碘为 5 ～ 40 μg。

六、蛋类的营养

蛋类是鸟类动物的卵，包括鸡蛋、鸭蛋、鹅蛋、鸽蛋、火鸟蛋、鸵鸟蛋和鹌鹑蛋等，其中食用最多的是鸡蛋。生蛋含有“抗生物素蛋白”和“抗胰蛋白酶”，这两种有害物质受热可被破坏，有利于人体对蛋白质的消化吸收。

蛋类中蛋白质的含量高达 12.8%，含有人体所需的多种必需氨基酸，是理想的天然优质蛋白。各种蛋的结构都很相似，主要是由蛋壳、蛋清、蛋黄 3 部分组成，蛋清和蛋黄分别占总可食用部分的 2/3 和 1/3。蛋清中营养素主要是蛋白质，不但含有人体所需的必需氨基酸且氨基酸组成与人体组成模式接近，生物学价值达 95 以上。同时蛋清也是核黄素的重要来源。蛋黄中的营养成分比蛋清要多，其中钙、磷和铁等无机盐及维生素 A、维生素 D、维生素 B_1、维生素 B_2 都集中在蛋黄中，另外，脂肪主要集中在蛋黄中，蛋黄还含有丰富的卵磷脂和胆固醇。需要注意的是，肾脏病患者、高热患者、肝炎患者、初产妇、蛋白质过敏者不宜吃鸡蛋。

对于蛋类的加工烹饪方法，一般要求温度不要超过 100℃，这样基本不会破坏蛋类的营养价值，烹饪过程中的加热能够提高蛋类的消化吸收，具有杀菌作用。

七、奶类及奶制品的营养

牛奶与人类的健康息息相关，中国乳制品产量和总产值在最近的 10 年内增长了 10 倍以上。奶类及奶制品具有较高的营养价值，其营养成分齐全、比例适宜，可满足人们的生长发育且容易消化。奶类及其奶制品中含有蛋白质、脂肪、糖类、矿物质及维生素等。首先，牛奶能够促进儿童青少年的生长发育。中国医科大学一项研究显示，半年内饮用牛奶的小学生比不饮用者身高增加了 0.72，调查结果显示，3 ～ 6 岁儿童牛奶摄入量于其身高和体重呈正相关。也有研究显示，每周补充 5 d × 125 g 的酸奶，持续 9 个月，可促进 3 ～ 5 岁儿童的身高增长，同时可增强骨密度。另外，牛奶能够降低体重。这与牛奶中含有钙、亮氨酸和共轭亚油酸有关。高脂肪、高糖、低钙的膳食可以促进脂肪的合成，亮氨酸可以提高代谢率，增加脂肪组织中解偶联蛋白 – 2（UCP – 2）和骨骼肌中解偶联蛋白 – 3（UCP – 3）的表达，从而促进能量的消耗，降低体重。

奶类及奶制品含有的蛋白质为优质蛋白，约占 3%，约为人奶的 3 倍，提高奶类的摄入量有助于提高膳食蛋白质的利用率。奶类中的脂肪含量约占 3%，其吸收率高达 97%，含有较多的必需脂肪酸，并且短链脂肪酸含量较高，易于消化吸收。奶制品中含有的糖类主要为乳糖，乳糖可促进胃肠道蠕动和消化液分泌、提高肠道的抗菌能力，降低肠道 pH，能够促进乳酸菌的生长及钙的吸收。乳制品不仅仅是营养食品，也是促进健康的保健食品。奶类中的矿物质占 0.7% ～ 0.75%，其中含有钾、钙、镁、锌等 12 种必需的矿物质，其中每 100 g 奶类食物中含有 100 mg 钙。另外，奶类中含有人体所必需的各种维生素，其中包括维生素 A、维生素 B_1、维生素 B_2、烟酸、类叶红素和叶酸等，其含量与饲养的方式有关。

奶类及奶制品不能空腹饮用，不得与药物同时服用，酸奶不宜加热和空腹食用。与其他食物相比，老年人更易吸收奶类及奶制品。对于患有肝胆疾病和糖尿病的老年人，奶制品有助于促进细胞的生成。但是，患有结肠炎、缺铁性贫血及乳糖不耐等患者不宜饮用牛奶。

【复习题】

1. 名词解释

热能、能量系数、食物特殊动力作用、呼吸商。

2. 简答题

（1）能量测定的方法都有哪些？

（2）运动员合理营养有哪些基本要求？

（3）简述什么是能量平衡。

3. 论述题

（1）如何理解运动与营养的关系。

（2）论述不同食物类别的营养成分。

（3）怎样理解膳食平衡宝塔。

第十章

各类专项运动员的营养

第一节 运动员营养与运动项目概论

研究运动员的营养需求，利用多种营养因素来提高运动能力，无论什么运动项目，运动员都应当采用多样化的营养膳食，使机体各方面都维持在适宜水平。运动员能量需求是指能够平衡运动员能量消耗，以维持身体形态、身体结构、生理功能及正常运动训练和比赛的食物能量平衡。研究显示，运动员在基础代谢和食物代谢反应等方面与一般人没有明显的区别，因此，运动员的能量需求主要取决于不同运动项目的能量消耗率、运动训练或比赛的持续时间等。不同的运动对肌肉系统具有不同的代谢要求，因此不同项目的运动员的营养要求不尽相同。通过研究各类专项运动员在不同训练和比赛情况下的营养需要，从而提高运动员的运动能力及专项成绩。同时，合理营养有助于提高运动员运动后的机体恢复，保持良好的运动的状态，延缓运动性疲劳。一般情况下，在运动员的膳食中，糖、蛋白质及脂肪的能量需求分别占总能量的 55% ～ 65%、12% ～ 15% 和 25% ～ 30%。

一、运动与能量消耗

运动员的能量需求通常是以其能量消耗量为依据计算的，还可以根据运动员包括基础代谢等在内的全部能量消耗量的多少以每日或每周能量消耗总量加以表示，表 10 - 1 为不同运动项目的能量消耗率，表中的数值代表不同体重的人群在完成不同运动项目活动时的能量消耗率 [kcal/（min · kg）]，以该数值乘以运动时间就可以获得完成该项目活动所消耗的能量。大量的研究表明，按照以上方法计算得到的运动员能量消耗一般小于 5 000 kcal/d，而不同运动项目运动员的能量消耗量则与所从事的运动项目、运动训练 / 比赛强度和运动时间、性别、运动员体重等多种因素有关。

虽然不同的运动项目虽能量消耗差异很大，但是这些能量均由体内的三大能源物质的分解代谢所提供，机体提供的能量主要取决于运动项目的强度和持续时间。耐力性运动项目如长距离自行车、长距离游泳等能量消耗较高，而舞蹈等项目的能量消耗较低。以男子铁人三项和举重为例，前者能量消耗率为 57.6 kcal/（d · kg）后者的能量消耗率为 46.7 kcal/（d · kg）。

表 10－1 部分运动项目能量消耗率 [（kcal/ min·kg）]

项目	50 kg	53 kg	56 kg	59 kg	62 kg	65 kg	68 kg	71 kg	74 kg	77 kg	80 kg	83 kg
排球	2.5	2.7	2.8	3.0	3.1	3.3	3.4	3.6	3.7	3.9	4.0	4.2
舞蹈	6.7	7.1	7.5	7.9	8.3	8.7	9.2	9.6	10.0	10.4	10.8	11.2
自行车	5.0	5.3	5.6	5.9	6.2	6.5	6.8	7.1	7.4	7.7	8.0	8.3
篮球	5.5	5.8	6.1	6.4	6.8	7.1	7.4	7.7	8.1	8.4	8.7	9.0
游泳	6.4	6.8	7.2	7.6	7.9	8.3	8.7	9.1	9.5	9.9	10.2	10.6
足球	6.6	7.0	7.4	7.8	8.2	8.6	9.0	9.4	9.8	10.2	10.6	11.0
跑步	10.8	11.3	11.9	12.5	13.1	13.6	14.2	14.8	15.4	16.0	16.5	17.1
滑雪	13.7	14.5	15.3	16.2	17.0	17.8	18.6	19.5	20.3	21.1	21.9	22.7

二、运动与供能系统

运动中的能源物常是混合性的。根据运动强度、类型及缺氧程度的不同，以一种能源物质的供应为主。运动中最直接和最迅速的能量来源是 ATP。最大强度运动时的主要能源物质是 ATP。骨骼肌 ATP 的储备量很小，每千克仅为 4.6 ～ 6.0 mmol/L，只能维持 0.5 s 最大强度肌肉收缩。体内储存的磷酸肌酸量，每千克约 17 mmol/L，也只能满足几秒钟剧烈运动的需要。ATP－磷酸肌酸的容量虽小，然其供能直接、迅速，可满足一些高强度运动的需要；运动中 ATP 消耗后需要不断再合成，以补充持续高强度运动需要。脂肪和糖提供运动中 ATP 再合成所需要的绝大部分能量，这些基质的能量在线粒体的电子传递过程中，将 ADP 氧化磷酸化为 ATP。糖加上肌肉储备的磷酸肌酸，在无氧情况下，通过基质的磷酸化反应过程也可提供能量，无氧合成 ATP。

由此可见，ATP 的不断补充是以糖的无氧酵解和脂肪、糖的有氧氧化代谢途径实现的。ATP－磷酸肌酸的最终来源是食物中的糖、脂肪和蛋白质三大能源物质。运动中的主要能源是糖和脂肪酸，两者供能的比例取决于运动强度；运动强度达到最大摄氧量的 75% 或以上时，糖氧化供能的比例增加，运动强度降低至最大摄氧量的 65% 以下时，脂肪供能的比例增加。体内脂肪酸的氧化利用必须在有氧条件下进行。运动强度加大、缺氧严重时则利用很少（表 10－2）。运动中能源物质代谢情况可由呼吸商、血液中能源基质水平、激素水平和肌肉活体组织检查等技术途径来了解。ATP－磷酸肌酸的根本来源是食物中的糖、脂肪和蛋白质三大能源物质。

表 10－2 骨骼肌细胞利用的能置系统

系 统	各系统的利用情况	运动举例
ATP	所有情况	各种投掷、跳、100 m 跑等高强度运动
磷酸肌酸	运动开始时，极限强度运动及其后短间歇	同上，高强度有间隙的运动训练
无氧糖酵解	高强度运动，尤其是 30 s ～ 2 min 的运动	200 m 计时跑
糖有氧氧化	运动持续 2 min ～ 5 h，强度越大，利用越多	篮球、排球、游泳、慢跑等
脂肪有氧利用	持续时间长的低强度运动	长距离跑步、游泳和骑车
蛋白质有氧利用	所有低强度运动	长时间耐力性运动

另外，从运动时间上大致可将能量供给分为下表 10－3 所列 4 个系统。当运动强度变小、运动时间延长时，糖和脂肪两类营养素供能的比例也发生变化，糖的利用减少，而脂肪的利用增加。运动冲刺时，糖的供能占优势，此变化反映了运动的适应过程。糖是运动中能量供给必需的物质。肌肉中储备的糖原耗竭时，运动能力明显下降，而且容易发生外伤。增强长时间运动中动用脂肪的能力可节约肌糖原的耗损，有利于提高运动能力。

表 10－3 为不同运动持续时间的主要供能系统

运动时间	供能系统
＜ 30 s	磷酸原
30 s ～ 1.5 min	磷酸原和糖酵解
1.5 ～ 3 min	糖酵解和有氧氧化
＞ 3 min	糖和脂肪有氧氧化

第二节 力量型项目运动员营养

一、力量型项目运动员的供能特点

该运动项目要求力量与速度，如有阻力的骑车、举重、划船、冰球、足球、橄榄球和摔跤等。力量型项目对运动员神经肌肉协调性要求很高，并要求其能在短时间内爆发力量，运动强度大，对肌肉力量、爆发力及神经肌肉协调性要求较高，具有间歇运动的特点及无氧供能的特点。力量型项目运动员对自身的力量要求很高，因此肌肉活动所需的能量主要来自无氧性的磷酸原系统，适当补充肌酸可增加体内磷酸肌酸的储备，另外，部分项目的能力需求还来自糖酵解系统供能。

研究显示，由于受到传统饮食习惯的影响，通常情况下，国外的力量型项目运动员的蛋白质摄入量过高，有的国家超出 RDA 标准的 2 ～ 4 倍，但是并没有研究显示蛋白质过量摄入对运动员的身体健康和改善力量性运动项目成绩具有促进作用。

二、力量型项目运动员的膳食营养

从事力量型运动项目的运动员能量供给要求和营养素的需求不同，力量型运动员成绩的好坏与他们的饮食和体重的保持具有很大的关系。力量型运动员按照他们的体重每日摄入的能量一般为 3 500 ～ 4 500 kcal，对膳食成分的要求一般是，糖为 58% ～ 60%，脂肪为 25% ～ 26%，蛋白质为 15% ～ 16%。

中国营养学会指出，力量型项目运动员的蛋白质供给已更改达到 1.4 ～ 1.8 g/kg 体重，蛋白质的摄入要适量，摄入过多容易使体液偏酸性，从而引起钙丢失，增加肝肾的负担。因此，在食物中应注意糖类、维生素和无机盐的摄入，部分举重和摔跤的运动员由于减体重，会引起脱水的问题，这种情况应注意水分的补充。同时中国营养学会指出，糖类有利于维持减体重时下肢的无氧运动能力。力量型项目运动员对神经系统的兴奋性要求很高，所以，在膳食中要含有充分的维生素及微量元素，维生素 B_2 是肌肉蛋白质合成的重要元素，因此应及时补充。为保证神经肌肉的正常功能，防止体液酸度增加，膳食搭配要注意碱储备方面的供应，力量型项目运动员的膳食中应该含有丰富的钙、钾、镁等电解质，应多吃碱性食物（如水果和蔬菜）。

补充肌酸是近年来力量型项目运动员训练常用的营养学手段。肌酸是肌肉高能磷酸化合物磷酸肌酸的前体物质，主要储存于骨骼肌细胞，一般成人的代谢量约为 2.0 g/d，其主要的来源包括体内合成和食物摄取。ATP－磷酸肌酸系统是短时间爆发力和力量型运动项目的主要功能系统，因此人们大多都相信补充肌酸有利于维持细胞内 ATP 的无氧再合成和有助于改善这类项目的运动成绩。大量的研究显示，短期补充肌酸（20 ～ 3 g/d，5 ～ 7 d）能够明显加快 ATP 通过磷酸肌酸分解的合成速度，提高肌肉的做功功率和肌肉力量，改善短时间爆发性力量型项目的运动成绩。并且，没有研究发现补充肌酸会对机体产生不良作用。

第三节　有氧耐力型项目运动员营养

一、有氧耐力型项目运动员的供能特点

有氧耐力是指体内的能量物质（如糖类和脂肪酸等）在氧的作用下分解产生的能量供应肌肉收缩的能力。有氧耐力训练的时间较长，运动中以有氧代谢为主，且运动中无间歇，属于动力型运动，运动强度较无氧训练小。有氧耐力项目有马拉松、长跑、长距离自行车等。

研究发现，1 500 m 跑所需的能量主要来自肌糖原的分解，其中肌糖原无氧代谢提供的能量比例约为 25%，有氧氧化提供的能量比例约为 75%，5 000 m 跑过程中肌糖原无

氧代谢提供能量比例更大，为 12.5% ～ 3%，而有氧氧化为 87.5% ～ 97%，马拉松跑所需的能量 75% 源自肌糖原的有氧氧化，5% 来源于血糖的利用，20% 的能量是由脂肪的氧化提供的。此外，有研究显示，运动时间为 1 h 以上的耐力型运动可以使肝糖原储备减少 55%，持续时间 2 h 以上的耐力型运动可以使肌糖原储备几乎达到耗竭的程度。

有氧耐力型项目运动员热衷于通过训练与膳食糖补充相结合的方法增加肌糖原的储备，从而提高运动训练的成绩。补充的方式分为两种，即传统糖负荷方法和经过改良的糖负荷方法。传统糖负荷方法是 1967 年研究发现的，该方法首先通过长时间（60 ～ 90 min）和大强度的有氧耐力型运动训练造成运动员肌糖原储备达到耗竭的程度，之后 3 d 进食低糖膳食（摄入糖 60 ～ 120 g），同时保持适当的运动。该方法能够使肌糖原储备量增加到 192%，达到 165 mmol/kg。但是该方法连续 3 d 的低糖膳食容易使人感到疲劳、头晕等，因此在现实中很少使用。后来，经过改良的糖负荷方法，第 1 天通过 90 min 运动（70% ～ 75% VO_{2max}）来大量消耗肌糖原，并使用糖类比例为 50%（350 g）的混合膳食，第 2 或第 3 天以 40 min 运动（70% ～ 75% VO_{2max}）来维持消耗肌糖原，同时继续使用糖类比例为 50%（350 g）的混合膳食，第 4，5 天以 20 min 运动（70% ～ 75% VO_{2max}）来持续消耗肌糖原，此时使用糖类比例为 70%（550 g）的高糖混合膳食，第 6 天停止训练，扔持续使用糖类比例为 70%（550 g）的高糖膳食，第 7 天即可在肌糖原超量恢复的理想状态下参加比赛。相关研究表明，经过改良的糖负荷方法能够使肌糖原的含量提高到 195 mmol/kg，与传统的糖负荷方法相比，经过改良的方法更实用，是目前世界范围内公认的补充肌糖原效果最好的方法。

该类运动项目运动员在训练或比赛时主要是以糖和脂肪的有氧供能为主，由于运动性质，运动员运动持续时间较长，能量和各种营养素消耗大，每日应摄入 3 500 ～ 6 000 kcal 的能量。有氧耐力运动训练可提高运动员血红蛋白的储量和有氧代谢酶的活性，同时在长时间运动训练时，肌糖原被大量消耗，脂肪动用和利用加速，致使部分蛋白质和氨基酸分解参与能量代谢。有氧耐力训练使运动员骨骼肌线粒体数目增多和体积增大，有氧代谢的酶活性增强，以及呼吸链中的细胞色素的含量增加，从而提高骨骼肌代谢利用氧的能力，增加脂肪酸分解的能力。相关研究表明，有氧耐力型项目运动员对脂肪的利用和转换率高，血浆中自由脂肪酸供能可占总能量的 25% ～ 50%，而且脂肪可缩小食物的体积，增加美味，并节约肌糖原。糖是有氧耐力型项目运动员最主要的能源物质，一般占总热能的 60% ～ 70%。糖在体内主要以肌糖原的方式储存，肌糖原的积累需要运动训练与饮食糖相结合。另外，在运动员训练的后期，肌糖原耗竭使血糖下降，代谢平衡状态被破坏，容易发生运动性疲劳，因此，要注意膳食的及时补充。恢复期糖类的摄入总量将影响到肌糖原的恢复，所以保证恢复期糖类的足够摄入是该类运动项目应特别关注的问题。

二、有氧耐力型项目运动员的膳食营养

在该类运动项目中，运动员每小时的能量消耗可以达到 1 500 ～ 1 800 kcal，在一日三餐不能满足能量供给需求的时候，可以安排加餐 1 ～ 2 次，如含糖饮料、点心、水果、

蛋糕和巧克力等，但加餐的食物应考虑营养平衡和营养密度。膳食中的蛋白质供给应占总能量的 12% ～ 14%，为促进肝内脂肪代谢，还应提供如牛奶、牛羊肉等富含甲硫氨酸的食物。有氧耐力型项目运动员对脂肪的利用和转换率高，血浆中自由脂肪酸供能可占总能量的 25% ～ 50%，糖的供能要占总能量的 60% ～ 70%。

在有氧耐力型项目运动员中，糖原储备量对运动耐力极为重要，一般为了提高运动需求，建议每千克体重摄取 8 ～ 10 g 的糖。有氧耐力型项目运动员在运动中出汗量较大，因此运动时易发生脱水，因此，在运动的前后及运动过程中要注意水分的补充，以维持内环境的稳定，同时还应该补充低糖饮料，在夏季进行训练时，要注意在饮食中加入咸菜和菜汤等副食。另外，有氧耐力型项目运动员由于容易发生缺铁性贫血，应提供含铁丰富的食物，注意训练的强度，防止过度训练。

有氧耐力型项目运动员的出汗率主要取决于其自身代谢率和外界气温。虽然大部分运动员已意识到补液的重要性并加强了补充的措施，但运动员的不自主脱水仍时有发生甚至难以预防。长跑运动员在不同距离跑步赛后的体液丢失量和摄入量见表 10－4。

表 10－4　长跑运动员在不同距离跑步赛后的液体摄入量和出汗量

跑步距离（km）	液体摄入量（L/h）	估计出汗量（L/h）	体重减轻（kg）
32	0. 15	1. 35	2.4
42	0. 4 ± 0.2	1. 1 ± 1. 1	2. 4 ± 0. 3
56	.0.5	0. 9	2.0
67	0.4	0. 8	2.4
90	0.5	0. 85	3. 5

表 10－4 中所列数据说明运动员在赛中的补液量远远不能补足汗液的丢失量。目前认为运动员水分摄入量不足的主要原因：一是运动中的水分吸收率降低，有学者提出运动中小肠对液体的最大吸收率可能小于某些运动员在紧张训练中的丢失率。二是血浆渗透压的作用，人口渴的感觉由血浆渗透压和血容量所调节，运动中大量出汗的同时会导致钠盐丢失，引起血浆渗透压降低，而在丢失的液体和钠盐未补足之前，口渴冲动会停止。三是运动员的消化功能和胃的排空减弱，腹部饱胀感可能会减少饮水。这些复杂的、相互作用的生理机制可导致进行性或“不自主”的脱水。

第四节　无氧耐力型项目运动员营养

一、无氧耐力型项目运动员的供能特点

无氧耐力是指机体利用体内磷酸原和糖原的无氧分解产生的能量供应肌肉收缩的能力。剧烈的高强度运动下，身体有氧供能不足而进行的不需要氧就可产生能量的代谢过

程是无氧代谢，由于磷酸原供能的时间很短，所以在训练实践中的无氧耐力通常是指糖原的无氧乳酸供能。人体进行无氧酵解供能时产生的乳酸进入血液后导致血乳酸浓度升高，当 pH 低于 6.5 时，可引起无氧酵解供能的关键酶活性降低，从而致使能量供应下降，身体及各个系统受到血乳酸的刺激，兴奋能力下降，进而导致运动性疲劳。因此，无氧耐力型项目运动员的膳食搭配要求较高，需要满足机体肌肉收缩消耗的能量。无氧耐力型运动项目主要是爆发运动，如中距离游泳、400 m 跑、800 m 跑等。

二、无氧耐力型项目运动员的膳食营养

在无氧耐力型项目中，运动员脂肪的摄入不宜过多，尤其是动物性脂肪含量较高的食物要少吃，食物中糖类含量应丰富。三大营养素在膳食结构中的供能比例应该为：糖类占总膳食的 60% ～ 65%，蛋白质占 13% ～ 15%、脂肪占 20% ～ 30%。同时，蔬菜和水果的摄入量对于该类项目的运动员也很重要，每日的膳食供应量应达到 500 g，一般以一日三餐的形式在用餐时供给。需要的注意的是，在无氧耐力训练中，对于一些难消化的食物，如油炸类食物、烧烤类、动物脂肪等，应该减少摄入量。机体在进行无氧耐力运动时，呼吸频率增加，通气量增强，一旦身体脱水，将会严重影响人体的正常运动能力和生理功能，致使血容量减少，血液浓缩，使有害的物质无法排除，因此，应注意水分的即时补充，一般以每日补充 3 ～ 4 L 的水为宜，应遵循“少量多次”的原则，每次 100 ～ 150 mL。在无氧耐力训练期间，机体铁的储存及其补充吸收对提高血红蛋白浓度，增加血氧含量具有重要的作用，在膳食一些含铁丰富的动物内脏、蛋黄、瘦肉是必不可少的。一般来说每日应该补充的铁量为 20 ～ 25 mg，同时辅助维生素 B、维生素 C 来促进铁的吸收。另外，补锌可以抑制机体自由基的产生并加强自由基的清除、恢复部分受损的免疫细胞功能，每日锌补充量以 15 mg 为宜。维生素 B 对于维持体能和消除疲劳具有一定的辅助作用，可提高组织的氧化代谢率，所以，维生素 B 的补充也是必要的。

第五节　速度型项目运动员营养

一、速度型项目运动员的供能特点

速度型运动大多是处于极限和亚极限的强度，能量消耗较高，如 100 m 跑、200 m 跑、短距离游泳、短道速滑和跳远等。这些运动项目的特点是时间短、强度大，肌肉的活动达到最大的强度。速度型项目运动员在运动中高度缺氧，负无氧债，运动时的能量来源主要依靠高能磷酸系统和无氧糖酵解供能，短时间内在体内生成大量的酸性代谢产物。其营养特点是使体内能源物质迅速被动员，使 ATP 和磷酸肌酸的再合成加速，并减少体内酸中毒。国外相关代谢研究表明，短跑运动员以最大速度冲刺跑步 40 m、60 m、80 m、

100 m 前后，观察到在跑至 40 m、60 m 和 80 m 时，跑步速度最快者体内磷酸肌酸利用最多，大部分的磷酸肌酸在前 5 ～ 6 s 使用：当体内高能磷酸储备明显减少，以糖酵解供能为主时，100 m 跑的速度开始下降，运动中乳酸的堆积并不是很多；这些结果表明，磷酸肌酸的利用对跑步的速度有关键作用，而糖酵解供能不是引起运动能力降低的主要原因。

二、速度型项目运动员的膳食营养

速度型项目是体育活动中经常进行的一个项目，对于参加短时间运动项目的运动员来说，他们的食物中应该含有丰富的糖类物质以便于用来补充机体的能量，为脑组织提供营养，改善神经控制，增强神经传递，以便动员更多的运动单位参加收缩，从而维持机体的正常运行，促进运动成绩的提高。速度型项目运动员短时间内进行极限运动可使酸性物质在体内大量的堆积，肌肉和神经系统都会因此受到很大的影响，因此他们的膳食中要求含有较多容易吸收的 B 族维生素来帮助对糖原的储存和利用，供生物氧化需求。同时，他们还应该适量食用维生素 C 来增强机体的氧化还原能力，尤其宜进食一些带酸味的水果；膳食中选择的糖要容易消化，如馒头、面条等。另外，速度型项目运动员还需要多喝水以保持内环境稳态的平衡。为了增强机体的碱储备，速度型项目运动员还应该多吃蔬菜、兔肉、牛肉等碱性食物，一般要求蔬菜、水果供应的热量应达到日热量的 15% 左右。

另外，速度型项目运动员也可以适当补充磷酸肌酸。饮食中肌酸的主要来源是牛肉和鱼，1 kg 瘦牛肉中含肌酸 5 g。蔬菜中含有的肌酸低于肉类食物，这些储备的肌酸，在烹饪过程中会部分丧失，由于肌酸主要存在于肉类和鱼类食物中，素质主义者无外源性来源而是由自身合成，因此，素食主义者可能会出现肌酸缺乏现象。

第六节　其他类型项目运动员营养

一、灵敏型项目运动员营养

灵敏型项目包括击剑、体操、乒乓球、跳水等，这些项目要求运动员在运动中神经活动紧张，动作要具有多变性，并对协调、速率和技巧性等要求较高。同时也需要运动员具有良好的力量、爆发、速度及耐力等方面的运动能力。

一般来说，灵敏型项目运动员由于技术动作较为复杂，难度较高，长时间处于精神高度紧张状态，所以营养需求具有自身的特点。鉴于灵敏和技巧项目的要求，灵敏型运动员需要控制体重和体脂的水平，所以，灵敏型项目运动员膳食能量不宜过高，在减轻体重的时期，蛋白质的供能比可以增加到 15% ～ 20%，膳食的脂肪供应量应该占总膳食的 25% 以下，糖的供应应该在 60% ～ 65%。该类运动员在训练过程中神经系统尤其是视力神经较为紧张，对维生素、矿物质营养素的需求较大，因此，应该增加维生素和矿物质的摄入，如B族维生素、钙、磷等，维生素 B_1 的供应量应该达到4 mg/d，乒乓球、击剑等项目的运动员，由于比赛的特点，运动员视力神经紧张，应该充分保证维生素A的供给，应该达到6 000 U/d，其中大部分应该来自动物性食物。

二、柔韧型项目运动员营养

柔韧型项目主要包括体操、花样滑冰、花样游泳等，其动作复杂，难度较高，节奏起伏明显，变化多样，要求身体各部分的衔接，对运动员的力量、灵巧度、柔韧性、稳定性都要求很高，这些项目特点决定了体操项目运动员需要平衡膳食。该项目运动使运动员体内含氮物质代谢速度较快，对蛋白质的需求量较多。另外，由于这类运动项目对体重的控制要求较高，应尽量做到食物量少，营养丰富，B族维生素、维生素C、钙、磷、镁、锌和蛋白质的供应要充足，运动员的膳食计划中要注意安排充足的水分，否则不能维持机体的需要。另外，要避免过多的脂肪或者引起胃液失常的食物，对单糖食物要限制，可以选择不产气的碱性食物。只有搭配比例适当的营养素，才能保证运动员的营养素需要。

国内相关研究显示，我国青少年体操运动员，尤其是女子运动员的日均能量摄入偏低，1/5的运动员血清维生素A处于缺乏状态，2/5的运动员缺乏维生素 B_1，大多数的运动员摄入的铁、钙较少，如我国推荐运动员适宜钙摄入量为300 ～ 800 mg/d，但是多数体操运动员的实际钙摄入量为200 ～ 500 mg/d，这些微量元素和维生素的缺乏主要是由于运动员的饮食习惯等，缺乏微量元素和维生素也会对其身体的生长发育和健康产生不良影响。

三、集体型项目运动员营养

集体型项目包括篮球、橄榄球、足球、曲棍球、冰球、排球、手球等，这些项目不是周期性运动项目，具有一定的对抗性，运动强度不易控制，需要一定的器材、场地、设备等，这些运动项目要求运动员应该具备力量、耐力、灵敏、速度、技巧等多方面的素质，具有能量转换率高、间歇性强、运动持续的总时间长等特点，各类球类运动具有许多基本动作。这类运动项目运动强度大，运动形式多变，体能消耗量较高，是一项无氧代谢与有氧代谢混合供能的运动，不同项目无氧运动和有氧运动所占比例不同，一般来说，奔跑多的项目是篮球和足球，该类项目能量消耗较多，在这样的大强度肌肉活动下，其膳食供应方面应该保证充足的能量。对于集体型项目的运动员来说，膳食一般按照以下方式进行能量分配，即糖应占总能量的60%（55% ～ 65%）、蛋白质占12% ～ 15%、脂肪占25% ～ 30%。

运动员对能量和能源物需要的个体差别很大。一些调查报道显示，如足球、篮球和手球等项目运动员的平均运动强度为 VO_{2max} 的70% ～ 80%。足球运动员的总能量的平均摄入水平为20.7 kJ（4 900 kcal），范围是10.5 ～ 26.8 MJ（2 500 ～ 6 400 kcal）。我国对篮球、足球和排球运动员建议的适宜能量摄入水平平均是17.6 ～ 19.7 kJ或更多（4 200 ～ 4 700 kcal或更多），60 ± 5 kcal/kg或65 kcal/kg以上。大部分集体型项目运动员的主要能量来自体内糖和脂肪的燃烧，Saltin 采用肌肉活体检测显示，5 名瑞典足球运动员在一场非竞争性的比赛前、中场休息和赛后的肌糖原别为 96 mmol/kg 湿重、32 mmol/kg 湿重和 9 mmol/kg 湿重，可见间歇性运动中的肌糖原耗损量很大。另有报道显示，集体型项目运动员赛后的肌糖原比赛前可能减少了 25%，糖原水平低可能成为限制运动能力的因素。多数集体型项目运动员的脂肪氧化量较高；一些对间歇性运动和高强度运动恢复的研究提示，脂肪很大程度上在高强度运动后氧化。高强度运动休息期脂肪氧化的主要来源可能是肌肉内的三酰甘油。足球和篮球运动员在运动中蛋白质氧化供能小于 10%。

对于该类项目的运动员的一日膳食，高糖（含有适量主食、淀粉量高的糕点、蔬菜、水果和饮料）膳食和体内水合状态良好是合理营养的重点。高糖膳食可增加肌糖原储备、促进恢复、对离心运动或合理冲撞等造成的肌肉损伤后的糖原再合成也是有利的。蛋白质的摄入水平应为 1.2 ～ 2.0 g/kg，然而目前国内优秀运动员实际从肉、奶、蛋、禽和水产品等摄入的蛋白质一般都超过 2.0 g/kg。一般情况下，包括高强度力量训练期，运动员没有必要补充蛋白质制剂。运动员摄入的动物性食物较多可使脂肪摄入增加，应注意采用低脂肪食物。运动员进行高原训练或赛季前，应注意补充含铁丰富的瘦肉、猪肝、干果、硬壳果类、草莓、豆荚类等食物。集体型项目运动员在膳食平衡的情况下，不需要额外补充维生素，但在高原训练时，可适量补充维生素 E；热环境训练时，可适量补充复合 B 族维生素和维生素 C。

在液体的补充方面，脱水是间歇性运动引起疲劳和运动能力下降的主要原因。一场比赛可失水 2 L 左右。运动员应注意运动前、中、后及时补液。运动饮料是运动员理想的补液饮品，值得注意的是，运动前和运动中不要饮用含咖啡因饮料，含咖啡因的饮料饮用过量可涉及兴奋剂问题，还会引起脱水；运动中不要使用含糖浓度高的饮料，以免引起胃不适和胃排空延迟。目前广泛推荐集体型项目运动员的营养措施是，在剧烈运动前的 3 ～ 4 h 采用高糖饮食。在长时间的训练或比赛前，应每隔 20 min 补充配方科学的运动饮料 150 mL。为了加速糖原储备的恢复，应在运动结束后尽快补充 50 g 糖，以后每隔 1 ～ 2 h 重复补充，直至下一餐，恢复期的 24 h 内，补糖总量应达到 10 g/ kg 体重，并采用高糖血指数的食物。为快速补充能量，可采用含糖电解质饮料，补充量应达到运动后体重减轻量的 150%。有实验提出，当足球运动员在练习赛前 10 min 补充 0.5 L 7% 的葡萄糖溶液，然后在比赛的中场休息时再补充同样量和浓度的葡萄糖，可使肌糖原节约 39%，疲劳发生的时间后延。同样，补液对球类等集体型项目也有良好的作用，可减轻疲劳感、增强运动耐力。经分析此过程与儿茶酚胺的分泌减少有关。

【复习题】

1. 名词解释

有氧耐力、无氧耐力。

2. 简答题

（1）简述有氧耐力型项目运动员的供能特点及营养需求。

（2）简述力量型项目运动员的供能特点及营养需求。

（3）简述速度型项目运动员供的能特点及营养需求。
（4）简述集体型运动项目运动员的液体补充特点。
（5）简述柔韧型项目运动员供的能特点及营养需求。

3. 论述题

（1）举例说明不同运动项目的营养供能差异。
（2）论述集体型项目运动的运动员的营养特点。
（3）论述有氧型和无氧型项目的供能特点及两者的营养需求差异。

第十一章

不同群体运动员的营养

不同群体运动员营养需求存在差异，一份最佳的饮食计划在满足运动员特殊营养需求的同时，还需要兼顾人类基本的健康需求。此外，还需要考虑一些其他方面的因素，如专业运动员和体育锻炼爱好者的特殊营养需求是否相同。我们应该根据年龄、性别和慢性病患者的特殊营养需求，探讨不同群体运动员的营养问题。

第一节　儿童青少年运动员营养

生长发育是儿童青少年运动员生理上的显著特点。与成年运动员有所不同，儿童青少年运动员的营养除了要满足身体基础需要、日常活动和运动训练的需要外，还要满足生长发育的需要。由于参加一定量的运动训练，儿童青少年运动员在营养需求上与一般儿童青少年也有所不同。合理、充足的营养可保证儿童青少年运动员正常的生长发育和运动训练，有利于运动能力的提高。

一、儿童青少年生理特点

（一）儿童青少年骨骼的生理特点

儿童青少年骨质柔软，骨化尚未完成，骨骼弹性大而硬度小，相对不易骨折而易变形，骨骼坚固性差，承受压力和拉力的能力小，易在过大外力作用下发生弯曲和变形。儿童青少年的关节面软骨较厚、关节囊和韧带弹性强、伸展性大、关节周围肌肉细长、关节活动范围（幅度）大、关节灵活性和柔韧性好，但牢固性与稳定性差，在外力作用下易脱位，对抗性练习时应注意保护。

（二）儿童青少年肌肉的生理特点

儿童青少年肌肉细长、水分多；蛋白质、脂肪、无机盐类和结缔组织较少。肌肉的弹性、耐力、伸展性和收缩力差，易疲劳。肌肉生理横断面小，肌肉收缩的有效成分少。儿童青少年肌肉生长发育还具有不平衡性：先骨骼后肌肉；先上肢后下肢；先大后小；

先屈肌后伸肌；先躯干后四肢；先长后粗。8 岁以后，肌肉发育速度开始增快，15 岁以后，小肌肉群开始迅速发育，15 ～ 18 岁是躯干力量增长最快的阶段。全身整体肌肉力量女孩在 15 ～ 17 岁、男孩在 18 ～ 19 岁增长最为明显。在 8 岁以前，应以大量的徒手操及不负重的跑、跳练习为主；12 ～ 15 岁，可采用一些阻力和较轻的负重练习来发展肌肉力量；15 ～ 18 岁，可以增加阻力或负重，以有效地发展肌肉力量。发展儿童少年肌肉力量的练习应以动力性力量练习为主，以适宜的静力性练习为辅。最好采用动静结合的方法。无论是动力性练习，还是静力性练习，负荷不宜过大，组数不宜过多，练习结束后，注意做好放松活动。考虑到不平衡性，儿童青少年应注意全面发展：肌肉伸长期多采用伸展肢体、弹跳和支撑体重的力量练习；肌肉增粗期多采用发展肌肉横断面的练习；注意发展下肢肌、小肌群和伸肌的力量，提高肌肉的协调性和准确性。在运动训练中应注意加强儿童少年协调能力的训练，提高肌肉的协调性、准确性和本体感觉，培养运动的节奏感。

（三）儿童青少年血液与心血管系统的生理特点

心血管系统生长发育完成最晚，儿童青少年时期心脏发育尚不完善，青春期后的心脏发育进度增快。一般认为儿童少年时期不宜过早地进行专项耐力训练和过长距离的竞赛活动，但可以进行一些匀速、低强度的耐力练习来发展心肺功能（如跑、游泳、冰球等）；运动量不宜过大，憋气和静力性练习（如靠墙倒立、屈臂悬垂等）不宜过多，以免心脏负担过重而影响其关键时期的发展。儿童青少年血量绝对值少，但相对值高于成人。红细胞、白细胞、血红蛋白等成分与成人存在较大差异。

（四）儿童青少年呼吸系统的生理特点

儿童青少年的胸廓狭小，气道较窄，呼吸时的弹性阻力和气道阻力都比较大，而呼吸肌力量又较弱，所以每次呼吸的深度不及成人，肺活量较小。但儿童少年代谢旺盛，对氧的需求相对较多，因而呼吸频率较快。在进行剧烈运动时，由于儿童少年氧运输系统的功能不如成人，其最大通气量和最大摄氧量的绝对值比成人低，但其相对值并不低于成人，甚至还略高于成人。

（五）儿童青少年神经系统的生理特点

儿童青少年神经系统易兴奋且易扩散而泛化，神经细胞抑制过程不完善，分化抑制能力差，情绪易激动且不稳定，精力旺盛，活泼好动，易疲劳，也易恢复，协调能力差，动作易出错，可塑性强，灵活性好。

二、儿童青少年运动员营养

（一）热能

成人运动员的热能需要量包括基础代谢、食物特殊动力作用、日常活动和运动训练 4 个方面，而儿童青少年运动员还要加上生长发育所需要的能量。因此，他们热能的摄入量要大于消耗量才能保持能量的正平衡，以保留一部分能量满足生长发育的需要。

（二）蛋白质

蛋白质是机体组织细胞的基本成分，骨骼、肌肉和内脏等组织器官的生长需要大量的蛋白质。儿童青少年运动员正处于生长发育阶段，按单位体重计算，所需蛋白质也最多，蛋白质的供给量从单位体重上讲，应高于成年运动员。我国目前还没有儿童青少年运动员蛋白质的膳食推荐摄入量，中国营养学会提出我国普通儿童青少年蛋白质的膳食推荐摄入量（按年龄计）见表 11－1。组织器官的生长发育需要蛋白质外，还有一部分蛋白质为体力活动和运动训练提供能量。建议成年运动员蛋白质摄入量占总能量的 12% ～ 15%，其中运动员膳食中优质蛋白应占 1/3 以上，力量型项目运动员的蛋白质摄入量占总能量的百分比应增加到 15% ～ 16%。因为儿童青少年运动员的能量消耗高于同龄普通儿童青少年，所以儿童青少年运动员比同龄人每日增加 10 ～ 20g 蛋白质。我国陈吉棣教授建议，7 ～ 11 岁的儿童青少年运动员的膳食蛋白质供给量每日为 3 g/kg，蛋白质能量占总能量的 14% ～ 18%；12 ～ 17 岁运动员的膳食蛋白质供给量每日为 2 g/kg，占总能量的 14% ～ 16%。如果按年龄计算，儿童青少年运动员需比普通同龄人每日增加 10 ～ 20 g 蛋白质。

表 11－1　我国普通儿童青少年蛋白质的膳食推荐摄入量

	年龄	4 ～ 5	6 岁	7 ～ 8 岁	9 岁	10 岁	11 ～ 13 岁	14 ～ 17 岁
推荐摄入量（g/d）	男	30	35	40	45	50	60	75
	女	30	35	40	45	50	55	60

（三）脂肪

在青春期前，男女儿童青少年的生长发育速度基本保持一致，发育曲线比较平稳。在青春期，青少年生长发育出现高峰，生长速度明显加快，而且男性在骨骼、肌肉方面发育快于女性，能量需要也达到高峰，食物摄入量明显增多，但脂肪能量占总能量的比例在下降。2 ～ 7 岁的儿童膳食摄入脂肪的能量占总能量的 30% ～ 35%，7 ～ 17 岁的青少年膳食摄入脂肪的能量占总能量的比例减少到 25% ～ 30%，每日摄入 65 g 左右的脂肪，其中大部分应该是不饱和脂肪。有益于健康的不饱和脂肪主要来自植物油料作物和鱼类。饱和脂肪和动物脂肪的摄入应该低于或等于膳食总能量的 10%。

目前针对儿童青少年运动员的总脂肪摄入量还没有一个明确的适宜值，只有一些建议，对于 9 ～ 13 岁的男孩，亚油酸和亚麻酸的适宜摄入量是 12 g 和 1.2 g，而 14 ～ 18 岁男孩的亚油酸和亚麻酸的适宜摄入量是 16 g 和 1.6 g。对于 9 ～ 13 岁的女孩，亚油酸和亚麻酸的适宜摄入量是 10 g 和 1.0 g，14 ～ 18 岁女孩的亚油酸和亚麻酸的适宜摄入量 11 g 和 1.1 g。研究发现，一天总能量摄入的 25% ～ 30% 来自脂肪，不饱和脂肪酸应该占大部分，饱和脂肪酸摄入量最好不超过全天总能量摄入的 10%，脂肪摄入能够帮助脂溶性维生素和类胡萝卜素的吸收，这些都是身体生长发育所需要的。

在一些赛事中，儿童青少年运动员可能因为控制体重而减少脂肪的摄入，男性脂肪的最少摄入量占全天总摄入的 7%，而女性是 14%，完全放弃某种食品的摄入可能会使营养素匮乏，如对生长发育很重要的高质量蛋白质、钙、镁、铁、锌、铬、维生素 B_{12} 及一些脂溶性维生素等。膳食脂肪提供了儿童和青少年生长发育中需要的脂肪酸和能量，青少年运动员由于运动中能量需要增加，所以在膳食中摄入的脂肪量比一般人要多一些。但是，过多地摄入脂肪将导致其他重要的营养素如糖类摄入过少，这将影响运动成绩和训练。如果儿童青少年运动员摄入脂肪过多，就应该教育他们尽可能减少高脂肪食物的摄取，如炸薯片、甜点、油炸小食品等，应该多吃高糖食物，如面包、面条、水果、蔬菜和低脂奶制品等。如果脂肪的摄入不超过供给量的上限（占总能量的 30%），每日摄入的胆固醇就不会超过 300 mg。如果为了健康的目的而过分严格限制儿童青少年食物中的脂肪，结果反而会与初衷背道而驰，有害无益，他们可能会丧失能量的一个重要来源，丧失脂溶性维生素的一个重要来源。毫无疑问，长期限制脂肪和能量摄入将对儿童青少年的生长发育带来不良影响。

（四）糖类

糖类的主要功能是提供能量。此外，糖类以糖脂、糖蛋白的形式在体内发挥多种作用。糖类中的膳食纤维对刺激肠蠕动和排便、预防便秘和结肠癌有显著作用。儿童青少年运动员由于经常进行训练比赛，在体内保持足够的糖原（肌糖原和肝糖原）储备是十分必要的。因此要注重摄取含糖丰富的食物，如米饭、面粉制品等谷类食物和土豆、甘薯等薯类食物，香蕉中糖类含量也较高。中国营养学会建议，儿童青少年运动员的糖类摄入量占总能量的 60% ～ 65% 时比较恰当。

（五）维生素

1. 水溶性维生素

（1）维生素 B_1：维生素以辅酶的形式参与糖代谢，与能量代谢关系密切。能量消耗越多，所需维生素 B_1 就越多。儿童青少年运动员能量消耗要比一般儿童青少年多，再加上其处于生长发育阶段，所以维生素 B_1 需要量就比较高。我国普通儿童青少年维生素 B_1 的推荐摄入量见表 11－2。我国目前还没有精确的儿童青少年运动员维生素 B_1 的膳食推荐摄入量，一些国内专家建议：儿童青少年运动员维生素 B_1 供给量为 1 mg/1 000 kcal。

表 11－2　儿童青少年膳食维生素 B_1 推荐摄入量

年龄（岁）	摄入量（mg/d）	可耐受最大摄入量（mg/d）
0 ～ 0.5	0.2	50
0.5 ～ 1	0.3	50
1 ～ 4	0.6	50
4 ～ 7	0.7	50

续表

年龄（岁）	摄入量（mg/d）	可耐受最大摄入量（mg/d）
7 ～ 11	0.9	50
11 ～ 14	1.2	50
14 ～ 18	1.5（男）	50
	1.2（女）	50

（2）维生素 B_2：一些国内专家建议，儿童青少年运动员维生素 B_2 供给量应与维生素 B_1 相同，也为 1 mg/1 000 kcal。儿童青少年运动员应注意摄入含维生素 B_2 较多的食物，如动物内脏、蛋类及豆类食品。基于维生素 B_2 储存能力较小的特点，补充时，要遵循适量、长期的原则。

（3）烟酸：专家建议，儿童青少年运动员烟酸的推荐供给量基本上可为维生素 B_1 和维生素 B_2 的 10 倍，即 10 mg/1 000 kcal。

（4）维生素 C：从事运动训练的儿童青少年运动员维生素 C 的需要量增加，其维生素 C 的供给量应适度提高。我国专家建议儿童青少年运动员维生素 C 的推荐供给量为 35 ～ 40 mg/1 000 kcal。

2. 脂溶性维生素

（1）维生素 A：专家建议儿童青少年运动员维生素 A 的摄入量为：7 ～ 11 岁 1 200 μg，12 ～ 18 岁 1 500 μg。补充维生素 A 的时候要特别注意，由于维生素 A 的体内可蓄积性，长期大量服用维生素 A 会导致中毒。

（2）维生素 D：我国膳食中含维生素 D 的食物有限，一般不易满足儿童青少年运动员的需要。应补充鱼肝油或维生素 D 制剂，一般每日 7.5 ～ 10 μg。维生素 D 在体内可长期蓄积性，长期过量摄入有毒性，因此一般认为维生素 D 每日摄入量不应超过 25 μg，建议儿童青少年维生素 D 可耐受性最高摄入量为 20 μg/d。

（3）维生素 E：儿童青少年运动员维生素 E 的供给应保持较高的水平。我国目前还没有出台儿童青少年运动员维生素 E 的膳食摄入推荐量，儿童青少年运动员维生素 E 的摄入量应该比普通儿童青少年高。我国成年运动员维生素 E 的推荐摄入量为 15 mg，在高原训练者为 20 ～ 30 mg。

维生素 E 的含量以豆油最高，依次为玉米油、葵花籽油、花生油、椰子油。如果膳食外补充维生素 E，应注意维生素 E 具有一定的毒性。我国可参考美国提出的可耐受最高摄入量：1 ～ 3 岁：200 mg/d，4 ～ 8 岁：300 mg/d，9 ～ 13 岁：600 mg/d，14 ～ 18 岁：800 mg/d。

（六）无机盐

1. 钾、钠、钙、镁　运动训练可使无机盐的代谢速率增强。由于运动训练，儿童青少年运动员的出汗量比一般儿童青少年多。汗液中含有较多的钾、钠和一定数量的钙和镁，大量出汗可造成机体矿物质缺失。在夏季训练中，儿童青少年运动员每日的出汗量一般在 1 ～ 2 L。冬季训练时也有相当的出汗量，但要好于夏季训练。虽然儿童青少年运动员的出汗量比成人运动员少，但其出汗率和单位体表面积的出汗量却高于成人运动员。儿童青少年运动员的体温调节能力较差，高温大量出汗时易发生中暑等热病，因此要及时补充无机盐和水分。

正常人钾的摄入量为 2 ～ 6 g/d，正常进食一般不易发生钾的摄入不足。考虑到钾从汗液的丢失问题及钾离子对维持肌肉、神经细胞兴奋性和心肌功能正常的重要性，儿童青少年运动员应多吃含钾比较高的绿色蔬菜、水果（柑、橘类）和瘦牛肉等食品。大量出汗时，应注意补充含有钾盐等无机盐的运动饮料或果汁饮品。钠在维持体内水电平衡和酸碱平衡上起重要作用。

儿童青少年运动员在热环境下运动训练，大量出汗可导致钠离子的大量丢失。如果此时只补水、不补钠，可发生低血钠症。但每日钠的总摄入量不应高于 4 g，这是因为高钠饮食与高血压有一定关系，还可造成钾的损失。

儿童青少年运动员的骨骼生长非常迅速，对钙的需求很高。骨骼增长高峰女性为 10 ～ 14 岁，男性为 12 ～ 16 岁，18 岁以后增长减慢。因此要供应充足的钙。我国对儿童青少年钙营养的多次调查均显示钙的摄入水平较低，直到近年依然如此，奶及奶制品的摄入较少是重要原因。最新的营养调查显示，西欧国家儿童青少年矿物质摄入中，钙仍不能达到推荐的摄入量。有人给 15 ～ 18 岁的少女连续进食高钙膳食 2 年，并随访 1 年，发现她们的骨矿密度比食用普通膳食的对照组明显高。可见，保证膳食钙的充足对骨骼发育和骨健康十分重要。儿童青少年运动员应注重各种奶制品的摄取，要多吃虾皮，必要时食用骨粉。应注意提高饮食钙的质量，奶制品含钙丰富，而且利用率高，是优质钙的来源。谷类、蔬菜类食物中植酸和草酸较多，影响钙的吸收。我国建议每日钙的可耐受最大摄入量为 2 g，因此，儿童青少年运动员补钙时应注意，每日补钙的量加上膳食中的钙量不能超过 2 g。

儿童青少年运动员在热环境运动后血清中镁含量下降。镁参与肌肉兴奋收缩，缺镁时可出现抽搐现象，因此，此时适当提高镁的摄入量是必需的。含叶绿素的蔬菜都是镁的良好来源，谷类、肉类和海产品含镁也较多，牛奶中镁含量很少。如有大量出汗，应该补充含有镁盐的运动饮料。

2. **锌、铜、铁、硒** 运动训练可使锌、铜、铁、硒等微量元素从汗液中丢失增加，在胃肠的吸收率下降、代谢周转加快，从而导致儿童青少年运动员对锌、铜、铁、硒的需要量增加。

锌具有多种生物功能，最重要的是参与多种酶的组成，与酶的活性有关。儿童青少年缺锌可引起生长迟缓，性成熟受阻，雄激素下降，瘦体重减少。研究证实，运动可使儿童青少年运动员锌吸收率降低，汗锌、尿锌丢失增多，因此应注意锌的摄入。一般认为，高蛋白食物含锌较高。海产品也是锌的良好来源，奶、蛋次之，蔬菜、水果一般都不高。植物性食物中的植酸和膳食纤维不利于锌在肠道的吸收。膳食外补锌应注意锌的可耐受最大摄入量，不可过量，以免出现毒性作用，并影响其他金属矿物质的吸收。

铜是生物催化剂，也是许多酶的组成成分。铜维持机体的造血功能，促进结缔组织形成，维护中枢神经系统的功能，还参与抗氧化、清除自由基的过程。铜缺乏可引起贫血、血管病等。动物的肝脏、鱼类等食物含铜量较高，绿叶蔬菜和牛奶中含少量的铜，从饮水中也能摄入一定量的铜，但铜的摄入量也不宜过多，因为摄入过量的铜可引起铜中毒。

铁在机体中参与氧的运载、交换和组织呼吸过程。儿童青少年运动员生长发育快，瘦体重和血容量的增加，使其对铁的需要量增加。另外，女性月经失血可损失一些铁，运动中大量出汗也可损失铁。因此，女性和儿童青少年运动员应该注意铁的补充，防止缺铁性贫血的发生。我国 20 世纪 90 年代初的研究显示，儿童青少年运动员的贫血率非常高，其中女子的贫血率竟高达 45.3%，显著高于男子的 33.3%，男女平均为 39.5%。儿童青少年运动员的贫血率远高于成年运动员。儿童青少年运动员贫血的主要原因是缺铁。大强度运动负荷可以使红细胞的滤过率显著下降，红细胞渗透脆性明显增高，这表明红细胞的损伤增加。缺铁性贫血也可以增加红细胞的损伤。研究表明，缺铁性贫血甚至轻度贫血都可影响儿童青少年运动员的运动能力。因此，儿童青少年运动员不可忽视铁的营养。含铁量高的食物有猪肝、黑木耳、海带等。选择食物不仅要注意铁的含量，还要看吸收率。如果膳食外补铁，要注意铁的可耐受最大摄入量，避免过量补充而引起毒性反应。

硒在机体内具有抗脂质过氧化、清除自由基、保护生物膜等重要作用。运动训练时自由基生成增多，因此儿童青少年运动员硒的供给量应高于一般儿童青少年，以保证自由基的清除。必要时可补充亚硒酸钠。

第二节 女性运动员营养

近年，女性运动员的比例和水平明显提高。高水平比赛中，女性运动员的职业化程度和准备程度已经可与男子运动员媲美。因此，很多运动项目中由性别引起的运动成绩差距在逐渐拉近。但是，目前绝大部分关于运动营养研究的受试者都是男性运动员，而针对女性运动员的营养需求的研究相对较少。女性运动员的生理特点与男性运动员不同，因此女性运动员的营养需求与男性运动员也有所不同。

一、女性生理特点

为女运动员制订的身体训练与专项训练计划时通常大部分是模拟的男性运动员的训练计划。但是，两性在解剖、生理和心理上都是有区别的。这就要求对男性运动员训练计划加以修改，以便更恰当地训练女运动员准备参加比赛。

女性运动员骨盆较宽、重心低、关节松软，因此在受伤的类型上与男性运动员也稍有区别。宽的骨盆增加了大腿与小腿之间的角度，放松时能使膝盖骨横向移动。训练方法不得当时容易导致膝关节脱臼和造成膝关节周围软骨退化。女性关节松软使他们灵活性好，动作优美，但也使运动员关节容易扭伤，因此要强调给予女性运动员髋部、腿部良好的训练。女性运动员的乳房在运动时易受伤，应加以保护。女性骨组织中水和脂肪的含量多于男性，所以韧性大，但无机盐含量较少，因此重量比男性轻 10%，抗弯能力较差。女性肌肉力量比男性小，为男性的 60% ～ 80%。女性各关节和韧带弹性好，活动幅度大，适合做柔韧性练习。

二、女性运动员营养

近年来，随着全民健身活动的开展，女性运动员及参加体育锻炼的人数越来越多。由于女性所特有的生理特点，在营养方面除了与其他人群一样的营养需要外，女性运动员还有许多特殊的营养需要及与健康有关的问题。

（一）能量

2000 年《中国居民膳食营养素参考摄入量》推荐女性轻体力活动时每日需要能量 8.79 MJ（2 100 kcal），中等体力活动时每日需要能量 9.62 MJ（2 300 kcal），重体力活动时每日需要能量 11.30 MJ（2 700 kcal）。在摄取总能量中，糖提供的能量占 65%，脂肪提供的能量占 20% ～ 30%，蛋白质提供的能量占 10% ～ 65%。长期低能量摄入可能损害女子应有的运动能力，对健康产生不良影响，增加受伤和患病的危险性，引起月经过少甚至闭经。

（二）蛋白质

女性每日对蛋白质的需要量比男子少 5 ～ 10 g，蛋白质的摄入量应保持在每日 1.2 g/kg 体重左右。2000 年《中国居民膳食营养素参考摄入量》推荐 50 岁以下女性轻体力活动时每日蛋白质需要量为 65 g，中等体力活动时每日蛋白质需要量为 70 g，重体力活动时每日蛋白质需要量为 80 g。虽然动物蛋白的吸收利用率优于植物蛋白，但植物蛋白中的大豆蛋白对女子有特殊的功效。这是由于大豆蛋白中的异黄酮具有类似雌激素的作用，能够明显抑制骨溶解，促进骨骼的钙化，降低骨质疏松的发生，对防治女性绝经期的骨质疏松有很好的作用。

（三）糖

女性体育锻炼时消耗的能量 60% ～ 70% 应来源于糖。糖的推荐摄入量为每日 8 ～ 10 g/kg 体重，但大多数女性糖类物质的摄入量远远低于这一水平。在膳食摄取时应食用富含糖的食物，如水果、蔬菜、全麦面包、谷类及豆类等。如果参加高强度体育运动，运动后应立即补糖，以增加肌糖原的合成，促进体力恢复，加快疲劳消除。糖的补充方法是运动结束后 30 min 内补充糖 1.5 g/kg 体重。

（四）脂质

高脂膳食会引起肥胖、癌症、糖尿病等慢性病。体操类等需要对抗自重完成动作的项目，女性运动员为了更好地完成动作，提高运动成绩，往往在日常饮食中控制脂肪的摄入和脂肪的储存。而脂肪摄入量太少容易使女性运动员出现能量摄入不足、月经紊乱和营养素缺乏等许多问题。例如，极低脂肪摄入常常引起维生素和无机盐（如脂溶性维生素、维生素 B_{12}、叶酸，钙、铁和锌等）摄入不足。适当摄入脂质物质可以满足女性运动员锻炼时体内能量代谢的需要，有利于耐力的保持。

（五）铁

对于女性，铁缺乏一直是一个备受关注的、与全身健康和运动能力息息相关的问题。女性耐力运动员由于经血丢失铁，加上不良的膳食习惯，常常处于低水平的铁储备状态。铁储备低会增加发生贫血的危险性并影响运动成绩。对女性运动员的膳食评价研究显示，女性运动员铁的摄入量常常低于许多国家的推荐摄入量标准。《国外医学（医学地理分册）》1999 年 03 期中指出，运动员的铁营养状态不仅与运动能力有关，还与其认知能力也有关。低铁但未出现贫血的状态对女性青少年的记忆力和言语学习能力有害。女性体育锻炼时进行合理膳食可预防铁缺乏。在食物种类方面，动物性食物血红蛋白铁含量丰富，多摄入富含铁的植物性食物如水果干、熟豆、深绿叶蔬菜、全麦食物和强化铁食品，也可以增加铁的摄入量。

（六）钙

2014 年营养调查结果表明，女性运动员钙的摄入量每日不足 800 g，尤其是控制体重和闭经运动员中，1/3 此类运动员存在钙摄入量不足问题。运动员闭经的机制目前虽不完全清楚，但可以确认骨密度低或骨质疏松与钙营养、运动和雌激素水平 3 个因素有关。女性大强度运动训练引起的雌激素水平下降和骨钙丢失，仅靠补钙是不能逆转的。人体内的钙主要来自食物，钙含量高的食物有奶类食品、豆类制品和海鲜类食品，此外，绿叶蔬菜、带小骨头的罐头鱼和钙的强化食品（如果汁、面包、活性钙奶）也是钙的一种来源。如果从膳食中摄取的钙还不能满足机体的需要，应采取摄入钙补剂的方式加强钙的补充。

（七）维生素

运动引起的氧化应激是值得关注的一个问题。氧化应激常常发生在亚极量强度运动和极量强度运动时，人体不断形成自由基和其他活性氧，可损伤 DNA、脂质和蛋白质。维生素 E、类胡萝卜素、维生素 C、辅酶 Q 类黄酮等抗氧化营养素对抗氧化损伤具有重要作用，女性在体育锻炼时补充抗氧化营养素如维生素 E，可以延缓运动引起的脂质过氧化。女性应每日摄入 294 mg 维生素 E、1 000 mg 维生素 C 和 60 mg 辅酶 Q。为增加抗氧化营养素的摄入量，建议增加富含维生素和番茄红素的新鲜水果和蔬菜的摄入量。

（八）水分

为了减少热疾病的危险和提高有氧能力，女性在运动时应饮用充足的液体。在运动前 10 ～ 15 min 应饮用 240 ～ 480 mL 易于快速吸收的水或运动饮料；运动中每 15 ～ 20 min 至少饮用 120 ～ 300 mL 的液体。为了推迟运动疲劳的发生，加快运动后体力恢复和疲劳消除，减轻肌肉酸痛，可适量饮用碱性饮料。

第三节 老年运动员营养

随着年龄的增长，机体的功能和代谢会逐渐衰退。衰老又称为老化，是一个渐进的过程，合理的运动营养对于延缓衰老、预防老年性多发病具有重要意义。

一、老年人生理特点

（一）身体成分的变化

随着年龄的增加，老年人体内的水分减少，脂肪组织增加，肌肉出现萎缩。骨组织矿物质减少，骨密度逐渐下降，因此，老年人易发生骨质疏松和骨折。

（二）新陈代谢的变化

1. *基础代谢率降低* 老年人体内肌肉组织及其他代谢较活跃的组织逐渐减少，整个代谢过程减慢，基础代谢率下降，一般要比中年时降低 10% ～ 15%。

2. *蛋白质合成速度减慢* 老年人体内蛋白质合成速度明显小于年轻人，蛋白质分解代谢往往超过合成代谢，易发生低蛋白血症、水肿和营养性贫血。

3. *血脂升高，脂质过氧化物蓄积* 老年人血脂升高，体内某些酶的活性降低（如超氧化物歧化酶、谷胱苷肽过氧化物酶等），脂质过氧化物可在体内蓄积形成脂褐素，在皮下沉着形成老年斑。

4. *糖耐量降低* 老年人常见糖代谢障碍，糖尿病患病率明显高于年轻人。许多老年人虽然没有糖尿病但糖耐量降低，也应予以重视。

（三）器官功能衰退

1. *消化系统* 老年人牙齿脱落对食物的咀嚼有明显的影响；舌味蕾减少及萎缩可使其味觉减退，食欲下降，常不自觉地摄盐较多；消化液分泌减少，酶活性降低，影响对食物中营养成分的消化和吸收。此外，老年人因肠蠕动减慢，易发生老年性便秘。

2. *心血管系统* 老年人心脏每搏输出量较年轻时下降 30%，心率减慢，血管硬化，血压随年龄增加而升高，40 岁以后每增加 10 岁，收缩压升高 1.07 ～ 1.3 kPa（8 ～ 10 mmHg）。老年人常发生直立性低血压，可引起头晕甚至摔倒，因此起立动作不要过快。

3. *神经系统* 60 岁以后脑细胞的数量可减少 10% ～ 25%。老年人脑血管有不同程度的硬化，脑血流量减少，神经传导的速度下降。因此，老年人的记忆力和动作协调性下降，易出现情绪不稳定、失眠等。

4. *泌尿系统* 由于肾血流量减少，老年人肾功能明显衰退。肾小球滤过率降低，肾小管重吸收和分泌功能也减弱。同时，肾脏浓缩尿的能力降低，水分排泄较多，如饮水不足易发生脱水现象。

5. *免疫系统* 老年人免疫功能下降，外周血液中T细胞减少，对疾病的抵抗力下降。研究显示，改善老年人的膳食和营养对增强其免疫功能有一定的意义。

二、老年运动员营养

老年运动员的代谢会随着年龄增加而不断下降，内脏和肌肉萎缩，合成代谢降低，分解代谢增强，而且生理状态、心理状态、疾病均可影响老年人的饮食习惯，进而影响其营养需求。要对老年运动员的营养膳食有针对性地进行合理搭配。

（一）能量

老年运动员基础代谢率降低，活动量减少，所需能量亦相应减少。因此，能量的摄入也相应减少，60 ～ 69 岁的老年运动员应减少 20%，70 ～ 79 岁的老年运动员应减少 25%，80 岁以上的老年运动员应减少 33% 左右。老年运动员应该适度限制膳食中能量的摄入，不要吃得太饱，更不能暴饮暴食。老年运动员的活动量和体内代谢的个体差异较大，一般可以以体重变化作为判断个体能量摄入量是否适宜的依据。如体重指数（body mass index，BMI）超过 25 则应适当减少能量摄入，低于 18.5 时可适当增加能量摄入。

（二）蛋白质

老年运动员合成蛋白质的能力较差，分解代谢大于合成代谢。同时对膳食蛋白质的吸收利用能力亦降低，容易出现负氮平衡。但是，蛋白质摄入量过高会增加肝脏和肾脏的负担，也不利于老年运动员的健康。老年运动员每日蛋白质摄入量以 1.27 g/kg 体重为宜，其提供的能量应占总能量的 15% 左右。同时应注意蛋白质的质量，优质蛋白质（包括来自动物性食物和大豆及豆制品的蛋白质）应占蛋白质总量的 1/3 以上，以提高膳食蛋白质的吸收利用率。

（三）脂肪

老年运动员对脂肪的消化、吸收和代谢功能下降，因此，膳食中脂肪摄入不宜过多，以占总能量的 20% ～ 25% 为宜。其中饱和脂肪酸、单不饱和脂肪酸、多不饱和脂肪酸的比例应为 1 ∶ 1 ∶ 1，胆固醇摄入量不要超 300 mg/d。

（四）糖

糖是膳食中能量的主要来源，摄入量以占总能量的 60% 左右为宜。老年运动员糖耐量降低，对血糖的调节能力较弱，容易使血糖升高。因此，不宜一次进食过多的糖类物质。过多的糖在体内可转变为脂肪，并使血脂尤其是三酰甘油升高，从而增加冠心病、糖尿病发生的危险。果糖易被老年运动员吸收利用，且转变为脂肪的可能性小于葡萄糖，故老年运动员宜多食水果、蜂蜜等含果糖的食品。膳食纤维可促进肠蠕动，有防治便秘、预防肠癌、降低血脂和餐后血糖水平的作用，老年运动员应多吃蔬菜、水果和粗粮，适当增加膳食纤维的摄入量。

（五）维生素

老年运动员的各种维生素的需要量与中年基本相同。人体衰老的一些表现常与某些维生素缺乏有关，但老年运动员因饮食量减少或吸收功能下降，容易造成维生素摄入不足。

1. **维生素A**　老年运动员维生素A摄入量普遍不足，易出现皮肤干燥、毛囊角化、暗适应时间延长等缺乏症状，并使机体的免疫功能降低，从而导致某些肿瘤（如肺癌）的发病率升高。

2. **维生素D**　老年运动员因膳食中摄入的维生素D不足及户外活动少、人体合成维生素D的能力下降，导致维生素D的缺乏，从而影响钙、磷的吸收，引起骨质疏松。

3. **维生素E**　老年运动员摄入充足的维生素E有助于预防动脉粥样硬化，减少衰老组织中特有的脂褐质，改善皮肤的弹性，提高机体的免疫功能，从而延缓衰老。

4. **维生素C**　具有抗氧化作用，能抑制脂质过氧化，保护细胞膜的结构，并能促进膳食中铁的吸收，增强机体的免疫力，对消化道肿瘤有预防作用。大剂量维生素C有助于改善脂质代谢，降低血中胆固醇的含量，维护血管壁的完整性，缓解动脉粥样硬化。我国老年人维生素C的推荐供给量为100 mg/d。

5. **B族维生素**　参与体内物质代谢和能量代谢。B族维生素是我国人民膳食中普遍缺乏的一种维生素，长期素食的老年运动员更容易引起B族维生素缺乏，从而出现口角炎、唇炎和舌炎等症状，并可以影响铁的吸收和利用，继发缺铁性贫血。叶酸和维生素B_{12}有利于预防老年性贫血的发生。

（六）无机盐

1. **钙**　老年运动员对膳食中钙的吸收利用率下降，且对钙的利用和储备能力也较差，容易发生缺钙而导致骨质疏松。老年运动员每日钙的摄入量应不低于800 mg，必要时可补充钙和维生素D制剂。

2. **铁**　老年运动员由于膳食中铁摄入不足以及某些疾病如溃疡、痔疮造成机体铁持续性丢失且对铁的吸收率下降，容易发生缺铁性贫血。因此，老年运动员铁的供给量应达到15 mg/d，注意选择含铁丰富且吸收率高的食物如瘦肉、鱼等，以补充膳食中铁和蛋白质的不足。

3. **其他无机盐**　老年运动员膳食中易缺乏的微量元素还有锌、硒、铬等，膳食中应注意补充。锌有助于改善老年运动员的味觉和免疫功能；硒有抗氧化作用，并对某些肿瘤有抑制作用，是葡萄糖耐量因子的重要组成成分，有利于调节血糖和脂质代谢。但是，高钠是高血压的危险因素，老年运动员应减少食盐的摄入量，每日以不超过6 g为宜。

（七）水分

体液平衡是常被老年运动员忽略的重要问题。老年运动员常有不被察觉的脱水，其原因与水的摄入量不够和过量丢失有关。活动受限的老年运动员常饮水不足，发热、腹泻、呕吐会造成水分大量丢失。此外，一些药物如利尿药、泻药的使用也会导致机体缺水。因此，老年运动员应注意补充水分，每日不少于 30 mL/kg 体重。

【复习题】

1. 简答题

（1）儿童青少年运动员生理特点是什么？

（2）女性运动员营养膳食应注意哪些？

（3）老年运动员新陈代谢的变化是什么？

（4）女性运动员的生理特点是什么？

（5）老年运动员的生理特点是什么？

2. 论述题

论述老年运动员的运动营养情况。

第十二章

慢性病患者的运动营养

据调查，我国1/2以上的人患有各种类型的慢性病，如肥胖、糖尿病、癌症、心血管病等，这些慢性病病程长、病因复杂，严重危害人体健康。引起慢性疾病因素有年龄、长期过量饮食、运动量不足、营养失衡、吸烟与饮酒、病毒感染等，而慢性病用常规药物治疗效果非常有限，所以最好的治疗方法还是依靠提高自身康复能力实现健康。本节从运动营养方面提出预防或缓解这些慢性病的建议，希望对这类群体有一定的帮助。

第一节　心血管病患者的运动营养

根据世界卫生组织发布的《2018 世界卫生统计报告》统计，非传染性疾病（NCD）死亡人数占总死亡人数的 71%。其中首位的致死病因仍然是心血管疾病（占所有 NCD 的 44%）。心血管疾病的死亡病例是癌症死亡病例的两倍。预计到 2030 年死于心血管疾病的总人数将超过 2 300 万人，中低收入国家最容易被心血管疾病死亡影响。目前心血管疾病死亡率也仍居中国人口死亡率的首位，高于肿瘤及其他疾病，占居民疾病死亡构成的 40% 以上。心血管病是全身性血管病变或系统性血管病变在心脏的表现。其病因主要有 4 个方面。

（1）动脉粥样硬化、高血压性小动脉硬化、动脉炎等血管性因素。

（2）高血压等血液动力学因素。

（3）高脂血症、糖尿病等血液流变学异常。

（4）白血病、贫血、血小板增多等血液成分因素。

一、心血管病与运动

心血管病患者要适当运动，运动量减少也会造成血流缓慢，血脂升高。要合理安排运动时间和控制好运动量。冬季要等太阳升起来之后再去锻炼，因为此时温度回升，可避免机体突然受到寒冷刺激而发病。运动要以有氧运动和耐力运动等中等强度运动如散步、骑行、慢跑、体操、游泳等为主，以抗阻运动和肌力训练为辅。累计每天

30 ～ 60 min 或每周 180 min。每日运动时间可累积计算，但每次运动时间应大于 10 min。每周运动 5 ～ 7 d，最好每日都运动。关键是养成每日都有一定身体活动的良好运动习惯，即有规律运动，这样才能获得相应的健康效益。

二、心血管病与营养膳食

心血管疾病患者中营养不良者普遍存在。目前，我国已经认识到营养状态在心血管病患者治疗及预后中的价值。然而，现在仍缺乏营养评估的金标准。营养不良是一个复杂的机体状态，被认为是影响心血管病预后的危险因素。

随着国民经济的好转，膳食结构发生了显著变化，全国营养调查显示谷类、块茎类、豆类食物摄入量减少，动物性食物、植物油、食盐摄入量上升。这些变化导致我国慢性非传染性疾病的发病率和死亡率都有显著增加。心血管病的主要危险因素如高血脂、高血压、肥胖、糖尿病都与营养有关，所以进行合理的营养膳食对心血管病患者具有重要的意义，因此要进行营养膳食，限制高脂肪、高饱和脂肪、高胆固醇食物的摄入。多吃水果、蔬菜和谷物，尤其是深绿色、橘黄色的蔬菜和全谷类食物，因它们富含维生素、膳食纤维、钾和天然抗氧化物。另外，还应吃无脂或低脂的乳制品、鱼类、豆类、瘦肉以保证摄入优质蛋白质和充足的微量营养素，应摄入的能量要与消耗保持平衡；应限制高能量密度和低营养质量的食物，包括大量精糖；应保持体重指数在正常范围；应限制食盐摄入，每日少于 6 g；应限制乙醇摄入。吃一些富含精氨酸的食物有助调节血管张力、抑制血小板聚集、减少血管损伤，这类食物有海参、泥鳅、鳝鱼及芝麻、山药、银杏、豆腐皮、葵花子等。我国民间素有冬季进补的习惯，冬季人们运动本来就少，加之大量进补热性食物和滋补药酒，很容易造成血脂增高，从而诱发心血管病，因此冬季进补一定要根据个人的体质进行。

第二节　糖尿病患者的运动营养

糖尿病是一组以高血糖为特征的代谢性疾病。高血糖则是由于胰岛素分泌缺陷或其生物作用受损或两者兼有引起。糖尿病时长期存在的高血糖可导致各种组织，特别是眼、肾、心脏、血管、神经的慢性损害、功能障碍。

随着我国老龄化进程不断加剧，糖尿病的发病率也在逐年上升。2013 年的流行病学调查显示，我国 60 ～ 69 岁老年人的糖尿病患病率为 22.5%，70 岁及以上人群的患病率为 23.5%。住院老年患者存在营养营养不良及营养不良风险的发生率达 50% 以上。糖尿病是营养不良的危险因素之一，营养不良会损害患者的防御机制，降低机体对感染的抵抗力，引起感染和糖代谢紊乱等一系列不良临床结局。

有研究表明，大部分糖尿病患者具有不健康的饮食习惯和生活方式，他们往往吃的主食量很多，吃的菜和水果很少，餐后也不适当运动和散步，马上卧床休息，而目前对于临床患者要首先进行饮食干预及餐后散步运动疗法，它可以有效地降低糖尿病患者的餐后血糖，提高患者的生存率及生活质量，有效地预防糖尿病酮症酸中毒并发症的发生。而常规的饮食疗法及健康教育内容比较烦琐，形式枯燥无味，这使得慢性糖尿病患者降糖效果不佳。餐后散步运动疗法便于患者行为的改变，也能够帮助糖尿病患者快速有效地降低血糖随机值，这有效地提高了患者餐后散步运动疗法的理念。改变糖尿病患者的不良生活方式可以有效地降低糖尿病并发症的发生率。

一、糖尿病与运动

糖尿病患者运动要以有氧运动为主，每日锻炼 30 min 有利于葡萄糖的代谢和脂肪的燃烧。比较适合糖尿病患者的运动方式有步行、慢跑、游泳、划船、功率自行车、有氧体操等，患者可根据的兴趣爱好和环境加以选择。具体操作中常采用运动中的心率作为评定运动强度大小的指标，为最高心率（220 － 年龄）乘以运动强度系数（60% ～ 80%）。

二、糖尿病与营养膳食

糖尿病饮食是指专门用于糖尿病患者的一种特别膳食，这种膳食要严格控制所供给的热能。营养物质分配的原则是高糖、高纤维素、低脂肪饮食，有助于预防糖尿病。一般糖占总热量的 50% ～ 60%，主要存在于谷类、薯类、豆类、含糖多的蔬菜水果等，以谷类为主食者要尽可能选择粗制品。蛋白质占总热量的 15% ～ 20%（每日 0.8 ～ 1.0 g/kg 体重）脂肪占总热量的 20% ～ 25%（每日需要量为 0.6 ～ 1.0 g/kg 体重）。应尽量减少动物性脂肪的摄入，适当摄入植物性脂肪。此外，糖尿病患者可多吃黄瓜、番茄、生菜、卷心菜、花菜、西兰花、芹菜、胡萝卜和土豆。糖尿病患者应适当进食一些新鲜水果，补充维生素，水果的热卡计算在总热卡内，建议从少量开始，进食水果的时间最好在空腹和两餐之间。

第三节　肥胖患者的运动营养

超重和肥胖已成为全球性难题，据调查，2015 年我国儿童青少年中肥胖患者占 8.8%，超重占 15.5%，如何通过安全有效的手段调控脂代谢的水平和控制体重是现阶段人们不断研究的热点和难点。肥胖是指一定程度的明显超重与脂肪层过厚，是体内脂肪，尤其是三酰甘油积聚过多而导致的一种状态。食物摄入过多或机体代谢的改变可导致体内脂肪积聚过多，从而造成体重过度增长并引起人体病理、生理改变。运动结合饮食控制是减肥的有效手段，不仅可以改善肥胖青少年的身体形态及体成分，还可减轻炎症反应，增加机体抗氧化防御能力。

一、肥胖与运动

目前人们已经达成共识，长时间的有氧运动是减肥的最佳方法之一。通过参考国内外大量的研究资料和个人指导减肥的经验，对减肥者提出以下建议：在采用运动减肥时，一般运动时间应在 60 ～ 120 min，而运动强度应控制在即刻心率为 120 ～ 140 次 / min，即以中小强度运动为主。每星期应锻炼 3 ～ 4 次，如果次数太少则会使减肥效果不明显，在进行有氧运动减肥时，一定要根据自己的身体情况，选择适合自己的锻炼项目，如游泳、骑自行车、长跑、散步、健美操、跳绳、跳舞等。

二、肥胖与营养膳食

一些人为了迅速减重，采取了少吃甚至不吃的方法。除个别肥胖者有医嘱外，这种饥饿疗法的结果是导致体重减轻，体质量下降，免疫功能降低，同样会发生多种疾病，影响健康。家庭膳食安排过程中，以下方法有利于减肥：① 同种类食物，减肥者应选择热量低的食用；② 讲究烹调方法，降低膳食热量；③ 主食应粗细搭配；④ 多吃蔬菜和水果；⑤ 食用有利于减肥的食物；⑥ 慎用高热量、高胆固醇食物，少吃或不吃高热量、高胆固醇食物是肥胖者配膳的原则。

第四节 癌症患者的运动营养

2015 年我国癌症发病和死亡例数分别为 429.2 万、281.4 万，严重威胁人们健康，所有的人类癌症中，1/3 以上的发病与膳食有关。癌症患者营养不良的发生率为 40% ～ 80%。体质量减轻常是癌症患者的首发症状，在癌症首次诊断前 6 个月，15% 的患者已有非刻意的体质量减轻＞ 10%。体质量减轻的发生率及严重程度与肿瘤类型及分期密切相关，在消化道癌症中，体质量减轻的发生率最高。癌症患者体质量减轻的原因主要包括摄入减少及代谢异常。营养不良可导致癌症治疗获益减少，化疗相关毒性风险增加，术后并发症增多，生存质量降低，从而一定程度上影响疾病预后。

癌症形成过程的任何一个步骤中，膳食因素都可能启动、促进或者抑制癌症发生或发展。癌症是指起源于上皮组织的恶性肿瘤，是恶性肿瘤中最常见的一类。相对应地，起源于间叶组织的恶性肿瘤统称为肉瘤。有少数恶性肿瘤不按上述原则命名，如肾母细胞瘤、恶性畸胎瘤等。一般人们所说的“癌症”习惯上泛指所有恶性肿瘤。癌症具有细胞分化和增殖异常、生长失去控制、浸润性和转移性等生物学特征，其发生是一个多因子、多步骤的复杂过程，分为致癌、促癌、演进 3 个过程，与吸烟、感染、职业暴露、环境污染、不合理膳食、遗传因素密切相关。

一、癌症与运动

伴随体育常识在疾病治疗过程中的突破发展，运动疗法得到了癌症患者的广泛关注。在现阶段癌症患者治疗的过程中，主要会采用手术化疗及放疗相结合的技术形式，只是有少数的技术方法具有一定的针对性及替代性，通过这种针对性技术疗法的设计，可以有效改善癌症患者的生理功能，提高他们的生活质量。

在运动对患者康复影响问题分析的过程中，可以发现，不同环境下人们的自我调节状态、显著焦虑现象及沮丧的心情都呈现出一定的差异性。相关研究发现，掌握步调训练之后的患者在放疗过程中不会产生焦虑和沮丧，但是，进行有氧训练干预的患者在放疗过程中会产生焦虑及沮丧。

对于癌症患者而言，通过运动可以使其心理及生理素质得到有效提升，从而降低心率及血压，提高患者的自主活动能力，而且，在运动的过程中也可以减少与焦虑相关联的物质产生。在统计分析的过程中可以发现，患者在中等强度的自控步调调节环境下，可以实现睡眠、焦虑及疲劳状态的改善，而且，一些患者在长期训练的过程中，心理压力的相关评估标准也发生了转变，因此，在癌症患者康复治疗中，通过与合理运动的结合可提升患者的身体素养，降低患者的心理压力，实现运动对患者康复的积极性促进。

（一）癌症患者术后的运动

根据患者自身实际情况选择合适的运动方案。术后早期患者不能下床前可进行床上活动，病情稳定后应及早下床活动，采取以下锻炼形式：① 呼吸锻炼，深呼吸法对呼吸功能的锻炼十分有效。让患者保持坐位或者卧位，放松全身的肌肉，慢慢深吸气达最大肺容量后屏气（开始屏气时间可为 2 ～ 5 s，以后逐渐增加至 10 s 左右），然后缓慢呼出，如此循环；此锻炼一般在术后 6 h 进行，配合腹部环形按摩可促进胃肠道蠕动的恢复。② 预防性肢体活动，对卧床患者的肢体肌肉进行环形加压式按摩，由远心端至近心端、由下向上按压，同时协助患者做足趾背屈运动，一般 2 h 1 次，每次 15 ～ 20 min。③ 6 min 步行实验：对于可以下床活动的患者，应循序渐进地进行活动，可以先沿着床边缓慢挪步，之后可以在病房或走廊进行 6 min 步行实验，既可以为患者提供计数功能，又有利于患者评估自身的运动能力。

（二）癌症患者恢复期的运动形式多种多样

癌症患者恢复期的运动形式包括医疗体操、有氧训练和民族形式的体疗运动。医疗体操是常见的运动形式，包括全身运动、局部运动及两者结合的形式，分为主动运动、被动运动，如抗阻力训练、肌肉训练、关节活动度训练、耐力训练、放松训练等；有氧运动包括快走、慢跑、瑜伽、骑自行车、游泳、保健操、跳舞、小型球类运动和日常生活活动等，尤其是快走，因简单易行而应用最为广泛。我国传统的民族形式的体疗运动，如武术、太极拳、五禽戏、八段锦、气功等刚柔并济，动作舒缓，比较适合老年患者练习。癌症患者由于体质较弱，应在健康成人的标准基础上适度降低运动强度，以中低强度的运动为主，并遵循循序渐进、安全、有效的原则。运动时间以餐后 30 min ～ 1 h 为宜，以免影响胃肠消化、吸收或出现低血糖反应。每日推荐的运动量应保持在 30 min 左右，可 1 次或分次完成，但有效运动的持续时间应保持在 15 min 以上，每周不少于 3 次，体力较好的患者或肥胖患者可根据自身情况适当增加运动量及运动频率，并坚持 6 个月以上，形成良好的生活习惯。

二、癌症与营养膳食

癌症发病率与总能量摄入水平存在相关性。动物实验表明，限制能量摄入可以抑制肿瘤形成，延长肿瘤潜伏期，降低肿瘤发病率；人群流行病学调查研究表明，癌症的发病率和体重或肥胖呈正相关。目前还没有充分的证据表明糖的摄入量与癌症的发病率有关。大量研究表明，膳食纤维的摄入量与癌症尤其是大肠癌的发病率相关，膳食纤维有助于降低大肠癌的风险。动物实验表明，满足最低生长需要的低蛋白饲料，可使化学致癌物对动物所产生的癌症发生率下降甚至不发生，但是流行病学研究尚不能给出定论。在营养素与癌症发生关系的研究中，脂肪的相关性研究最多，动物实验结果表明，高脂饲料可增强化学致癌物对小鼠的致癌性；人体流行病学调查发现脂肪的摄入量与妇女的乳腺癌和结肠癌死亡率呈明显的正相关，以肉食为主的欧美国家妇女上两种癌症的死亡率明显高于以素食谷类为主的亚非国家。前列腺癌和直肠癌的发病率和死亡率也与高脂肪摄入量呈现出明显的正相关。此外，维生素 A 的水平与癌症的发病率呈负相关，维生素 C 可以抑制消化道癌症的发病率。维生素 E 也能够对抗多种致癌物的作用。硒能够增强机体的免疫功能，降低癌症的发病率。锌的摄入量与白血病、肠癌、乳腺癌、前列腺癌和皮肤癌呈正相关。

现有的研究表明，蔬菜与水果能够降低肺癌、胃癌、口腔癌的危险性，十字花科蔬菜能够使结肠直肠癌和甲状腺癌的发病率下降，而蒜、葱、胡萝卜、西红柿和柑橘类水果可降低肺癌、胃癌及膀胱癌的发病率。大豆及其制品对乳腺癌、结肠癌和前列腺癌有抑制作用，这可能是因为大豆中含有丰富的大豆异黄酮，它可能是大豆能够抗癌的主要活性成分。也有研究表明，茶叶尤其是绿茶对于肿瘤有一定的预防作用，茶叶中富含的茶多酚可能是抗癌的主要物质基础。有一些食物具有致癌作用，如蕨类、含肼类的蘑菇、槟榔等。

【复习题】

1. 简答题

（1）肥胖患者运动营养应注意什么？

（2）肥胖患者应怎样运动？

2. 论述题

（1）论述心血管疾病患者的运动营养。

（2）糖尿病患者怎样运动。营养摄入应注意哪些方面。

（3）论述癌症与膳食之间的关系。

（4）癌症患者可以运动吗？怎样运动？

（5）运动对癌症患者有怎样的影响。

主要参考资料

陈吉棣．运动营养学．北京：北京医科大学出版社，2002.

陈吉棣，杨则宜，李可基，等．推荐的中国运动员膳食营养素和食物适宜摄入量．中国运动医学杂志，2001，20（4）：340－347.

陈吉棣，杨则宜，焦颖，等．运动员蛋白质代谢和需要量的研究．体育科学，1982，2：49－52.

陈小平．有氧与无氧耐力的动态关系及其对当前我国耐力训练的启示．体育科学，2010，30(4)：63－68.

丹·贝纳多特．高级运动营养学．安江红译．北京：人民体育出版社，2011.

邓树勋，王健．高级运动生理学．北京：高等教育出版社，2003.

杜辉．运动对癌症患者康复作用的研究进展．中华肿瘤防治杂志，2016，23（S2）：415－416.

冯连世，冯炜权．肌酸和肌酸的补充与运动能力（综述）．体育科学，1997，（1）：64－68.

付鹏宇，龚丽景，胡扬．运动对棕色脂肪功能的影响及作用机制．体育科学，2018，38(11)：92－97.

莫恩，伯克．运动营养（国际奥林匹克委员会 IOC 运动手册）．吴昊译．北京：人民体育出版社，2016.

史仍飞，袁海平．运动营养学．北京：北京体育大学出版社，2015.

田雪文．基于 iTRAQ 的低氧运动肥胖大鼠肝脏蛋白质组学及 Wnt/β－catenin 信号通路的作用机制研究．上海：上海体育学院，2018.

张钧，张蕴琨．运动营养学．北京：高等教育出版社，2006.

张钧，张蕴琨．运动营养学．2 版．北京：高等教育出版社，2010.

张蕴琨．运动营养学．桂林：广西师范大学出版社，2005.

朱磊，路瑛丽，冯连世．低氧训练诱导 miR－27/PPARγ 调控肥胖大鼠肝脏脂肪酸代谢变化的研究．中国体育科技，2018，54（01）：115－122.

Blomstrand E，Hassmen P，Ek S，et al. Influence of ingesting a solution branched－chain a mino acids on perceived exertion during exercise.Acta Physiol Scand，1997，159（1）：

41 – 49.

Ekhard E，Ziecler L J，Eiler J R. 现代营养学 . 闻芝梅，陈君石译 . 北京：人民卫生出版社，1998.

Lemon P，Tarmopolsky M A，MacDougall J D，et al. Protein requirements and muscle mass/strength changes in novice body builders. J Appl Physiol，1992，73（2）：767 – 775.

Lemon P W R，Maughan R J.Effects of exercise on protein metabolism//Nutrition in sport. Oxford：Blackwell Science，2000.

Mittleman K D，Riccii M R，Bailey S P. Branched – chain a mino acids prolong exercise during heat stress in men and women. Medicine and Science in Sports and Exercise，1998，30：83 – 91.

Tamopolsky M，Burke L，Deakin V.Protein and amino acid needs for training and bulking up//Clinical Sports Nutrition.Sydney：McGraw – Hill. 2000.

Tipton K D，Wolfe P R. Exercise protein metabolism and muscle growth. Int J Sports Nutr Exerc Metab，2001，11（1）：109 – 132.

Wagenmakers A J M，Maughan R J.Amino acid metabolism in exercise.//Nutrition in Sports. Oxford：Blackwell Science，2000.